el Arte de la Sanación Espiritual

Los contenidos que se ofrecen en esta obra no pretenden sustituir el consejo por parte de un profesional de la salud o de la psicología cualificado. Se aconseja al lector que consulte con su médico o psicólogo si requiere tratamiento. El editor y el autor no asumen ninguna responsabilidad por los perjuicios que pueda causar al lector el uso de los contenidos que se exponen en este volumen y recomiendan el sentido común a la hora de aplicar las prácticas que aquí se describen.

4ª edición: marzo 2025
Título original: The Art of Spiritual Healing: Chakra and Energy Bodywork
Traducido del inglés por Francesc Prims Terradas
Diseño de portada: Editorial Sirio, S.A.
Maquetación y diseño de interior: Toñi F. Castellón

Ilustraciones de las páginas 28, 67, 87, 91, 101, 113, 129, 171, 172, 223 y 274 de Mary Ann Zapalac.
Fotografías proporcionadas por Keith Sherwood.

© de la edición original
2016 Keith Sherwood

Publicado con autorización de Llewellyn Publications
Woodbury, MN 55125 USA
www.llewellyn.com

© de la presente edición
    EDITORIAL SIRIO, S.A.
    C/ Rosa de los Vientos, 64
    Pol. Ind. El Viso
    29006-Málaga
    España

www.editorialsirio.com
sirio@editorialsirio.com

I.S.B.N.: 978-84-17399-59-7
Depósito Legal: MA-929-2019

Impreso en Imagraf Impresores, S. A.
c/ Nabucco, 14 D - Pol. Alameda
29006 - Málaga

Impreso en España

Puedes seguirnos en Facebook, X, YouTube e Instagram.

Cualquier forma de reproducción, distribución, comunicación pública o transformación de esta obra solo puede ser realizada con la autorización de sus titulares, salvo excepción prevista por la ley. Diríjase a CEDRO (Centro Español de Derechos Reprográficos, www.cedro.org) si necesita fotocopiar o escanear algún fragmento de esta obra.

Keith Sherwood

el Arte de la Sanación Espiritual

Aprende a trabajar con los chakras y la energía

Editorial
SIRIO

Índices

Introducción. Qué vas a encontrar en este libro 11

Primera parte: Introducción a la sanación espiritual 23
   1. La energía y la conciencia sanadoras 25
   2. Mejora tus habilidades sanadoras 39
   3. Visión y evaluación remotas 49

Segunda parte: La autosanación, la sanación en ausencia y la imposición de manos 61
   4. La sanación por medio del prana 63
   5. La sanación áurica 79
   6. Sanación áurica avanzada 97
   7. La sanación por medio de los chakras 109
   8. Sanación avanzada por medio de los chakras 123
   9. La sanación mental 135
   10. La imposición de manos 157
   11. Preguntas y respuestas sobre la sanación 179

Tercera parte: Sanar el alma y el espíritu 189
   12. La sanación de los patrones kármicos 191

13. El restablecimiento de tu alma 215
14. Sanar el espíritu 229

Cuarta parte: Restablecer el bienestar 245
15. Requisitos para el bienestar 247
16. Los tres aspectos del bienestar 271

Conclusión. Gozar de bienestar todos los días 281
Glosario 285
Bibliografía 303
Índice temático 305
Sobre el autor 311

Ejercicios:
Respiración hara 31
El método estándar 34
El mudra de la integración del prana 36
Integrar y equilibrar los centros fuertes 37
Meditación del fortalecimiento de la intención 42
La pantalla visual 44
El prana mudra 45
El mudra de la dicha orgásmica 47
Visión remota 52
Evaluación remota 56
Respiración yóguica 66
Flexibilidad articular 69
Autosanación con un vendaje de prana 71
Sanación en ausencia con un vendaje de prana 75
Pasar la mano sobre el aura etérica 86
Visión áurica 88
Ver tu propia aura 92
Ver el aura de otra persona 93
Llenar de prana el aura etérica 94
Fortalecer la mirada 98
Sanación áurica por medio de la proyección de la mirada 99
La meditación yin yu y yang yu 104
Sanación áurica con las manos 105
Sanación áurica completa 106
Sentir los chakras en el espacio corporal 116
La activación de un chakra 118

Índices

Centrarse en el campo de un chakra	119
Equilibrio de los chakras	120
Llenar de prana el campo de un chakra	123
Limpieza de los chakras	125
Limpiar los chakras de otra persona	126
Sanación avanzada por medio de los chakras	128
Sanación por medio de los chakras utilizando el color	132
Autosanación mental con un cepillo de prana	138
Sanación mental de otra persona con una caja de prana	140
El mudra del alivio abdominal	143
Sanar el agotamiento por desgaste	144
El mudra del empoderamiento	149
Sanar la depresión	150
Sanar la hiperactividad	151
Sanar los cálculos renales	153
Sanar la colitis ulcerosa	154
Alcanzar el estado vibratorio	162
Resonar para mejorar la empatía	166
Autosanación por empatía	167
Sanar a otra persona por medio de la empatía	168
Sanar tu relación con la fuente de la curación	169
Autosanación usando la empatía y la vibración	173
Sanación usando la empatía, la vibración y los pases manuales	174
Exploración en busca del equipaje kármico	199
Disolver el equipaje kármico	200
Liberarse de las intrusiones	205
Sanar la fragmentación	208
Activar los chakras del espacio corporal y los que hay por encima de él	211
Sanar un campo polar	220
La meditación de trishira	225
El mudra de trishira	225
Sanar el carácter	232
El mudra de la paz interior	237
La meditación del espíritu radiante	240
El mudra de la libertad espiritual	242
El mudra del sí	251
El mudra del no	253
Determinar lo que resuena	255
Crear el campo del prana mutuo	258

Efectuar la transición hacia una relación trascendente
con tu pareja 259
La meditación del sol de la mañana 272
Baño de pies en agua con sal marina 273
Masaje de reflexología podal de diez minutos 274
El mudra de la autoaceptación 276
La meditación del campo de prakriti 279

Imágenes
El campo sutil de energía y conciencia 28
Tres perspectivas del mudra de la integración del prana 37
El prana mudra 45, 146, 147, 148, 150, 152,
El mudra de la dicha orgásmica 47
La respiración yóguica 67
Pasando la mano sobre el aura etérica 87
Visión áurica 91
Los centros energéticos menores de las manos 101
La puerta del chakra 111
Los chakras del espacio corporal 113
Proyección de rayos sanadores 129
El mudra de la dicha orgásmica 141, 145, 201, 206, 209, 221,
241, 260,
El mudra del alivio abdominal 143
El mudra del empoderamiento 147, 149
Pase manual sobre el campo del cliente: movimiento circular 171
Pase manual sobre el campo del cliente: pase y polarización 172
Atman y los siete campos polares 216
Los meridianos de trishira 223
El mudra de trishira 226
El mudra de la paciencia 235
El mudra de la paz interior 237
Los tres corazones 239
El mudra de la libertad espiritual 242
El mudra del sí 252
El mudra del no 253
Puntos de acupuntura del plexo solar en los pies 274
El mudra de la autoaceptación 276

Introducción

Qué vas a encontrar en este libro

A partir de mi trabajo con grupos e individuos, he descubierto que lo que quieren la mayoría de las personas es un libro fácil de usar que les proporcione todo lo que necesitan para sanarse a sí mismas y sanar a otros. Esta obra es una versión revisada de *El arte de la sanación espiritual* escrita con el fin de satisfacer estas necesidades y otras. No es necesario que tengas ninguna experiencia en el trabajo con la energía o con la sanación para beneficiarte de sus contenidos. Es el libro perfecto para cualquiera que esté dispuesto a acoger la energía y la conciencia sanadoras que tiene en abundancia con el fin de utilizarlas para hacer que su cuerpo, su alma y su espíritu vuelvan a gozar de una salud excelente.

Escribí *El arte de la sanación espiritual* hace más de treinta años y ha ayudado a personas de más de veinticinco países a practicar la sanación de forma segura y eficaz. Sin embargo, muchas cosas han cambiado desde entonces. Como resultado, he ampliado el alcance del libro original más allá de la curación de las enfermedades físicas. Esta versión de la obra incluye capítulos sobre la sanación de traumas energéticos, así como capítulos dedicados a la sanación de las relaciones y el mantenimiento del bienestar en un mundo cada vez más complejo y estresante. También he simplificado muchas de las técnicas de curación originales para que sean más fáciles de usar por parte de quienes buscan sanarse a sí mismos, sus relaciones o a sus clientes.

Este volumen está dividido en cuatro partes. En la primera descubrirás cómo usar la energía y la conciencia sanadoras para ayudar a quienes lo necesiten. Aprenderás asimismo a asentarte en el centro fuerte de tu cuerpo físico y de tu campo sutil. Puede ser que no lo adviertas, pero el cuerpo físico de todo ser humano está interpenetrado por un campo sutil. Este campo, y la energía y la conciencia que se irradian a través de él, juegan un papel vital en el mantenimiento de la salud y la curación de las enfermedades.

Además de aprender a encontrar tu centro fuerte, sabrás cómo proceder para ver y sentir tu campo áurico. También utilizarás la visión remota y la evaluación áurica para examinar el estado de enfermedad o el patrón kármico que quieras sanar.

En la segunda parte se te revelarán técnicas de sanación por medio del prana, del aura y de los chakras. Aprenderás cómo activar los chakras, a centrarte en sus campos respectivos y a llenar dichos campos con energía sanadora. Con la sanación avanzada por medio de los chakras descubrirás cómo curar dolencias físicas que tienen su raíz en el campo sutil. En los capítulos subsiguientes aprenderás a utilizar la sanación por medio de la vibración y la sanación por empatía junto con técnicas de imposición de manos para curar todo tipo de enfermedades físicas.

En la tercera parte descubrirás cómo sanar heridas kármicas y traumas energéticos que pueden interferir en las actividades normales del alma y el espíritu. Y aprenderás a localizar y soltar el equipaje kármico, un tipo de energía sutil que puede atrapar a la persona en patrones autolimitantes y destructivos.

La cuarta parte incluye ejercicios y consejos para mejorar el bienestar. Los ejercicios están concebidos para incrementar tu satisfacción y devolverte la vitalidad, así como tu capacidad de experimentar y compartir placer, amor, intimidad y alegría.

Al aprender las técnicas de la sanación espiritual, te convertirás en un vehículo de sanación del mundo. Al mismo tiempo, la energía y la conciencia sanadoras enriquecerán tu vida y tus relaciones en los ámbitos del cuerpo, el alma y el espíritu.

LA SANACIÓN

La energía y la conciencia necesarias para llevar a cabo la sanación espiritual se están irradiando en todo momento a través de ti. La Conciencia Universal las proporciona en abundancia a cualquier persona receptiva a ellas que, con el corazón abierto, pida tenerlas. En esta obra descubrirás cómo reconocer estas dos fuerzas tan potentes y a utilizarlas para aplicar sanación en los ámbitos del cuerpo, el alma y el espíritu.

En el *Bhagavad Gita* leemos en cuanto al «espíritu eterno» (la Conciencia Universal) que «en todas partes están sus manos y sus pies, en todas partes tiene ojos que ven, cabezas que piensan y bocas que hablan: en todas partes escucha; habita en todos los mundos, los envuelve todos».[1]

La sanación espiritual puede compararse con el proceso de renovación que tiene lugar continuamente en todo ser humano sano, y se esfuerza por que todas las personas permanezcan

---

1. Shri P. Swami (traductor al inglés). *The Geeta, The Gospel of the Lord Shri Krishna*, Londres, Reino Unido: Faber & Faber, 1935, p. 73.

saludables. La función del sanador es interceder en nombre del cliente cuando se interrumpen el proceso de renovación y la buena salud. El sanador actúa como un agente restaurador de la salud, la armonía y el equilibrio en el plano físico, así como en los planos sutiles de la energía y la conciencia. Hace esto canalizando la energía sanadora o la conciencia sanadora (o ambas) hacia las partes del campo sutil y el cuerpo físico del cliente que más lo necesitan.

A diferencia de otras formas de curación (alopática, homeopática, quiropráctica, etc.), la sanación espiritual se basa en la capacidad que tiene el sanador de canalizar la energía y la conciencia sanadoras directamente a su cliente, y en la capacidad de este de usarlas para su propia curación. Se trata, en gran medida, de un proceso inconsciente que se sirve de capacidades que están inactivas en todos nosotros. La medicina actual busca alterar las condiciones del cuerpo humano para que este pueda curarse a sí mismo, pero no entiende qué es la curación o dónde se originan la energía y la conciencia que motivan la sanación del cuerpo, el alma y el espíritu.

En contraste, el sanador espiritual reconoce que la curación es mucho más que la eliminación de los síntomas físicos y el restablecimiento de la salud física; es un retorno al equilibrio y la armonía. La salud física nunca puede ser completa a menos que la totalidad del ser esté sano y en armonía con sus entornos interno y externo.

LA SALUD TOTAL

El objetivo de la sanación espiritual es conseguir un estado de buena salud radiante en los ámbitos del cuerpo, el alma y el espíritu. Este objetivo no es algo a lo que se llega y después se olvida; la curación es un proceso. Los individuos van en todo momento hacia la buena salud radiante o hacia la enfermedad. De ello se deduce que cada persona debe hacerse responsable de su propia salud. Esta es la razón por la cual, en el contexto de la sanación espiritual, el cliente no se ve como víctima de la enfermedad. Su comportamiento, su actitud y su estilo de vida se consideran factores importantes que contribuyen al desarrollo de su enfermedad. En consecuencia, siempre se considera el protagonista central de su propia curación y se le pide que permanezca activo en lugar de pasivo durante el proceso de sanación espiritual.

Cuando se habla de buena salud, nunca es admisible la complacencia, porque la situación humana nunca es estática. Tienen lugar influencias negativas tanto en el entorno físico como en el sutil que empujan a las personas hacia la enfermedad, y tienen lugar influencias positivas que las empujan hacia la salud. El sanador presta atención a estas influencias y, teniéndolas en cuenta, se esfuerza por alterar la negatividad y reemplazarla por las condiciones que favorecen la buena salud. Se trata de sanar al cliente en todos los ámbitos para que se restablezcan el equilibrio y la armonía.

LA VISIÓN QUE TIENE EL SANADOR DE LA ENFERMEDAD

Los sanadores espirituales tratan la enfermedad en los ámbitos del cuerpo, el alma y el espíritu. Por lo tanto, no es sorprendente que tengan una visión única de la salud y la enfermedad. No las ven como cuestiones separadas sino como polos opuestos de una misma realidad; la diferencia que hay entre ellas es de grado. Los sanadores espirituales entienden que los individuos que están enfermos se han permitido desviarse hacia el polo negativo (la enfermedad) y que ahora les resulta imposible alcanzar el polo opuesto (la buena salud) sin ayuda externa.

Como comprenden que el equilibrio y la armonía son aspectos esenciales de la buena salud, los sanadores espirituales reconocen que las enfermedades no son causadas únicamente por microbios. Estas criaturas no son la causa de la enfermedad. Las afecciones que parecen causar son, en realidad, síntomas de problemas más profundos que tienen su origen en el campo sutil, es decir, en el campo de energía y conciencia que interpenetra el cuerpo físico y lo rodea en todos los niveles del cuerpo, el alma y el espíritu.

EL ALIMENTO

Distintas tradiciones han descrito la anatomía del campo sutil de maneras diferentes. Independientemente de cómo se haya descrito, los desequilibrios y la falta de armonía pueden originarse en cualquier parte de dicho campo. La causa fundamental de los desequilibrios y la falta de armonía es la separación de una fuente esencial de alimento, ya sea en forma de energía o de conciencia. La separación es más aguda cuando los seres humanos se separan de la Conciencia Universal, la fuente del alimento espiritual.

La Conciencia Universal busca eternamente la unión con su creación, y podría asegurar la salud y la armonía de todas las entidades individuales si estas reconocieran que necesitan alimento espiritual para conservar la buena salud. Pero habitualmente esto es pasado por alto y, en consecuencia, es fácil que la unión se vea alterada. Cuando esta perturbación tiene lugar, la transferencia de energía y conciencia se ve restringida. Al no haber la suficiente energía favorable a la vida y la conciencia fluyendo a través del campo sutil y el cuerpo físico, la persona empieza a deslizarse hacia el polo negativo (la enfermedad), porque no puede neutralizar los campos de negatividad que se encuentran en los diversos planos de manifestación, incluido el físico.

LOS CUATRO PLANOS

El mundo del sanador rebosa de vida en todos los ámbitos. Ve el plano físico y los planos sutiles como una gran ecología del cuerpo, el alma y el espíritu, todo ello equilibrado por el Todo, la Conciencia Universal.

Distintas tradiciones han dado nombres diferentes a los diversos ámbitos o niveles. Para simplificar las cosas, dividiré el universo en cuatro planos, de acuerdo con la tradición metafísica occidental. Esta tradición deriva en gran parte de la antigua filosofía hermética y se corresponde estrechamente con las enseñanzas cristianas, yóguicas y tántricas.

El nivel más alto es el de la conciencia trascendente, llamado *plano espiritual*. Aquí es donde la Conciencia Universal entra en contacto con el ser humano por primera vez. Debajo del plano espiritual está el nivel de la conciencia humana o finita; también es conocido como *plano mental*. El siguiente es el *plano del alma*, el nivel de las emociones y los sentimientos. Finalmente, llegamos al *plano físico*, el nivel de la vida física y la materia. Nosotros, los humanos, estamos sentados a horcajadas entre las dimensiones, constituyendo un puente entre el plano más elevado, el espiritual, y el más bajo, el de la materia física.

EL HERMETISMO

Los principios del hermetismo constituyen la base de la sanación espiritual, así como de los ejercicios y las técnicas de curación que aprenderás a aplicar. El hermetismo tuvo su origen en el antiguo Egipto. Se dice que fue entregado a la humanidad por Toth, el dios egipcio de la sabiduría que los griegos llamaron Hermes Trismegisto, quien fue reconocido desde los primeros tiempos como el «maestro de maestros». En caso de que Hermes existiera, sería verdaderamente el padre de la sabiduría esotérica. Los detalles de su vida no han llegado hasta nosotros, pero según una tradición, fue contemporáneo de Abraham. Quizá se trataba del legendario Melquisedec, a quien Abraham pagó diezmos y con quien se comparó a Jesús cuando este fue descrito como «sacerdote según el orden de Melquisedec».[2]

Sea como sea, Hermes nos dio un conjunto de enseñanzas que han influido en la filosofía y la religión desde su aparición. Estas enseñanzas están contenidas en un conjunto de axiomas que se recogen más sucintamente, para el estudiante moderno, en *El Kybalión*. En esta obra descubrimos que toda la filosofía se basa en siete principios simples, y que la práctica de la curación, en sus muchas formas, se entiende más claramente en términos herméticos.

El primer axioma hermético dice: «El TODO es mente; el universo es mental».[3] Esto no significa que lo que vemos en el mundo material sea una ilusión, lo que los hindúes llaman *maya*. Cuando el seguidor del hermetismo o sanador afirma que todo es mente, quiere decir que la fuente, la raíz cósmica de todo lo animado e inanimado, es la mente creativa infinita (verbalizada en sánscrito como *om*).

Los seres humanos pueden experimentar cómo la mente infinita se manifiesta en su espíritu al ser sensibles y conscientes

---

2. Hebreos, 5: 6 (Biblia del rey Jacobo).
3. Tres iniciados. (1912). *The Kybalion: Hermetic Philosophy*, Chicago, EUA: Yoga Pub. Soc., p. 26.

de sí mismos a través de la Conciencia Universal, que está en el centro de su ser.

El segundo axioma hermético dice: «Como es arriba, es abajo; como es abajo, es arriba».[4] Hay planos por encima de nosotros (dimensiones más altas) que estarían más allá de nuestra comprensión (escondidos detrás de los velos) si el segundo axioma hermético, el *principio de correspondencia*, no tuviera una aplicación universal. Pero como este principio se aplica a todos los niveles en todo momento, los humanos pueden empezar a comprender los planos superiores estudiando los inferiores. Para el sanador espiritual, este principio también significa que se pueden utilizar los mismos recursos y técnicas personales para inducir la curación en los ámbitos del cuerpo, el alma y el espíritu.

El tercer axioma hermético, el *principio de vibración*, establece que «nada descansa; todo se mueve; todo vibra».[5]

Al aplicar el principio de vibración a la sanación, podemos ver que todo aquello que está compuesto por energía y materia no solo vibra, sino que, además, todos los campos de energía y materia tienen un determinado grado de vibración que los caracteriza. Esto significa que los campos de energía que forman parte nuestro campo sutil pueden verse influidos de manera negativa o positiva por otros campos con los que interactúan, ya sea en el entorno físico o sutil. Cuando la vibración de alguien se ve afectada negativamente, sobreviene la enfermedad.

El proceso de sanación es el proceso de corregir la velocidad de vibración de la persona. Para ilustrar este punto, podemos pensar que la enfermedad es un bamboleo o una vibración no rítmicos. En un automóvil, cuando los neumáticos están mal alineados, se produce un bamboleo que afecta a la dirección. Para

---
4. *Ibid.*, p. 28.
5. *Ibid.*, p. 30.

corregir el problema, hay que verificar la alineación y equilibrar las ruedas, pues de otro modo su vibración inapropiada puede afectar negativamente a otros sistemas del automóvil. Pues bien, esto mismo puede ocurrir en el campo sutil. Una enfermedad que afecte a una zona puede dar lugar a una enfermedad en una zona relacionada o en un sistema cercano. Un bamboleo también puede comenzar en un ámbito y transferirse a los ámbitos adyacentes a este. Por ejemplo, una vibración arrítmica en el alma, si no se corrige, causará daños tanto en el plano mental como en el plano físico.

El cuarto axioma hermético es el *principio de polaridad*. Según este principio, «todo es dual; todo tiene polos; todo tiene su par de opuestos; los semejantes y los antagónicos son lo mismo; los opuestos son idénticos en naturaleza, pero diferentes en grado; los extremos se tocan; todas las verdades son solo verdades a medias; todas las paradojas pueden reconciliarse».[6] A partir de estas aseveraciones podemos deducir que el espíritu y la materia son dos polos de lo mismo, que todas las cosas que hay entre ellos tienen elementos de ambos, y que las diferencias que hay entre ellas son solo de grado (es decir, se distinguen por su vibración). Si los opuestos son lo mismo y si el espíritu y la materia son la misma realidad (se diferencian solamente por la velocidad de su vibración), eso nos indica que son transmutables y que la energía o la conciencia sanadoras (en forma de dicha) pueden afectar positivamente a cualquier elemento que haya en el mundo físico, incluido el cuerpo físico. En la experiencia humana, se deduce que el odio puede ser transmutado en amor, el dolor en gozo y la enfermedad en salud perfecta. Puesto que el sanador comprende el principio de polaridad, puede transmutar la energía negativa en energía positiva, favorable a la vida, en todos los ámbitos.

---

6. *Ibid.*, p. 32.

Introducción

El quinto axioma hermético afirma que «todo fluye hacia fuera y hacia dentro; todo tiene sus mareas; todas las cosas suben y bajan; la oscilación pendular se manifiesta en todo; la medida de la oscilación a la derecha es la medida de la oscilación a la izquierda; el ritmo es compensatorio».[7]

El sanador entiende la ley del ritmo y presta atención a los ritmos naturales que encuentra en todas partes, especialmente a aquellos que están dentro de sí. Sabe que el ritmo es compensatorio y que, como dijo el gran médico Hipócrates, «los opuestos son una cura para los opuestos».[8]

Al estar atento a sus propios ritmos y los de su cliente, el sanador puede ver la alteración que afecta a cualquier ritmo en particular y transmutar la energía sanadora en la vibración o dosis exacta que compensará la enfermedad o el bamboleo arrítmico que encuentre en su cliente.

El sexto axioma hermético afirma que «cada causa tiene su efecto; cada efecto tiene su causa; todo sucede según la ley; el azar no es más que el nombre que se le da a la ley no reconocida; hay muchos planos de causalidad, pero nada escapa a la ley».[9] La característica más importante de este principio en cuanto a la sanación es que nada sucede por casualidad: la raíz de toda enfermedad es una cadena de sucesos en los que participó la persona enferma, incluso si su participación fue inconsciente en gran medida. La misma persona es, a fin de cuentas, la responsable; está pagando el precio de acciones pasadas a través de la enfermedad y el dolor presentes. Esta ley de causa y efecto se llama *karma*. En la Epístola a los Gálatas, el apóstol Pablo nos dice: «... Dios no

---

7. Ibid., p. 35.
8. Hipócrates. *Breaths, Book One [De flatibus liber]* (Parisiis: Apud Aegidium Gorbinum, 1557), p. 229.
9. Tres iniciados. *The Kybalion*, p. 3.

puede ser burlado, porque todo lo que el hombre siembre, eso mismo cosechará».[10]

El séptimo axioma hermético es el *principio de género*. Afirma que «el género está en todo; todo tiene sus principios masculino y femenino; el género se manifiesta en todos los planos».[11] Debe entenderse que el género abarca mucho más que el ámbito sexual. Las diferencias entre macho y hembra son evidentes en el plano físico, pero el género se manifiesta en todos los planos. En el plano mental, el principio masculino del género se manifiesta como la mente objetiva, consciente y activa, mientras que el aspecto femenino corresponde a la mente subjetiva, inconsciente y pasiva. En el plano emocional, el principio masculino se manifiesta como asertividad, ira y todas las emociones extrovertidas, mientras que el principio femenino se manifiesta como receptividad, protección y todas las emociones introvertidas. Esta dualidad es inherente a todos los seres vivos, incluidas las personas. Como seres humanos, tenemos dentro de nosotros el elemento asertivo, masculino, y el elemento receptivo, femenino. El sanador debe empezar por integrar esta naturaleza dual en sí mismo, y después debe hacer que sus clientes la integren para que alcancen la armonía y el equilibrio.

---

10. Gálatas, 6: 7 (Biblia del rey Jacobo).
11. Tres iniciados. *The Kybalion*, p. 39.

Primera parte

Introducción a la sanación espiritual

CAPÍTULO I

La energía y la conciencia sanadoras

La energía y la conciencia sanadoras son tan potentes que cuando se irradian libremente a través de ti pueden catapultarte a un estado de trascendencia. En este estado, la enfermedad desaparece y puedes participar del placer, el amor, la intimidad y la alegría que el universo viviente experimenta de continuo.

La conciencia de la que estoy hablando se llama *dicha*, mientras que la energía tiene muchos nombres y ha sido venerada en muchas sociedades. En China, los taoístas la llaman *chi* o *ki*. En la India, se denomina *prana* y *shakti*. Sea cual sea el nombre que se le dé, esta energía extraordinaria, como la dicha, solo tiene cualidades universales, lo que significa que puede usarse para sanar enfermedades físicas, traumas energéticos y patrones kármicos que han limitado tu acceso al poder, la creatividad y el brillo que son tuyos por derecho de nacimiento.

Las cualidades universales de esta energía incluyen la vitalidad, la creatividad y el poder de sanar, así como el placer, el amor, la intimidad, la alegría y las buenas cualidades que han caracterizado durante milenios a los sanadores de todas las culturas. Conocerte a ti mismo como una expresión de estas cualidades universales te capacitará para convertirte en un agente de sanación a dondequiera que vayas.

EL CAMPO SUTIL DE ENERGÍA Y CONCIENCIA

En el ámbito de la sanación espiritual, trabajarás principalmente con recursos que ahora mismo están inactivos dentro de tu campo sutil de energía y conciencia. Tal vez esto te parezca extraño si es la primera vez que te interesas por la sanación espiritual. Pero los maestros y sanadores espirituales llevan milenios reconociendo que las personas son seres interdimensionales que existen, interactúan y funcionan tanto en el mundo físico como en el mundo sutil de la energía y la conciencia. En la práctica, esto significa que tienes un cuerpo físico y también un campo sutil de conciencia y prana (energía no física) que interpenetra dicho cuerpo físico. Este extraordinario campo de conciencia y energía, que yo llamo *campo sutil*, contiene vehículos no físicos, que coordinan sus actividades con tu cuerpo físico para que puedas expresarte libremente y participar plenamente tanto del universo físico como del no físico.

Aunque la mayoría de las personas desconocen su existencia, los vehículos sutiles son responsables de mantener la salud y el bienestar y de proporcionar a los seres humanos la capacidad de forjar una verdadera identidad y participar con alegría de todas las actividades asociadas con la vida en la Tierra. Además de estos vehículos, el campo sutil contiene campos de recursos y un sistema energético sutil.

Los campos de recursos son campos de prana y conciencia enormes que interpenetran el campo sutil del individuo. Son las partes de mayor tamaño del campo sutil y proporcionan un enlace entre cada ser humano y la fuente de curación, la Conciencia Universal. Los campos de recursos nutren tus vehículos de energía y conciencia, así como los otros órganos de tu campo sutil (chakras, meridianos, auras, etc.), y te aportan el prana y la conciencia que necesitas para llevar a cabo la sanación en los ámbitos del cuerpo, el alma y el espíritu.

El sistema energético sutil incluye los chakras y el campo de cada chakra, los meridianos, los campos áuricos y los centros de energía menores dispersos.

Los chakras son vórtices que transmiten prana a través del campo sutil. Todos tenemos ciento cuarenta y seis chakras, que corresponden a las ciento cuarenta y seis dimensiones que hay dentro del universo físico y no físico. Los trece chakras más importantes están ubicados en el espacio del cuerpo (en el espacio del universo no físico que interpenetra el cuerpo físico).

Los meridianos son corrientes de energía que conectan los chakras con los campos sutiles y el cuerpo físico. Hay diez meridianos principales y miles de meridianos menores dispersos a lo largo de los campos sutiles del individuo.

Los campos áuricos son campos de prana y conciencia con forma de huevo que rodean a nuestros vehículos sutiles en todas las dimensiones físicas y no físicas. Tienen dos partes: una cavidad interna que hace la función de depósito de prana y conciencia, y un límite superficial que separa el entorno interno del externo.

Los centros de energía menores son centros de actividad energética dispersos a través del campo sutil del individuo. Los más importantes se encuentran en las manos y los pies. Los centros de energía menores apoyan los chakras y meridianos facilitando el desplazamiento del prana a través de los campos sutiles y el cuerpo físico.

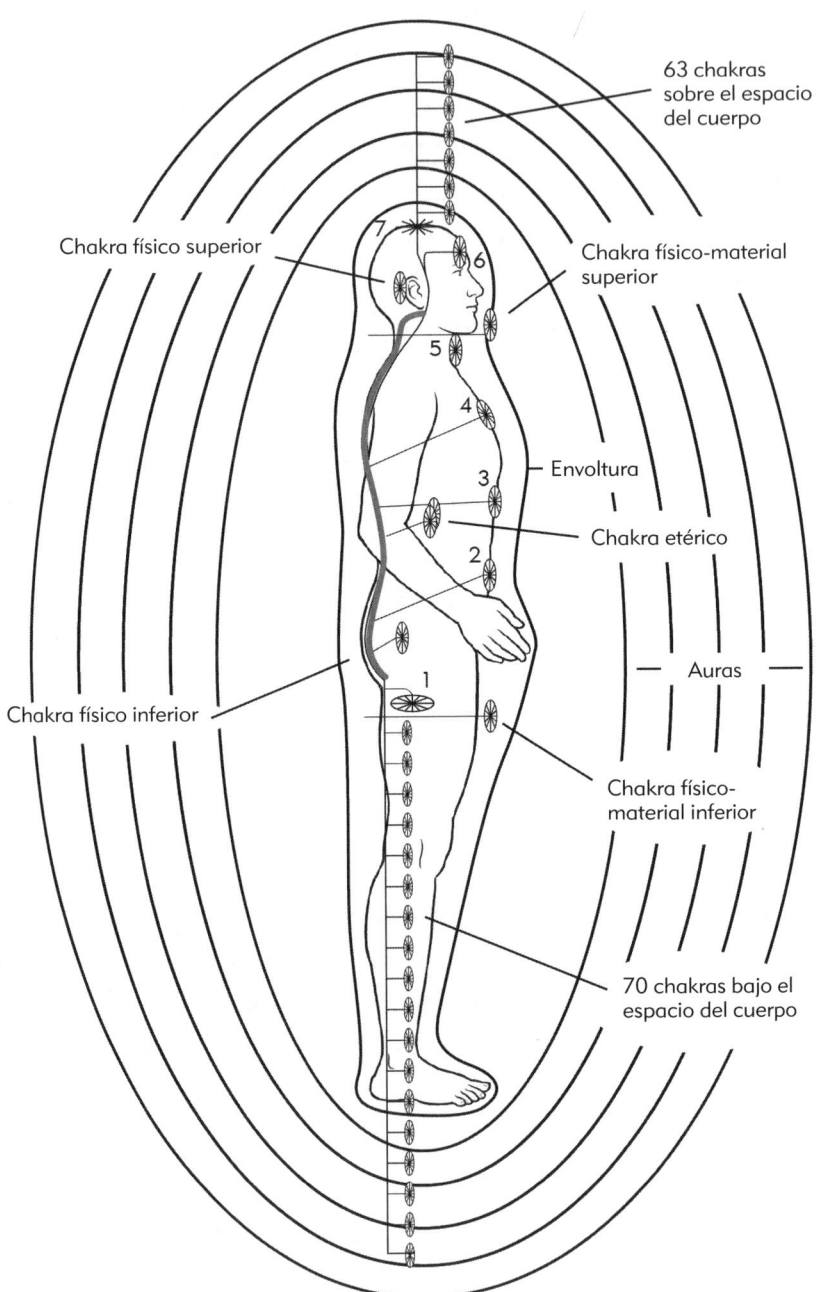

El campo sutil de energía y conciencia

En las páginas que siguen, analizaremos con mayor profundidad tanto el campo sutil como el sistema energético sutil. Por ahora, es importante que sepas dos cosas. En primer lugar, de la misma manera que una red eléctrica proporciona energía a hogares y empresas, tus campos de recursos y los órganos de tu sistema energético sutil (chakras, meridianos, campo áurico y centros de energía menores) transmiten toda la energía y la conciencia que tus vehículos sutiles y tu cuerpo físico necesitan para funcionar de manera saludable y para que puedas llevar a cabo la sanación en los ámbitos del cuerpo, el alma y el espíritu.

En segundo lugar, para que te beneficies de toda la conciencia y la energía sanadoras que tienes a tu disposición, y para irradiarlas de manera efectiva, es necesario que encuentres el centro fuerte de tu cuerpo físico y el de tu campo sutil.

CÓMO ENCONTRAR TUS CENTROS FUERTES

El centro fuerte de tu cuerpo físico hace que tu conciencia regrese al espacio corporal al que pertenece (el espacio corporal es el espacio ocupado por tu cuerpo físico en el plano físico y tus vehículos sutiles en los planos sutiles). El centro fuerte de tu campo sutil te saca del pasado y del futuro y te mantiene firmemente centrado en el Ahora siempre presente, el único lugar donde puede tener lugar la sanación espiritual. Cuando integres tus dos centros fuertes, te convertirás en un canal de sanación para ti mismo y para el mundo.

Los adeptos tántricos y taoístas fueron de los primeros en reconocer la importancia de permanecer centrado en ambos centros fuertes. Les enseñaron a sus alumnos que si su conciencia permanecía delante de su cuerpo físico y sus vehículos sutiles mientras llevaban a cabo la sanación, saldrían del Ahora siempre presente y se posicionarían en el futuro. Y si su conciencia permanecía detrás de su campo sutil y su cuerpo físico mientras efectuaban la sanación, saldrían del Ahora siempre presente y se posicionarían en el pasado. Estas ideas iniciales confirmaron a los tántricos y a los taoístas que para realizar la sanación de manera efectiva era esencial que estuviesen muy bien centrados en los dos centros fuertes (el físico y el sutil), porque en todo momento la sanación tenía lugar en el Ahora siempre presente.

Puedes asentarte en tus centros fuertes, primero en el de tu cuerpo físico centrándote en el *hara* y luego en el de tu campo sutil ejecutando el *método estándar*. A continuación podrás integrar sus funciones, gracias al *mudra de la integración del prana*. Este *mudra* unificará el flujo de energía y conciencia que conecta ambos centros y te mantendrá centrado y fuerte.

El centro físico (*hara*)

El *hara* se encuentra unos cuatro dedos por debajo del ombligo y unos dos centímetros y medio delante de la columna vertebral. En japonés, *hara* significa 'abdomen', y a menudo está vinculada con otra palabra japonesa, *tanden*, 'campo del elixir'. Por lo tanto, se puede entender que el *hara* es el lugar del cuerpo físico en el que se puede encontrar el elixir de la vida. También es el lugar que corresponde al centro fuerte del cuerpo físico.

La mayoría de los habitantes de Occidente desconocen la importancia del *hara*. Esta es una de las razones por las que tanta gente sigue careciendo de toda la vitalidad y el poder curativo que tienen a su disposición. También explica por qué tantos individuos están físicamente desequilibrados y suspendidos de un punto que se encuentra justo por encima de sus hombros, del cual cuelgan como títeres. Su cuerpo físico y su postura reflejan el hecho de que no han incorporado la conciencia del *hara* a su vida diaria.

Problemas como la mala postura, la tensión muscular crónica que inhibe el flujo de prana a través del campo sutil, una columna vertebral comprimida y torcida, unos órganos del cuerpo constreñidos y la mala circulación pueden relacionarse directamente con el hecho de estar equilibrados desde los hombros en lugar de estarlo desde el *hara*.

No estar asentado en el centro fuerte del cuerpo físico puede dar lugar a problemas adicionales: puede experimentarse tensión en las articulaciones y los ligamentos, y esto puede contribuir a la fatiga mental y física, incluso a la depresión.

¿Qué vas a ganar si reconectas con tu *hara*? Mucho. Asentarte en el centro fuerte que se encuentra en el *hara* te otorgará poder al reubicar tu conciencia dentro del cuerpo físico. Los centros de energía y conciencia de tu abdomen se conectarán con los de tu corazón y tu cabeza. Tus órganos reproductores recibirán más alimento y funcionarán mejor. Y al liberar la energía de tu abdomen, tendrás mayor acceso a tus emociones y sentimientos más profundos.

La forma más sencilla de recuperar el centro fuerte del *hara* es por medio de la práctica de una técnica llamada *respiración hara*.

Ejercicio: Respiración *hara*

La respiración *hara* es una técnica antigua que hace siglos que se practica en Extremo Oriente. Está concebida para ayudarnos a encontrar el centro fuerte de nuestro cuerpo físico y a integrar las funciones del cuerpo físico entre sí. Si te sientes alejado de tu cuerpo o vacío y necesitas fuerza interior, o si te encuentras agitado o abrumado, asustado o enojado, esta técnica te aportará alivio.

Puedes practicar la respiración *hara* en cualquier posición siempre que tu espalda esté recta. Por ahora, te aconsejo que la hagas acostado bocarriba. Cuando tengas algo de práctica, podrás realizarla sentado o de pie.

Es mejor que empieces a efectuar esta respiración con los brazos a los lados, las palmas hacia arriba y los dedos ligeramente extendidos. Debes tener los ojos cerrados y la mandíbula suelta; permite que la boca esté ligeramente abierta. Desde esta posición, empieza a respirar profundamente por la nariz durante unos tres o cuatro minutos. Luego, pasa a enfocar la atención en el *hara*, que está cuatro dedos por debajo del ombligo.

Cuando tengas la atención puesta en el *hara*, lo primero que notarás es una vibración. Poco tiempo después, experimentarás que surgen sensaciones de este punto vital. Puede ser que percibas calor, hormigueo o palpitaciones, frío o presión. Ninguna de estas sensaciones debe preocuparte; son todas normales.

Es importante que tengas en cuenta que tu respiración es una fuente importante de prana, que entra en tu campo sutil con cada inhalación. El prana vibra, y cuando interactúe con el *hara*, ocasionará una vibración por simpatía que lo activará aún más.

Sigue respirando profundamente por la nariz durante dos o tres minutos. A continuación, inhala por la nariz contando hasta cinco. Al inhalar, siente que estás llevando el aire al *hara*. Para incrementar el efecto, visualiza que un fluido entra en ese punto vital y lo llena de luz y energía. Contén la respiración mientras cuentas hasta cinco, manteniendo la atención enfocada en el *hara*. Durante la retención, comenzarás a sentir que tu *hara* se está calentando y que tu centro de equilibrio pasa a situarse en ese punto vital.

A continuación, exhala por la boca contando también hasta cinco. No debes hacer una pausa entre el final de la exhalación y la siguiente inhalación; el ritmo natural solo se rompe con la retención.

Realiza este ejercicio dos o tres veces por semana durante unos veinte minutos. Cuando domines la respiración *hara*, volverás a estar asentado en el centro fuerte de tu cuerpo físico. Con ello, tendrás más energía disponible para la práctica de la sanación. Repite la práctica según sea necesario.

EL CENTRO DE ENERGÍA SUTIL

Ahora que has aprendido a centrarte en el *hara*, estás listo para asentarte en el centro fuerte de tu campo sutil. Para ello, realizarás un ejercicio denominado *método estándar*. Tardarás unos veinte minutos en hacerlo. En la primera parte del ejercicio, relajarás los principales grupos musculares de tu cuerpo físico por medio de contraerlos y soltarlos. Esto te ayudará a calmar la mente al liberar el estrés residual y la energía almacenada en los músculos tensos. En la segunda parte, usarás la intención para centrarte en tu campo sutil.

Es importante que tengas en cuenta que, en este ejercicio, tu intención cumple la misma función que un programa informático. Así como un programa de *software* le indica a un ordenador que realice una tarea en particular, tu intención le indica a tu mente auténtica que dirija tus órganos de percepción hacia dentro.

Tus órganos de percepción son los sentidos, que reúnen información física, y tus medios de conocimiento no físicos, como la intuición. Si usas la intención de forma adecuada, es decir, sin observarte a ti mismo, sin esforzarte demasiado y sin mezclar tu intención con la emotividad y la inseguridad, tu percepción se dirigirá automáticamente hacia dentro.

Ejercicio: El método estándar

Para empezar, encuentra una postura cómoda, con la espalda recta. Cierra los ojos y respira profundamente por la nariz durante dos o tres minutos. Luego cuenta lentamente hacia atrás del cinco al uno. Mientras cuentas hacia atrás, repite mentalmente cada número tres veces, visualizándolo. Tómate tu tiempo y deja que tu mente sea tan creativa como quiera. A continuación, cuenta hacia atrás del diez al uno, permitiéndote relajarte más en cada número descendente.

Seguidamente, inhala y lleva la atención a los pies. Contrae los músculos de los pies tanto como puedas. Aguanta la respiración durante cinco segundos. Luego suelta el aire y permite que los músculos de los pies se relajen. Inhala profundamente de nuevo y repite el proceso con los tobillos y las pantorrillas. Procede de la misma manera con las rodillas, los muslos, los glúteos y la pelvis, la parte media y superior del abdomen, el pecho, los hombros, el cuello, los brazos y las manos.

Después de haber apretado y relajado todas estas partes del cuerpo, aprieta los músculos de la cara y mantenlos tensos durante cinco segundos; a continuación, suelta y di «aaaaah» mientras exhalas. Luego, abre la boca, saca la lengua y estira los músculos de la cara tanto como puedas. Mantente así durante cinco segundos; seguidamente, suelta los músculos de la cara y di «aaaaah» mientras exhalas.

Para finalizar, contrae todo el cuerpo y aprieta los músculos de la cara mientras aguantas la respiración durante cinco segundos. Expulsa el aire por la nariz y relájate unos instantes.

Cuando estés listo para continuar, afirma: «Decido centrarme en mi campo sutil de energía y conciencia». Dedica unos momentos a disfrutar los efectos; luego declara: «Decido dirigir mis órganos de percepción[1] hacia dentro, a mi campo sutil».

Tu orientación cambiará de inmediato, y desde tu nuevo punto de observación ubicado en lo profundo de ti mismo te darás cuenta de que estás centrado en tu campo sutil porque te sentirás más liviano, más tú mismo y, lo más importante, los pensamientos y los sentimientos ya no te distraerán.

Dedica quince minutos más a disfrutar el ejercicio. Luego cuenta del uno al cinco y abre los ojos. Cuanto más a menudo practiques el método estándar, mayores serán los beneficios que obtendrás y más fácil te resultará mantenerte centrado en tu campo sutil sin distraerte.

CÓMO INTEGRAR Y EQUILIBRAR TUS CENTROS FUERTES

Ahora que has aprendido a ubicarte en el centro fuerte de tu cuerpo físico y en el de tu campo sutil, puedes integrar y equilibrar sus funciones. Con esta finalidad, usarás un *mudra* concebido específicamente para ese propósito, el *mudra de la integración del prana*.

Un *mudra* es un gesto simbólico que se puede hacer con las manos y los dedos o en combinación con la lengua y los pies. La palabra *mudra* proviene de la raíz sánscrita *mud*, que significa 'deleite o placer'.

Aunque los *mudras* son de aparición reciente en el mundo occidental, en Oriente hace siglos que se utilizan para mejorar el bienestar físico, mental, emocional y espiritual. Los taoístas

---

1. Tus órganos de percepción son los ojos, las orejas, la nariz, las terminaciones nerviosas de tu cuerpo que producen sensaciones y la intuición.

de la antigua China los usaron para encontrar la paz interior, los místicos de la India los emplearon para alcanzar el *samadhi* (la iluminación) y los sanadores los han utilizado para curarlo todo, desde los dolores de cabeza hasta la artritis.

Los *mudras* funcionan porque estimulan el flujo de energía sanadora (el prana o *chi*) a través de centros de energía específicos del sistema energético sutil. Al estimular estos puntos durante largos períodos de tiempo, generalmente cinco minutos o más, es posible mejorar e integrar el flujo de prana entre el campo sutil y el cuerpo físico.

En el próximo ejercicio aprenderás a realizar el *mudra* de la integración del prana. Después de eso, lo utilizarás junto con la respiración *hara* y el método estándar para integrar y equilibrar el centro fuerte de tu cuerpo físico y el de tu campo sutil.

Ejercicio: El *mudra* de la integración del prana

Para realizar este *mudra*, encuentra una postura cómoda con la espalda recta. Respira profundamente por la nariz durante dos o tres minutos. Luego cierra los ojos y coloca el pulgar izquierdo en la cavidad creada por el pulgar y el índice derechos. A continuación, coloca el dedo índice izquierdo sobre el dedo corazón derecho. Seguidamente, pon el dedo corazón izquierdo sobre el dedo anular derecho y el anular izquierdo sobre el meñique derecho. Cuando los dedos estén en esta posición, lleva la lengua a la parte superior de la boca y deslízala hacia atrás, hasta llegar al paladar suave.

Mantén el *mudra* durante diez minutos. Después suéltalo y abre los ojos.

Al realizar el *mudra* de la integración del prana, sentirás que irradias más energía a través de tu cuerpo físico y tu campo sutil, especialmente de las partes que se han contraído y que más lo necesitan. De todos modos, el verdadero valor de este *mudra* solo se evidenciará cuando lo combines con la respiración *hara* y el método estándar en el siguiente ejercicio.

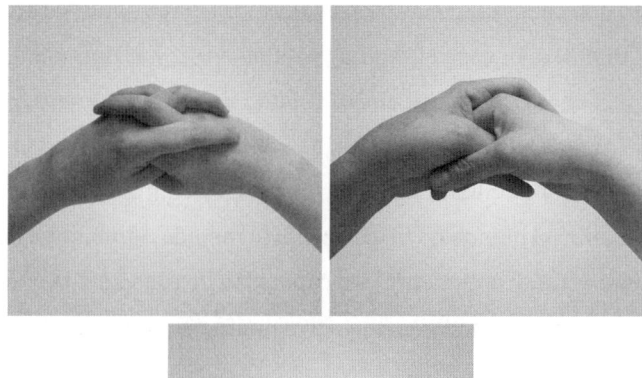

Tres perspectivas del *mudra* de la integración del prana

Ejercicio: Integrar y equilibrar los centros fuertes

En este ejercicio, utilizarás el *mudra* de la integración del prana para integrar y equilibrar la energía que irradian el centro fuerte de tu *hara* y el centro fuerte de tu campo sutil.

Para empezar, encuentra una postura cómoda, con la espalda recta. Luego cierra los ojos y céntrate en el *hara* realizando la respiración *hara*. Una vez que estés centrado en el *hara*, practica el método estándar. Disfruta el cambio durante dos o tres minutos. A continuación, haz el *mudra* de la integración del prana durante diez minutos mientras dejas que los pensamientos y los sentimientos aparezcan y desaparezcan sin interferir en ello. En poco tiempo, tu mente se calmará y disfrutarás de la energía refrescante que conecta tu cuerpo físico con tu campo sutil. Al cabo de diez minutos, deshaz el *mudra* y vuelve a respirar normalmente. Luego, cuenta del uno al cinco. Cuando llegues al número cinco, abre los ojos y finaliza el ejercicio.

Si integras y equilibras tus centros fuertes con regularidad, irás apreciando el mundo no físico en mayor medida. También se desarrollarán tu discernimiento y tu capacidad de acceder a la energía y la conciencia sanadoras que necesitarás para practicar la sanación espiritual.

RESUMEN

En este capítulo has descubierto la importancia del campo sutil y el sistema energético sutil. También has aprendido a integrar las funciones de tu cuerpo físico y de tu campo sutil por medio de centrarte en el *hara* y en tu campo sutil de energía y conciencia. Después de eso, has integrado y equilibrado el flujo de energía entre tus centros fuertes gracias al *mudra* de la integración del prana. Ahora que entiendes lo importantes que son tus centros fuertes, estás en disposición de mejorar tus habilidades sanadoras innatas para convertirte en un sanador más efectivo.

CAPÍTULO 2

Mejora tus habilidades sanadoras

Para llegar a ser un sanador experto y eficaz es necesario poseer conocimientos y recursos personales, así como contar con poder sanador. Los recursos personales a los que me refiero incluyen la intención, la atención mental, el prana y la conciencia trascendental en forma de dicha. Combinando estos recursos de la manera adecuada podrás localizar concentraciones de energía y conciencia distorsionadas y sanar las enfermedades creadas por ellas.

LA MENTE AUTÉNTICA

Todos los recursos que utilizarás tienen su base en tu campo sutil, pero emergen en tu conciencia a través de tu mente auténtica.

Tu mente auténtica es el vehículo a través del cual manifiestas y enfocas tu verdadera identidad y las funciones de la mente que la apoyan (la intención, la voluntad, el deseo, la resistencia, etc.) en el mundo que te rodea. Surgió de la Conciencia Universal a través de los *tattvas*. La palabra *tattva* proviene de la raíz sánscrita *tat*, que significa 'eso', y *tvam*, que significa 'tú'. A medida que la evolución avanzaba, a través de los *tattvas*, se creó una jerarquía de dimensiones físicas y no físicas tanto en el universo físico como en el no físico. Tú existes en todas estas dimensiones, y en todas ellas tu mente tiene la capacidad de usar el prana y la conciencia para llevar a cabo la sanación espiritual.

Aunque está diseñada para funcionar como un todo unificado, tu mente auténtica se divide en tres partes esenciales: en el ámbito físico, tu mente auténtica es el cerebro, el sistema nervioso y las sustancias químicas del cuerpo, incluidas las hormonas que influyen en su estructura y sus actividades. En el ámbito no físico, tu mente auténtica incluye tu campo sutil de energía y conciencia, sus órganos y vehículos, y la conciencia y el prana que los nutren.

La combinación de elementos físicos y no físicos crea la tercera parte de la mente humana: la red. La red incluye las conexiones que tiene la mente con sus partes individuales y con aquello que está más allá de sí misma. Esto incluye la conciencia y la energía, así como las conexiones con otras personas, seres no físicos y sus proyecciones. Es la existencia de una red lo que explica el hecho de que el sanador pueda establecer contacto con su cliente en dimensiones no físicas y el hecho de que el prana y la conciencia que el sanador proyecta al cliente puedan sanar la enfermedad en su cuerpo, su alma y su espíritu.

El sanador espiritual puede usar la red para establecer contacto con un cliente necesitado de sanación de tres maneras. En primer lugar puede usar vehículos energéticos, conocidos como *envolturas*, que se encuentran dentro de su propio campo sutil, con esta finalidad. Las envolturas tienen la capacidad de extenderse a grandes distancias y de canalizar la energía y la conciencia sanadoras. En segundo lugar, puede emplear los chakras y servirse del sistema energético sutil para irradiar energía sanadora al cliente. Finalmente, puede utilizar los órganos de percepción, en especial los ojos, para establecer un contacto directo.

Los órganos de percepción (ojos, orejas, nariz, etc.) también forman parte de la mente humana. Pueden dirigirse hacia dentro (hacia la mente misma) o hacia fuera (hacia el entorno externo). Cuando se dirigen hacia fuera, pueden establecer contacto con otras redes e interactuar con ellas.

LAS FUNCIONES DE LA MENTE

Aunque la mente humana puede dirigirse hacia dentro y hacia fuera, y convertir la enfermedad en salud, tiene un número limitado de funciones o formas en que puede interactuar con su entorno. Las formas se conocen como *funciones de la mente*. Llevo más de treinta años estudiando las interacciones que el campo sutil y la red pueden tener con sus entornos físico y sutil. En ese tiempo, he aprendido que la mente tiene dieciséis funciones: la intención, la voluntad, el deseo, la resistencia, la entrega, la aceptación, el conocimiento, la elección, el compromiso, el rechazo, la fe, el disfrute, la destrucción, la creatividad, la empatía y el amor. En la sanación espiritual, la intención juega un papel único, por lo que la usarás en la mayor parte de las técnicas de diagnóstico y sanación que descubrirás en las páginas siguientes.

La intención

En la sanación espiritual, la intención cumple la misma función que un programa informático. Así como un programa de *software* le indica a un ordenador que realice una tarea en particular, tu intención puede darle a tu mente auténtica la instrucción de que use la conciencia y la energía que tiene en abundancia para sanar enfermedades en el cuerpo, el alma o el espíritu. Si usas la intención correctamente, es decir, sin observarte a ti mismo, sin esforzarte demasiado y sin mezclarla con la emotividad y la inseguridad, se convertirá en una habilidad valiosa que incorporarás prácticamente en todas las técnicas de sanación que aprendas en este libro.

La intención es una de las dieciséis funciones de la mente ubicadas dentro de un campo de recursos llamado *campo central*. Los campos de recursos, como el campo central, son campos de prana y conciencia extremadamente grandes que interpenetran el campo sutil y le proporcionan el alimento que necesita para funcionar de manera saludable.

Con el fin de mejorar la claridad de tu intención y convertirla en una herramienta eficaz para la sanación, realiza el siguiente ejercicio, llamado *meditación del fortalecimiento de la intención*. Con esta práctica, experimentarás que tu intención forma parte de un gran campo de conciencia y energía que está libre de apegos energéticos o de campos de energía distorsionada.

> **Ejercicio:** Meditación del fortalecimiento de la intención
>
> Para empezar, encuentra una postura cómoda, con la espalda recta. Cierra los ojos y respira profundamente por la nariz durante dos o tres minutos. Luego cuenta hacia atrás, del cinco al uno y del diez al uno. Usa el método estándar para relajar los músculos y centrarte en tu campo sutil de energía y conciencia. Tras esto afirma: «Decido centrarme en mi campo básico». Dedica unos

momentos a disfrutar el cambio. Después declara: «Decido ubicar mi centro en la parte de mi campo básico asociada con la intención».

Y a continuación: «Decido dirigir mis órganos de percepción hacia dentro, a la parte de mi campo básico asociada con la intención». Y después: «Decido mejorar la claridad y la fuerza de mi intención». Dedica quince minutos a disfrutar el proceso. Durante ese tiempo, no trates de controlar tus pensamientos y emociones, ni acudas a la visualización. Este ejercicio te aportará más beneficios si abandonas todo esfuerzo y dejas que te lleve a un reconocimiento más profundo del poder y la importancia de tu intención.

Al cabo de quince minutos, finaliza la meditación contando del uno al cinco. Cuando llegues al número cinco, abre los ojos. Te sentirás totalmente despierto, perfectamente relajado y mejor que antes. Solo necesitas realizar una vez este ejercicio.

Ahora que has fortalecido la claridad y la fuerza de tu intención, puedes usar esta para ordenarle a tu atención mental que efectúe las actividades de diagnóstico y sanación que tengas en mente.

LA ATENCIÓN MENTAL

Puedes sanar enfermedades en el cuerpo, el alma y el espíritu mediante el uso hábil de la atención mental. Esto se debe a que esta opera en todos los mundos y dimensiones a la vez, tanto en el universo físico como en el no físico. Con la intención como guía, puedes usar la atención mental para visualizar el estado del campo sutil y el cuerpo físico de una persona. A continuación puedes usarla para crear nuevas realidades de muy buena salud en sustitución de la realidad provisional de la enfermedad.

En el ejercicio que sigue utilizarás tu atención mental, junto con tu intención, para crear una pantalla visual. Puedes emplear esta pantalla para ver una imagen de ti mismo o de otra persona. Cuando aparezca dicha imagen, puedes usar la atención mental para diagnosticar y sanar enfermedades en el cuerpo físico del sujeto, en su alma o en su espíritu. La pantalla que crees debe estar dos metros y medio frente a ti y ser blanca y lo bastante grande como para que quepa una imagen de tamaño natural de una persona. Tiene que estar por encima del suelo, de tal manera que debas mirar hacia arriba en un ángulo de treinta grados para ver claramente la imagen que se muestra en ella.

Ejercicio: La pantalla visual

Para utilizar la intención y la atención mental para crear una pantalla visual, encuentra una postura cómoda, con la espalda recta. Cierra los ojos y respira profundamente por la nariz durante dos o tres minutos. Luego, cuenta hacia atrás del cinco al uno y del diez al uno. Usa el método estándar para relajar los músculos y centrarte en tu campo sutil de energía y conciencia.

Cuando estés listo para continuar, afirma: «Decido crear una pantalla blanca dos metros y medio delante de mí». Una vez que haya aparecido, continúa: «Decido visualizar una imagen de mí mismo en la pantalla». Enseguida verás que aparece una imagen de ti mismo en la pantalla, de un tamaño que encajará perfectamente en esta. Obsérvala durante unos cinco minutos. Después de este tiempo, suelta la imagen de ti mismo y de la pantalla. A continuación, cuenta del uno al cinco. Cuando llegues al número cinco, abre los ojos y finaliza la meditación.

Si tienes alguna dificultad para ver y sentir tu imagen en la pantalla, practica el ejercicio todos los días durante una semana. No es necesario que veas cada parte de tu cuerpo con perfecta claridad para diagnosticar y sanar enfermedades; por lo tanto, no debes preocuparte si no tienes un éxito total. Tu capacidad de ver imágenes en la pantalla aumentará drásticamente con la práctica.

LA ENERGÍA CON CUALIDADES UNIVERSALES

El *prana mudra* te servirá para mejorar el flujo de prana a través de tu campo energético con el fin de que tengas todo el prana que necesitas para administrar sanaciones.

Ejercicio: El prana *mudra*

Para realizar el *prana mudra*, encuentra una postura cómoda, con la espalda recta. Respira profundamente por la nariz durante dos o tres minutos. A continuación, utiliza el método estándar para relajar los músculos y centrarte en tu campo sutil de energía y conciencia. Cuando estés listo para continuar, lleva la punta de la lengua hasta el punto en que el interior de las encías se encuentra con los dientes superiores. Luego, lleva la punta de los pulgares al interior de la primera articulación de los dedos índices para que formen dos bucles.

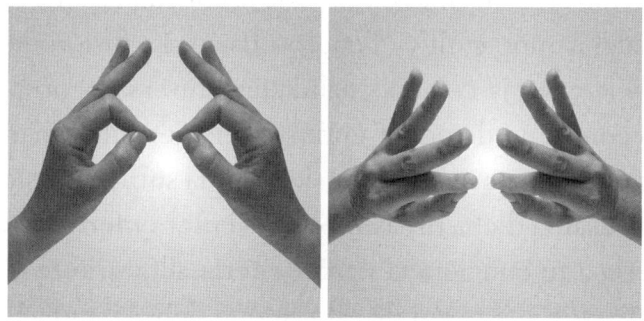

El prana *mudra*

Mantén el *mudra* durante diez minutos, con los ojos cerrados, mientras permites que el prana se irradie a través de tu campo sutil y tu cuerpo físico. No hagas nada más mientras mantienes el *mudra*. Recibirás más beneficios si depones todo esfuerzo y dejas que el *prana mudra* te lleve a experimentar más profundamente tu fuerza innata y tu poder sanador.

Al cabo de diez minutos, suelta el *mudra* y cuenta del uno al cinco. Cuando llegues al número cinco, abre los ojos y finaliza el ejercicio. Si practicas el *prana mudra* con regularidad, tu nivel de energía alcanzará nuevas cotas.

LA DICHA ORGÁSMICA

La dicha orgásmica es la fuerza más potente del universo. Todo ser humano está imbuido por la dicha, aunque la mayoría de las personas no lo saben. Según los tántricos, la dicha orgásmica es un estado duradero que se encuentra en lo profundo nuestro campo sutil, creado a través de la unión de la conciencia (Shiva) y la energía (Shakti).

Es importante tener en cuenta que la dicha no es un tipo de energía, sino la forma más elevada de la conciencia que se irradia a través del campo sutil y el cuerpo físico. La fusión de la conciencia y la energía con las cualidades universales proporciona un flujo constante de poder curativo que permite sanar incluso las concentraciones más densas de energía sutil distorsionada.

Para usar la dicha orgásmica para curar enfermedades, debes traerla a tu conciencia y mantenerla allí durante el proceso de sanación. La razón de ello es que debes irradiar la dicha conscientemente para sanarte a ti mismo o para sanar a otra persona.

Hay un ejercicio que está concebido especialmente para traer la dicha a la conciencia: *el mudra de la dicha orgásmica*.

> **Ejercicio:** El *mudra* de la dicha orgásmica
>
> Para realizar este *mudra*, encuentra una postura cómoda, con la espalda recta. Respira profundamente por la nariz durante dos o tres minutos. Utiliza el método estándar para relajar los músculos y centrarte en tu campo sutil de energía y conciencia. A continuación, coloca la punta de la lengua en el paladar superior y llévala hacia atrás hasta que descanse al principio del paladar suave.

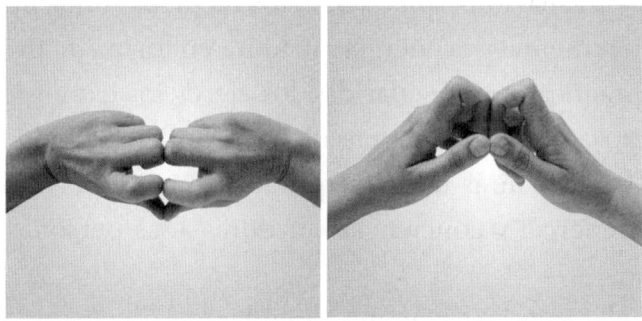

El *mudra* de la dicha orgásmica

Cuando la punta de la lengua esté en esa posición, junta la parte inferior de los pies de tal manera que las plantas se toquen. Seguidamente, pon las manos delante del plexo solar y haz que se toquen las puntas internas de los pulgares. Después, une la parte exterior de los índices, desde las puntas hasta la primera articulación, y el exterior de los dedos corazón desde la primera hasta la segunda articulación. El anular y el meñique deben estar curvados hacia la palma de la mano.

Una vez que la lengua, los dedos y los pies estén en la posición indicada, cierra los ojos y respira por la nariz. Mantén el *mudra* durante diez minutos. Luego suelta los dedos, separa las plantas de los pies y vuelve a colocar la lengua en su posición normal. A continuación, cuenta del uno al cinco. Cuando llegues al número cinco, abre los ojos. Estarás totalmente despierto y perfectamente relajado, y te sentirás mejor que antes.

RESUMEN

En este capítulo has aprendido a mejorar los recursos que usarás en la sanación espiritual. Estos recursos son la intención, la atención mental y la energía sanadora en forma de prana y dicha. Al practicar con regularidad los ejercicios expuestos te verás generosamente recompensado. Tu confianza como sanador crecerá y construirás una base duradera que te permitirá irradiar más energía y conciencia sanadoras a las personas que las necesitan.

En el capítulo siguiente aprenderás a distinguir entre la energía sanadora y la energía causante de enfermedades. Luego descubrirás cómo utilizar la intención, la atención mental y la energía sanadora en forma de prana para practicar la visión remota en relación con los reinos mineral, vegetal y animal. La visión remota es una herramienta de diagnóstico que te proporcionará la información que necesitas en los ámbitos sutil y físico para llevar a cabo con éxito la sanación espiritual.

CAPÍTULO 3
Visión y evaluación remotas

En los dos capítulos anteriores encontraste el centro fuerte de tu cuerpo físico y el de tu campo de energía sutil y mejoraste tus habilidades sanadoras realizando determinados ejercicios y *mudras*. Por lo tanto, no debería sorprenderte que te diga que los sanadores espirituales tienen una visión única de la salud y la enfermedad. Una razón de ello es que se basan en su discernimiento, una función de la mente inductiva, para diagnosticar enfermedades.

La mente inductiva usa la intuición y la perspicacia para conocer mejor el mundo. El discernimiento, que constituye un determinado tipo de intuición, es la capacidad de ver, sentir o detectar campos de energía no física. Al contar con un mejor discernimiento, el sanador puede ver y sentir la energía enferma presente en el campo sutil de su cliente. Esto se debe a que los campos sutiles de energía y conciencia que favorecen la buena salud solo tienen cualidades universales, mientras que los campos que favorecen la enfermedad tienen cualidades individuales, lo que significa que se ven y sienten de manera diferente, y que su vibración también es distinta.

Las cualidades universales afirman la vida. No solo favorecen la buena salud, sino también el bienestar, al reunir a las personas de la manera más directa y feliz posible —por ejemplo, por medio del placer, el amor, la intimidad, la alegría, la verdad, la libertad y el amor incondicional—. Las cualidades universales no fomentan el apego y no unen a las personas entre sí de maneras poco saludables. Lo que hacen las cualidades universales, y la conciencia y la energía que las sustentan, es incrementar la libertad, la autoconciencia y el estado de trascendencia en que los problemas y las preocupaciones desaparecen y uno puede participar de la dicha que el universo viviente experimenta sin cesar.

LA ENERGÍA CON CUALIDADES INDIVIDUALES

La energía que causa la enfermedad tiene cualidades individuales, lo que podríamos llamar un sabor. Ya conoces esta energía. Es la misma energía densa que te provoca tensión y dolor muscular cuando estás estresado y que te induce ansiedad, dudas y confusión cuando se activa, de forma consciente o inconsciente. De hecho, la energía que tiene cualidades individuales es, de una forma u otra, el principal origen tanto del sufrimiento humano como de la enfermedad física. Cuando la energía con cualidades individuales se acumula en el campo de energía sutil, puede crear bloqueos al dificultar el flujo del prana a través de los chakras, meridianos y centros de energía menores.

Un campo de energía con cualidades individuales, por ejemplo los campos sutiles que causan depresión y ansiedad o que nos presionan desde el exterior, puede parecer una ola o una pequeña cantidad de energía densa que está activa y puede desplazarse, especialmente si se le dedica atención. Debido a su densidad y su capacidad de movimiento, puede obstaculizar el flujo del prana de la misma manera que la suciedad puede reducir el flujo de aire limpio a través de un filtro de aire.

Son estos bloqueos los que causan enfermedades en el ámbito físico y patrones autolimitantes y destructivos en los ámbitos del alma y el espíritu. Muchos de estos bloqueos han estado contigo durante toda tu vida, ya que en tu campo sutil llevas la energía que los favorece de una encarnación a la siguiente.

Puesto que el sanador puede discernir la diferencia entre la energía sanadora y la energía distorsionada, no ve la enfermedad y la salud como cuestiones separadas. Tampoco cree que los microbios sean la causa última de la mayoría de las afecciones. Las enfermedades que parecen ser causadas por microbios son, en realidad, síntomas de problemas más profundos cuyo origen se remonta a nuestro campo sutil de energía y conciencia.

LA VISIÓN REMOTA

En las páginas siguientes aprenderás a mejorar tu discernimiento; pasará de ser un sentimiento vago análogo a la intuición a una herramienta fiable y precisa que podrás usar para ver y sentir campos sutiles. Con ello, podrás distinguir la energía saludable de la energía causante de enfermedades. El primer paso consiste en aprender las técnicas de la visión remota.

Acaso te sorprenda saber que la visión remota es una técnica relativamente fácil de dominar. De hecho, la estás practicando continuamente mientras sueñas por la noche y cuando sueñas despierto o estás usando la imaginación. Cuando te imaginas en un lugar o en una situación en particular, en realidad estás proyectando tu atención mental en el plano mental, donde eso está ubicado. Todo lo que existe en el plano físico existió previamente en el plano mental antes de transmutarse en una realidad física. Por lo tanto, no te confundas; cuando ves imágenes espontáneas, estás viendo contenidos que son reales y que pueden tener un gran efecto en tu salud y tu bienestar.

La visión remota en los tres reinos

En los ejercicios que siguen, mejorarás tu discernimiento aplicando la visión remota a los tres ámbitos de la materia en el plano físico: el reino mineral, el reino vegetal y el reino animal.

Para practicar la visión remota, primero deberás centrarte en tu campo sutil de energía y conciencia, a través del método estándar. A continuación utilizarás la intención, junto con la atención mental, para crear una pantalla visual. En esta pantalla visualizarás especímenes de los tres reinos. Después de examinarlos desde el exterior, emplearás la intención y la atención mental para proyectarte mentalmente dentro de dichos especímenes con el fin de discernir sus cualidades hasta el nivel molecular.

Ejercicio: Visión remota

Para empezar el ejercicio, encuentra una postura cómoda, con la espalda recta. Luego cierra los ojos y respira profundamente por la nariz durante dos o tres minutos. Utiliza el método estándar para relajar los músculos y centrarte en tu campo sutil de energía y conciencia.

Cuando estés listo para continuar, afirma: «Decido visualizar una pantalla blanca dos metros y medio delante de mí». Una vez que haya aparecido dicha pantalla, afirma: «Decido visualizar una gran piedra marrón, de unos treinta centímetros de diámetro, en mi pantalla visual». Conserva los sentidos abiertos y activos mientras observas la piedra, porque es tan importante usar los cinco sentidos en el plano mental como hacerlo en el plano físico. Algunas personas creen erróneamente que hay un sexto sentido que se usa exclusivamente para experimentar los planos superiores, pero esto no es exactamente así. El sexto sentido no es más que la intuición humana, que el sanador llama *clarisensación*. Además de los cinco sentidos, el sanador usa la clarisensación para recopilar información de los planos sutiles de energía y conciencia.

Después de haber examinado la piedra a una distancia de dos metros y medio y haber observado su tamaño, forma, color y textura, visualízate de pie junto a ella, lo bastante cerca como para alcanzarla y tocarla. Siente la textura de su superficie, así como su densidad, temperatura, etc. Los detalles son importantes en el proceso de evaluación, por lo que cuantas más cualidades puedas experimentar, mejor.

Tras haber examinado la piedra de cerca, ajusta tu tamaño y proyéctate en su interior. Con esta finalidad, afirma: «Decido proyectarme dentro de la piedra en el tamaño adecuado para caber cómodamente». Emplea todos los sentidos apropiados para explorar el interior de la piedra. Usa la intuición para sentir su espíritu, lo que se puede considerar que es su esencia. Todas las cosas creadas tienen una esencia y, al experimentarla, el sanador puede sentir si su vibración es correcta o incorrecta. Sentir lo correcto y lo incorrecto es extremadamente importante en la sanación espiritual, porque la sensación de que algo está mal es a menudo el primer indicio de enfermedad en el campo sutil de energía y conciencia.

Dedica tres o cuatro minutos a explorar el interior de la piedra. Cuando estés satisfecho por haberla experimentado en profundidad, visualízate de nuevo fuera, sentado frente a tu pantalla.

Luego, deja de visualizar la piedra. Respira hondo y relájate más completamente.

Cuando estés listo para continuar, visualiza una maceta de tulipanes en la pantalla. Hazte una idea de si su vibración es correcta o incorrecta. Luego examina el tamaño, la forma, el color y la textura de las plantas. Después de dos o tres minutos, visualízate de pie junto a ellas, lo bastante cerca como para alcanzar a tocarlas. Dedica unos momentos a examinar de cerca los tulipanes. A continuación respira hondo y repite mentalmente la afirmación: «Decido proyectarme en un tulipán en el tamaño adecuado para caber en él cómodamente». En cuanto estés dentro, examina los órganos de la flor. Pasa de la flor al tallo y del tallo a las raíces. Ya que se trata de un organismo vivo complejo, tómate tu tiempo y experimenta las cualidades físicas de la planta y la fuerza vital que la anima. La fuerza vital es una manifestación de la conciencia y del prana.

Te aconsejo que dediques unos cinco minutos o más a examinar la planta completamente. Una vez que lo hayas hecho, proyéctate mentalmente a tu posición original, delante de tu pantalla. Deja de visualizar los tulipanes, respira hondo y siente que te relajas aún más.

A continuación pasarás a practicar la visión remota con el reino animal. En este reino podrás establecer contacto con tu sujeto en más aspectos que en los reinos anteriores; podrás percibir su conciencia, sus emociones y sus sentimientos.

Cuando estés listo, visualiza un animal en tu pantalla. Lo mejor es que se trate de una mascota; de todos modos, puedes visualizar cualquier animal con el que estés familiarizado, ya sea un animal de granja o uno que hayas visto en un zoológico o en la naturaleza. Una vez que aparezca en tu pantalla, examina el cuerpo físico del animal de arriba abajo. Después de unos momentos, visualízate de pie junto a él. Alarga el brazo y empieza a acariciarlo. Permanece atento a su reacción. Puedes aprender mucho sobre tu sujeto de esta manera. A continuación, sírvete de todos tus sentidos, pero presta especial atención a si la vibración del animal es correcta o incorrecta.

Cuando estés satisfecho con lo que hayas descubierto, puedes proseguir con la visión remota proyectándote dentro del cuerpo del animal, junto a sus pulmones. Con esta finalidad, afirma: «Decido proyectarme mentalmente dentro de [nombre del animal] en el tamaño apropiado para caber cómodamente». Tan pronto como estés dentro del cuerpo del animal, alarga la mano y toca uno de sus pulmones. Sentirás el movimiento rítmico de los pulmones a medida que el animal inhala y exhala. Permanece atento a si la vibración es correcta o incorrecta.

Cuando hayas experimentado satisfactoriamente los pulmones y la zona circundante, desplázate a la base de la columna vertebral del animal. Alarga el brazo y toca una de las vértebras. Percibe la diferencia entre los diversos órganos de la zona de la columna. Dedica entre dos y tres minutos a examinar la vértebra, la columna vertebral y los órganos circundantes. A continuación, empieza a desplazarte libremente por el cuerpo del animal. Si vas a una zona enferma, observa las diferencias entre el tejido sano y el tejido afectado.

Dedica otros cinco o diez minutos a completar tu examen. Luego, mentalmente, proyéctate de nuevo a tu asiento, delante de la pantalla visual. Deja de visualizar el animal y, seguidamente, la pantalla. Para finalizar cuenta del uno al cinco y termina el ejercicio.

Ahora que has aprendido a utilizar la visión remota con los reinos mineral, vegetal y animal, estás listo para llevarla un paso más allá y usarla para diagnosticar enfermedades en un cuerpo humano. Para hacerlo, utilizarás las técnicas de la visión remota para examinar tu propio cuerpo y evaluar su estado.

> **Ejercicio:** Evaluación remota
>
> Para empezar, encuentra una postura cómoda, con la espalda recta. Luego cierra los ojos y respira profundamente por la nariz durante dos o tres minutos. Utiliza el método estándar para relajar los músculos y centrarte en tu campo sutil de energía y conciencia. Cuando estés listo para continuar, afirma: «Decido visualizar una pantalla blanca dos metros y medio delante de mí». Cuando haya aparecido la pantalla, declara: «Decido visualizar una imagen de mí mismo en la pantalla». Cuando aparezca la imagen, examínala durante dos o tres minutos. Presta atención a las distintas partes de tu cuerpo y al grado de corrección de su vibración. Examina tu postura y la expresión de tu cara. Si te sientes atraído hacia alguna parte concreta de tu cuerpo, lo normal es que esto sea indicativo de que la vibración de esa parte se ha visto alterada. Toma nota de ello y sigue adelante.
>
> Cuando estés satisfecho con tu examen, visualízate de pie junto a la imagen de ti mismo que hay en la pantalla. Explora tu cuerpo durante uno o dos minutos más. Cuando consideres que has recopilado la mayor cantidad de información útil posible, afirma: «Decido proyectarme dentro de mi cuerpo, de tal manera que esté de pie junto a mis pulmones, en el tamaño adecuado para caber cómodamente». Inmediatamente te encontrarás de pie entre tus dos pulmones.

Utiliza todos los sentidos apropiados para examinar los pulmones. Alarga el brazo y toca uno de ellos. Siente el movimiento rítmico de los pulmones en cada inhalación y exhalación. Experimenta todas las cualidades físicas de estos órganos, así como el grado de corrección o incorrección de su vibración. Pregúntate: «¿Funcionan normalmente los pulmones? ¿Están sanos y en armonía?». La capacidad de experimentar algo completamente es una habilidad adquirida, así que no te desanimes si no puedes experimentar plenamente los pulmones de inmediato. Con la práctica, lo harás.

Cuando hayas experimentado los pulmones y la zona circundante de manera satisfactoria, proyéctate hacia la base de la columna vertebral. Extiende el brazo y toca una de las vértebras. Dedica entre dos y tres minutos a examinar la vértebra, la columna vertebral y el tejido circundante. Transcurrido este tiempo, proyéctate en otra parte de tu cuerpo. Si vas a una parte enferma, observa las diferencias entre el tejido sano y el enfermo. Sigue explorando el interior de tu cuerpo durante cinco minutos más.

Cuando hayas terminado, afirma: «Decido volver a mi posición original, dos metros y medio delante de mi pantalla visual». Deja de visualizar la imagen de ti mismo y, seguidamente, la pantalla. Luego cuenta del uno al cinco y finaliza el ejercicio.

Ahora que has aprendido la práctica de la visión remota, puedes afinar tu capacidad mediante la repetición. Incluso si solo tienes un éxito limitado, tu capacidad mejorará con la práctica, y con el tiempo podrás usar todos tus sentidos, así como tu intuición, para diagnosticar enfermedades y otros problemas de salud en el cuerpo y el campo sutil de las personas.

SÍMBOLOS Y EVALUACIÓN: DESCRIPCIÓN DE UN CASO

A veces, una enfermedad o trastorno presente en el cuerpo de una persona se muestra simbólicamente en lugar de hacerlo objetivamente. El caso siguiente ilustra lo que quiero decir.

En un seminario que estaba dirigiendo, usé la visión remota como parte de la lectura de un caso (las lecturas de casos son una de las mejores maneras que conozco de practicar la visión y la evaluación remotas). En esa lectura, una participante del seminario me dio permiso para que evaluara la salud de una amiga. Escribió el nombre, la edad y la dirección de la mujer en el exterior de un papel doblado. En el interior, anotó todas las dolencias físicas y psicológicas que afectaban a su amiga. Como el papel estaba doblado, yo no podía ver lo que había escrito en el interior. A continuación, me dirigió en una meditación corta similar al método estándar.

Utilicé las técnicas de la visión remota para explorar el exterior del cuerpo de la mujer. Vi que era rubia, que estaba un poco regordeta y que sonreía. Seguí explorando su cuerpo físico e, inesperadamente, me vi atraído hacia su abdomen. Vi que estaba distendido, pero no percibí ningún error en su vibración. Cuando proyecté mi conciencia dentro de esa zona, vi, para mi sorpresa, un balón de baloncesto. Quedé impactado, ya que nunca había encontrado algo así antes. Mi primer pensamiento fue que tenía un tumor, pero con un tumor de ese tamaño, ¿cómo podía ser que estuviese sonriendo? Finalmente reconocí que la mujer no estaba en absoluto enferma: estaba embarazada. A partir de entonces, los balones de baloncesto han sido mi símbolo del embarazo.

Con los años, se me han presentado otros símbolos. Siempre veo como cuerdas las venas varicosas, y la anemia como sangre diluida, la artritis tiene el aspecto de copos de nieve que descansan sobre los huesos y las úlceras son volcanes en erupción. Tus símbolos pueden ser otros. Con la experiencia, descubrirás sus significados y podrás usarlos eficazmente en la evaluación y la sanación.

RESUMEN

En este capítulo has descubierto las técnicas de la visión remota. A continuación has aprendido a usarla para evaluar la enfermedad en el cuerpo y el campo sutil. La lectura de caso que he incluido en este capítulo ilustra una forma de obtener una experiencia útil. Puedes utilizar las lecturas de casos con tus amigos, familiares y colegas.

En el próximo capítulo, descubrirás cómo incrementar tu poder sanador por medio de la respiración yóguica. Esta aumentará y equilibrará el flujo de energía sanadora a través de tu campo sutil y tu cuerpo físico. Después de eso, aprenderás las técnicas de la sanación por medio del prana, gracias a las cuales podrás utilizar la gran cantidad de prana que tienes en tu campo sutil para llevar a cabo la sanación. También aprenderás a administrar la sanación en ausencia del sujeto creando un vendaje de prana. Y descubrirás cómo usar el prana para recargar tu campo de energía sutil, algo que el sanador espiritual debe hacer con regularidad.

Segunda parte

La autosanación, la sanación en ausencia y la imposición de manos

CAPÍTULO 4

La sanación por medio del prana

La palabra sánscrita *prana* significa 'energía absoluta' o 'la fuerza vital'. Tu sistema energético sutil está compuesto de prana, y es el prana lo que vitaliza todas tus actividades. Hay muchas fuentes de prana en el mundo físico y en el universo no físico. La Tierra misma irradia prana, y también lo hacen todos los seres vivos. Los bosques ancestrales irradian grandes cantidades de prana en el medioambiente, al igual que los alimentos que comemos, especialmente si son naturales y no han sido adulterados por un procesamiento excesivo.

Los maestros del yoga y el tantra reconocieron que el prana es esencial para el bienestar y el desarrollo espiritual. Descubrieron, tras examinar detenidamente la cuestión, que el prana entra en nuestro campo cada vez que tomamos aire y que los campos de recursos nos proporcionan grandes cantidades de prana cuando estamos sanos.

EL *PRANAYAMA*

El prana era tan importante para los antiguos maestros del yoga y el tantra que desarrollaron el *pranayama*, la ciencia del control de la respiración. En el *Bhagavad Gita* se dice que si un yogui llega a ser un maestro del *pranayama*, «puede convertirse en uno con Brahma [...] [y] convertirse [así] en cocreador en la creación continua del Todo. Usando la fuerza vital junto con su mente inconsciente, puede renovar lo que ha sido descuidado y curar lo que está enfermo. Su dominio le permite transmutar todo lo que quiera [...] de un estado a otro, de un grado a otro».[1]

El prana es comparado con el fuego en el *Katha Upanishad*:

Escucha, oh Nachiketa, escucha con toda atención.
Tengo el conocimiento del fuego
que encabeza el camino a la inmortalidad.
De hecho, este fuego, esta energía,
es el camino al cielo.
Es el soporte de toda la creación
y está profundamente arraigado dentro de la cueva del corazón
(el misterio de la vida).[2]

Cuando un sanador se convierte en un maestro del *pranayama*, puede usar la «energía absoluta» para renovar, para crear y, lo más importante, para sanar. Es la respiración lo que transporta el prana, en su forma más concentrada, a través de nuestro cuerpo físico y nuestro campo sutil de energía y conciencia.

---

1. Swami. *The Geeta, The Gospel of the Lord Shri Krishna*, p. 73.
2. Chitrita Devi (1973). *Upanishads for All*, Ram Nagar, Nueva Delhi, India: S. Chand & Co. Ltd. «Kathopanisad», 14, 40.

LA RESPIRACIÓN NATURAL

La respiración hace algo más que llevar oxígeno al cuerpo. De ella depende, en gran medida, el estado de salud, ya que determina la cantidad y la calidad del prana que fluye desde el entorno natural hacia el cuerpo físico y los campos sutiles del individuo.

Esto significa que es necesario respirar adecuadamente para mantenerse saludable. Cuando la respiración no es completa, cuando es superficial, cuando la persona respira por la boca o retiene inconscientemente el aire entre la inhalación y la exhalación, se debilitan los músculos del diafragma. La falta de uso perturba el funcionamiento del tercio inferior de los pulmones, pero lo más importante es que se ve obstaculizado el flujo libre del prana y la nutrición que aporta este al cuerpo físico y a los campos sutiles.

LA RESPIRACIÓN YÓGUICA

En el yoga, hay una técnica que te ayudará a acordarte de respirar adecuadamente. Esta técnica es la *respiración yóguica*.

La respiración yóguica constituye una síntesis de las tres respiraciones básicas. La primera es la respiración abdominal. En esta, la persona inhala mientras el abdomen se expande y se estira hacia abajo. La segunda es la respiración media. En esta, se permite que el aire que ha llenado el abdomen se expanda para que llene la cavidad torácica. Para hacer espacio, la caja torácica se expande y los hombros se levantan. La tercera es la respiración nasal. En esta, el aire que ha llenado el abdomen y el tórax puede continuar hacia arriba, hasta llenar las fosas nasales y la cabeza.

Con la respiración yóguica completa, no solo se lleva más oxígeno al cuerpo físico, sino que también se estimulan los chakras al llevar el prana hacia abajo, a todo el abdomen, y hasta la parte superior de la cabeza. Todo vibra, incluido el prana, y su vibración afecta a los chakras, que permanecen activos y funcionando armoniosamente.

El hecho de llenar de prana tu campo sutil y estimular los chakras mejorará el efecto de muchas de las técnicas de sanación que aprenderás a realizar en este libro. Por lo tanto, te animo a que practiques con regularidad el ejercicio que se describe a continuación. Lo encontrarás muy beneficioso.

Ejercicio: Respiración yóguica

Para empezar, siéntate en una postura cómoda, con la espalda recta y las piernas apoyadas en el suelo. A continuación, coloca la mano derecha sobre el abdomen, justo debajo del plexo solar.

Después cierra los ojos e inhala por la nariz, llenando de aire la parte inferior de los pulmones. Con la mano sobre el abdomen, sentirás que los músculos del diafragma se estiran a medida que el vientre se extiende ligeramente. Sigue inspirando, sintiendo que el aire llena la parte media y superior de los pulmones. Los hombros se levantarán y los músculos de la caja torácica se estirarán a medida que los pulmones se expandan.

Durante la respiración media, algunas personas sienten dolor en la parte superior de la espalda, entre los omóplatos. Este dolor lo causan los músculos que se han contraído y se han vuelto rígidos con los años. No dejes que una ligera incomodidad te desanime; sigue adelante. En pocos días, la incomodidad desaparecerá y tus músculos habrán recuperado su elasticidad natural.

Después de que el aire haya llenado los pulmones, deja que continúe subiendo y llene las fosas nasales y la cabeza, aportándote una agradable sensación de ligereza. Cuando exhales, invierte el proceso, deja que las fosas nasales se vacíen primero y que después lo hagan la parte superior, la parte media y finalmente la parte inferior de los pulmones. Los hombros descenderán de forma natural y el diafragma volverá a su posición normal.

Sigue respirando así durante diez minutos, sin hacer ninguna pausa entre la inhalación y la exhalación. A continuación cuenta del uno al cinco, abre los ojos y finaliza el ejercicio.

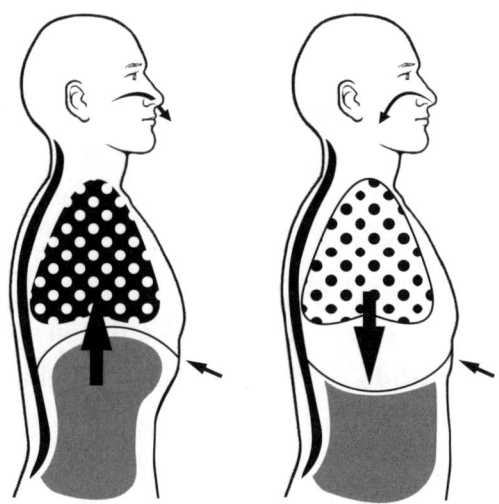

La respiración yóguica

La primera semana, practica el ejercicio durante diez minutos. Después alarga tu sesión de práctica hasta los quince minutos. Si sigues una rutina de ejercicios energéticos con regularidad, incluye la respiración yóguica. Úsala para relajarte antes de tus meditaciones y antes de practicar la sanación. Es un elemento esencial en la mayor parte de los ejercicios que aprenderás a realizar en este libro.

ADVERTENCIA: ¡Asegúrate de ser amable contigo mismo! No seas víctima de estar pendiente de ti y de tu respiración todo el tiempo.

No te obsesiones con eso, porque desatenderás otras áreas y, en lugar de liberarte, te constreñirás aún más.

LA RESPIRACIÓN FLUIDA

Hay una variación de la respiración yóguica, que he encontrado útil. Es idéntica al ejercicio anterior, excepto por el hecho de que durante la inhalación debes imaginar que una vitalidad líquida fluye con la respiración. Se trata del prana, por supuesto, que visualizas como un líquido, o, mejor aún, como un líquido que está lleno de luz y energía. En cada inhalación, imagina que este líquido fluye hacia las fosas nasales, los senos paranasales, los bronquios y los pulmones. En cada exhalación, imagina que el líquido se expande por todo el cuerpo, recargando los órganos, los tejidos, las células e incluso las moléculas en sí. Esta variación tiene el efecto añadido de reprogramar tu mente y los centros de conciencia de todo tu organismo, incluidos los núcleos de las células. Al visualizar que tu cuerpo se revitaliza, incluso a escala celular, creas esta realidad en el plano mental, y luego, a través de la transmutación, tus células se recargarán de energía.

Una vez que empieces a practicar la respiración yóguica, no tardarás en ver resultados positivos. Tu vitalidad aumentará y serás menos propenso a experimentar ansiedad y depresión. Además, el parloteo mental y los pensamientos insanos que acompañan a estos sentimientos desaparecerán gradualmente.

En el siguiente ejercicio, denominado *flexibilidad articular*, utilizarás el prana que acompaña a la respiración para mejorar la flexibilidad de las articulaciones. Con ello, incrementarás el flujo de energía sanadora en todo tu cuerpo físico y en tu campo sutil.

Ejercicio: Flexibilidad articular

Es posible que no lo adviertas, pero el prana que pasa continuamente por tus articulaciones proporciona a las diferentes partes de tu organismo la energía curativa que necesitan para integrar sus funciones con el resto del cuerpo y el campo sutil. Las articulaciones que no están bañadas por el prana y se han contraído son fáciles de reconocer. Pueden volverse demasiado sensibles, entumecidas o inflexibles. En casos más extremos, pueden empezar a doler.

El ejercicio de flexibilidad articular ha sido concebido específicamente para superar los problemas asociados con la falta de flexibilidad. Al practicar este ejercicio con regularidad, aumentará el flujo de prana a través de las articulaciones, lo que a su vez reducirá los bloqueos que favorecen la enfermedad.

Para empezar, encuentra una postura cómoda, con la espalda recta. Luego cierra los ojos y practica la respiración yóguica durante dos o tres minutos. Una vez que estés relajado, cuenta del cinco al uno y luego del diez al uno. A continuación, usa el método estándar para relajar los músculos y centrarte en tu campo sutil de energía y conciencia.

Después de aplicar el método estándar, enfoca tu atención mental en las vértebras que conectan el cuello con la cabeza. Luego inhala profundamente por la nariz y, a medida que exhalas por la nariz, llena las vértebras con prana. Repite el proceso dos veces mientras te recuerdas que debes soltar cualquier deseo o emoción no auténticos, como los celos o la envidia, que pueden haber restringido el flujo libre de prana a través del cuello, la garganta y los hombros.

A continuación, dirige la atención a los hombros y a los huesos, tendones y músculos que los conectan a los brazos. Exhala prana por la nariz a cada articulación del hombro dos veces, mientras te recuerdas que debes soltar cualquier deseo o emoción no auténticos que restrinjan el libre flujo de la energía sanadora a través de ellos. Cuando hayas terminado, sacude los hombros para soltar cualquier pesadez residual. Luego repite el proceso con los codos derecho e izquierdo.

La caja torácica es una parte importante de tu cuerpo. Apórtale prana exhalando en su interior. Repite el proceso dos veces, mientras te recuerdas que debes soltar cualquier creencia que restrinja el libre flujo del prana a través de ella.

Lleva tu atención mental a las caderas y, seguidamente, al abdomen. Coloca una mano en la parte inferior del vientre y la otra en la parte inferior de la espalda. Levántate y comienza a mover las caderas. Con las manos en esta posición, experimenta los movimientos hacia delante, hacia atrás, hacia la derecha y hacia la izquierda de las caderas y la pelvis. Luego lleva el prana a las caderas y al vientre exhalando dos veces en su interior mientras te recuerdas que debes soltar cualquier creencia que haya restringido el libre flujo de la energía sanadora.

Después de trabajar en las caderas, lleva tu atención mental a las rodillas. Prueba distintas maneras de moverlas. A continuación, lleva el prana a la rodilla izquierda exhalando dos veces en su interior mientras te recuerdas que debes soltar cualquier creencia que haya restringido el libre flujo de la energía sanadora a través de ella. Repite el mismo proceso con la rodilla derecha, los tobillos, los dedos de los pies, las muñecas y los dedos de las manos. Dedica unos cinco minutos a llenar de prana tus otras articulaciones. Seguidamente, lleva tu atención mental a la columna vertebral. Haz movimientos ondulantes, como de serpiente, de arriba abajo. Luego, lleva el prana a la columna exhalando en las vértebras. Repite el proceso dos veces mientras te recuerdas que debes soltar cualquier creencia restrictiva. Cuando termines, sentirás un mayor flujo de energía sanadora expandiéndose por la espalda, desde la base de la columna hasta la parte superior de la cabeza. Dedica dos o tres minutos a disfrutarlo.

Tras haber trabajado con las articulaciones por separado y haberlas llenado de energía sanadora, estarás listo para combinarlas con las distintas partes del cuerpo. Empieza por llevar tu atención mental a los dedos de los pies, los pies, los tobillos y las rodillas. Luego prosigue con las caderas y sigue llevando la atención mental hacia arriba, hasta que sientas un mayor flujo de energía sanadora recorriendo todo tu cuerpo físico. Dedica unos minutos a disfrutar el cambio. Luego cuenta del uno al cinco y abre los ojos. Tras hacer el ejercicio de flexibilidad articular, deberías sentirte más flexible y equilibrado. También deberías sentir más energía sanadora moviéndose por tu cuerpo físico, especialmente por aquellas partes que no estaban recibiendo el alimento que necesitaban.

Ejercicio: Autosanación con un vendaje de prana

El prana se puede utilizar para algo más que para recuperar la flexibilidad. También se puede usar para crear un *vendaje*, el cual es útil tanto en el contexto de la autosanación como en el de la sanación en ausencia para curar dolencias creadas por una acumulación de energía distorsionada. En el siguiente ejercicio, emplearás el vendaje de prana para sanarte a ti mismo. El proceso se lleva a cabo a lo largo de cinco días, después de los cuales podrás repetirlo si no has logrado una sanación total.

Día 1: Para empezar, elige un problema crónico o agudo presente en tu cuerpo físico que quieras sanar. Luego encuentra una postura cómoda, con la espalda recta. Cierra los ojos y efectúa la respiración yóguica durante dos o tres minutos. Acto seguido, cuenta hacia atrás del cinco al uno y del diez al uno.

Emplea el método estándar para relajar los músculos y centrarte en tu campo sutil de energía y conciencia. Después afirma: «Decido visualizar una pantalla dos metros y medio delante de mí». Y a continuación: «Decido visualizarme a mí mismo en la pantalla».

Una vez que aparezcas en la pantalla, declara: «Decido proyectarme mentalmente dentro de mi cuerpo y estar de pie junto al órgano (o tejido) que he elegido curar». Visualiza esto en la pantalla y dedica unos momentos a explorar esa parte de tu cuerpo.

Una vez que hayas experimentado de forma satisfactoria los campos distorsionados que mantienen la afección y su manifestación física, afirma: «Decido envolver con un vendaje de prana tanto el tejido enfermo como los campos distorsionados que lo mantienen». Y a continuación: «Decido que el vendaje de prana cure la dolencia tanto en el ámbito físico como en el sutil». No hagas nada después de esto; solo mantente centrado y deja que el vendaje de prana haga su trabajo. Al cabo de diez minutos, suelta la imagen de ti mismo y de la pantalla. Luego finaliza la meditación contando del uno al cinco.

Días 2 a 4: Los días segundo, tercero y cuarto, encuentra una postura cómoda, con la espalda recta. Cierra los ojos y practica la respiración yóguica durante dos o tres minutos. Después, cuenta hacia atrás del cinco al uno y del diez al uno. Usa el método estándar para relajar los músculos y centrarte en tu campo sutil de energía y conciencia. Acto seguido, afirma: «Decido visualizar una pantalla dos metros y medio delante de mí». Y a continuación: «Decido visualizarme a mí mismo en la pantalla». Y posteriormente: «Decido reemplazar mi vendaje de prana por otro nuevo».

Tras haber sustituido el vendaje, declara: «Decido que el prana procedente del vendaje de prana sea absorbido por la parte del cuerpo que he elegido curar». Dedica diez minutos más a disfrutar el proceso. Después, suelta la imagen de ti mismo y de la pantalla. Para finalizar, concluye la meditación contando del uno al cinco.

Día 5: El quinto día, encuentra una postura cómoda, con la espalda recta. Cierra los ojos y practica la respiración yóguica durante dos o tres minutos. Luego cuenta hacia atrás, del cinco al uno y del diez al uno. Usa el método estándar para relajar los músculos y centrarte en tu campo sutil de energía y conciencia. Después afirma: «Decido visualizar una pantalla dos metros y medio delante de mí». Y a continuación: «Decido visualizarme a mí mismo en la pantalla».

Una vez que aparezcas en la pantalla, declara: «Decido reemplazar mi vendaje de prana por uno nuevo». Después de haberlo sustituido, afirma: «Decido llenar de prana la parte del cuerpo que he elegido curar». Permite que este proceso se desarrolle durante dos o tres minutos. Luego visualiza que el prana que llenaba esa parte del cuerpo y el prana del vendaje se han convertido en un gran campo de prana. Dedica diez minutos más a disfrutar el proceso. Antes de terminar, visualiza que la afección que elegiste curar está completamente sanada. Después, suelta la imagen de ti mismo y de la pantalla visual. Para finalizar, cuenta del uno al cinco, abre los ojos y termina la meditación. Repítela según sea necesario.

CÓMO SANAR A OTRA PERSONA CON UN VENDAJE DE PRANA

En el siguiente ejercicio, utilizarás tu pantalla visual y un vendaje de prana para sanar a otra persona. Sin embargo, antes de empezar, es importante que tengas en cuenta lo siguiente: siempre que practiques la visión remota o la sanación en ausencia sobre el cuerpo físico o el campo de energía sutil de otra persona, es esencial que cuentes con su permiso. Aunque ni la visión remota ni la sanación en ausencia son procesos invasivos cuando se ejecutan correctamente, no hay garantías de que no proyectes, inadvertidamente, tus propias necesidades o preocupaciones en el campo sutil de la otra persona en forma de energía con cualidades individuales. Esto puede ser sanado, por supuesto (consulta el capítulo doce para ver cómo). Pero cualquier incursión de energía extraña con cualidades individuales puede generar confusión, especialmente si el cliente no sabe que se está explorando su campo sutil o que se le está practicando la sanación en ausencia. También está el tema de la privacidad: el campo sutil de una persona es su espacio privado y esto debe respetarse.

Además de respetar la privacidad del cliente, también es esencial tener la actitud correcta cuando se trabaja con otra persona, ya sea a través de la visión remota, la sanación en ausencia o la imposición de manos. Debes confiar en ti mismo e inspirar confianza a tus clientes. A través de afirmaciones, establece en tu cliente la convicción de que obtendrá sanación. Anímalo a perseverar aunque, al principio, puede ser que no haya muestras de mejoría. Según mi experiencia, en la mayoría de los casos suele requerir un poco de tiempo lograr una mejoría perceptible, así que alimenta la esperanza inicial de tu cliente, hasta su convencimiento más allá de toda duda, de que obtendrá sanación.

Debidamente alimentada, la convicción florecerá como fe, y, como bien sabemos, la fe hace que todo sea posible.

> **Ejercicio:** Sanación en ausencia con un vendaje de prana

Puedes usar un vendaje de prana para sanar a otra persona una vez que hayas obtenido su permiso, hayáis acordado lo que hay que sanar y le hayas explicado lo que harás durante la sesión de sanación. También es importante acordar un momento, para administrar la curación, en que el cliente esté solo y pueda sentirse relajado durante el proceso. Una vez que se cumplan estas condiciones, podrás dar comienzo al proceso de cinco días.

Día 1: El primer día, a la hora acordada, ponte en una postura cómoda, con la espalda recta. Cierra los ojos y practica la respiración yóguica durante dos o tres minutos. Luego cuenta hacia atrás, del cinco al uno y del diez al uno. Emplea el método estándar para relajar los músculos y centrarte en tu campo sutil de energía y conciencia. Después afirma: «Decido visualizar una pantalla dos metros y medio delante de mí». Y a continuación: «Decido visualizar a [nombre del cliente] en la pantalla». Una vez que tu cliente haya aparecido en la pantalla, empieza a explorar su cuerpo.

Cuando hayas obtenido la información que necesitas, declara: «Decido proyectarme mentalmente dentro del cuerpo de [nombre del cliente] y estar de pie junto al órgano (o tejido) que hemos elegido sanar». Acto seguido, explora la zona. Cuando hayas visto de forma satisfactoria la afección en el cuerpo físico, así como el tamaño y la forma de los campos energéticos que la mantienen, afirma: «Decido envolver con un vendaje de prana tanto el tejido enfermo como los campos sutiles que lo mantienen». Y a continuación: «Decido que el vendaje de prana cure la dolencia tanto en el ámbito físico como en el sutil». No hagas nada después de esto; solo permanece centrado y deja que el vendaje de prana haga su trabajo. Al cabo de diez minutos, deja de visualizar al cliente y la pantalla. Seguidamente, recárgate.

Cuando se practica la sanación en ausencia, es esencial recargarse después, ya que el campo sutil del sanador experimenta siempre una ligera pérdida de prana. Con esta finalidad, afirma: «Decido que el prana de mis campos de recursos se expanda a través de mi campo sutil y mi cuerpo físico y los recargue a ambos». Tan pronto como sientas que tu campo sutil brilla con energía, cuenta del uno al cinco. Cuando llegues al número cinco, abre los ojos. Te sentirás totalmente despierto, perfectamente relajado y mejor que antes.

Días 2 a 4: Los días segundo, tercero y cuarto, a la hora acordada, adopta una postura cómoda, con la espalda recta. Cierra los ojos y practica la respiración yóguica durante dos o tres minutos. Luego cuenta hacia atrás, del cinco al uno y del diez al uno. Emplea el método estándar para relajar los músculos y centrarte en tu campo sutil de energía y conciencia. Después afirma: «Decido visualizar una pantalla dos metros y medio delante de mí». Y a continuación: «Decido visualizar a [nombre del cliente] en la pantalla». Acto seguido, declara: «Decido reemplazar el vendaje de prana por uno nuevo». Cuando hayas efectuado la sustitución, afirma: «Decido que el nuevo vendaje de prana cure la dolencia tanto en el ámbito físico como en el sutil». Dedica diez minutos más a disfrutar el proceso. Transcurrido este tiempo, deja de visualizar al cliente y la pantalla. A continuación, recárgate. Cuando sientas que tu campo sutil brilla con energía, cuenta del uno al cinco y finaliza la meditación.

Día 5: El quinto día, a la hora acordada, encuentra una postura cómoda, con la espalda recta. Cierra los ojos y efectúa la respiración yóguica durante dos o tres minutos. Luego cuenta hacia atrás, del cinco al uno y del diez al uno. Emplea el método estándar para relajar los músculos y centrarte en tu campo sutil de energía y conciencia. Después afirma: «Decido visualizar una pantalla dos metros y medio delante de mí». Y a continuación: «Decido visualizar a [nombre del cliente] en la pantalla». Cuando tu cliente aparezca en la pantalla, declara: «Decido reemplazar el vendaje de prana por otro nuevo». Efectúa la sustitución y afirma: «Decido llenar de prana la parte del cuerpo que hemos elegido curar». Deja que el proceso tenga lugar durante dos o tres minutos. Después, visualiza que el prana que llenaba esa parte del cuerpo y el prana del vendaje se han convertido en un gran campo de prana. Dedica diez minutos a disfrutar el proceso.

Al cabo de diez minutos, visualiza que el tejido enfermo está perfectamente sano. Luego, deja de visualizar al cliente y la pantalla. A continuación, dedica unos minutos a recargarte. Cuando sientas que su campo sutil brilla con energía, cuenta del uno al cinco y finaliza la meditación.

RESUMEN

En este capítulo has aprendido a mejorar el flujo de prana a través de tu campo sutil realizando la respiración yóguica. Después has conocido un par de métodos básicos de sanación que pueden ser extremadamente efectivos si se usan con regularidad: el ejercicio de flexibilidad articular y el vendaje de prana, que puedes emplear para la autosanación y para sanar a otras personas.

En el próximo capítulo darás un paso más: descubrirás cómo funcionan tus auras y qué colores y características áuricas nos dan información sobre la salud y la enfermedad. A partir de ahí, aprenderás a realizar la evaluación áurica al detectar, sentir y ver el aura. Después de eso, aprenderás a practicar la sanación áurica llenando de prana tu campo áurico.

CAPÍTULO 5
La sanación áurica

Todos los campos áuricos están compuestos por una cavidad interna que interpenetra nuestro campo sutil y un límite superficial delgado que lo rodea. La cavidad interna del aura hace la función de depósito de prana, que es fundamental para mantener la vitalidad y la buena salud. El límite superficial separa el campo sutil del entorno externo y otorga a las auras su característica forma de huevo.

Cada límite está compuesto de fibras luminiscentes que se entrecruzan en todas las direcciones concebibles. La composición del límite superficial hace que sea permeable, lo que permite que la energía distorsionada pase a través de él y sea expulsada. Este es un proceso lento que aprenderás a estimular a través de la sanación áurica más adelante en este capítulo.

Para llevar a cabo la sanación áurica, el sanador espiritual debe tener la capacidad de ver y sentir el aura con el fin de diagnosticar los problemas causantes de enfermedades. A continuación, debe ser capaz de proyectar la energía sanadora almacenada en sus campos áuricos hacia su cliente a través de los ojos y los centros de energía menores ubicados en las manos. Todas las personas tienen centros de energía menores dispersos por su campo sutil, y todas pueden usar el prana que sale de ellos para administrar la sanación áurica.

LA EVALUACIÓN ÁURICA

Los campos áuricos desempeñan un papel importante en la evaluación, especialmente en el ámbito energético, por dos razones. En primer lugar, la energía sutil que causa la enfermedad es más pesada, más densa y se mueve más erráticamente que la energía asociada con la buena salud. En segundo lugar, al igual que la luz solar, la energía sutil se puede descomponer en colores específicos según su frecuencia. Los colores primarios, que son brillantes y claros, indican buena salud. Y los colores fangosos, sucios o asociados con tonos tierra (marrones, grises y negros) indican enfermedad.

He incluido una breve descripción de los colores que pueden aparecer en el aura humana, en particular el aura etérica, junto con lo que nos dice cada uno de ellos sobre la salud del cuerpo, el alma y el espíritu.

El aura etérica se extiende unos quince centímetros más allá de la superficie del cuerpo físico. Al examinar los colores y las cualidades del aura del cliente, el sanador puede descubrir la naturaleza y la gravedad de su enfermedad y determinar el tipo de energía que necesita para recuperar la salud y el equilibrio. A continuación puede proyectarle la energía sanadora necesaria, en el color apropiado. Esto se conoce como *sanación por medio del color* y lo analizaremos con mayor profundidad más adelante.

LAS CARACTERÍSTICAS DEL AURA

En general, los investigadores están de acuerdo en que el aura humana tiene más o menos forma de huevo y suele seguir el contorno del cuerpo físico, pero esto puede variar. Las personas con mayor vitalidad tienen campos áuricos más fuertes; en consecuencia, dichos campos se extienden más lejos desde el cuerpo físico y presentan una forma más ovalada.

Además, la composición del aura es distinta en cada individuo. Su textura nos da información sobre el carácter de la persona, mientras que su forma y color nos muestran su estado de salud y emocional. Una superficie suave y lisa indica poder personal, carácter y buena salud. Cuando la superficie del aura es irregular, está llena de entradas y protuberancias, y es flácida en algunas partes, ello es indicativo de debilidad, defectos de carácter y falta de equilibrio y bienestar. Un campo áurico con colores que se han ensuciado y embarrado y cuyo límite superficial tenga uno o más de los defectos mencionados anteriormente indicará la presencia de una enfermedad física.

LOS COLORES ÁURICOS

El aura humana incluye una cantidad asombrosa de colores. La siguiente es una lista de los más habituales, y se detalla lo que indican sobre la salud del cuerpo, el alma y el espíritu. Es importante tener en cuenta que todos los colores del aura deben ser brillantes y claros. Cuanto más turbios y oscuros sean, más probable es que se tengan problemas de salud.

El grupo rojo

En el aura humana, los colores rojos presentan la vibración visible más baja. Tienen una doble naturaleza. En su forma positiva, cuando son brillantes y claros, su aspecto es energizante, cálido y estimulante. Indican una relación sólida y segura con la Tierra. El rojo brillante y claro muestra vitalidad, generosidad y salud material. Un brillo rosado revela afecto filial y amor por el hogar, mientras que el rojo que tiende hacia el rosa muestra felicidad y ternura.

Los aspectos negativos de este grupo de colores van desde la ira y la malicia hasta la destructividad y el odio. Cuando el rojo es intenso, indica pasión. Cuando es muy oscuro, indica egoísmo y falta de empatía. El rojo que tiende al marrón expresa miedo. Cuando el marrón se oscurece y se vuelve negro, señala afán de venganza y malicia.

Cuando el rojo tiende al amarillo, vemos emociones y deseos descontrolados. El rojo claro indica un temperamento nervioso.

El grupo naranja

El naranja, cuando es claro y brillante, apunta a la fuerza y la vitalidad, así como a la pasión sexual y el entusiasmo. Cuando tiende al rojo, es indicativo de un carácter egocéntrico.

El grupo amarillo

El amarillo es el color del intelecto. Cuando está apagado, indica intelecto, pero de naturaleza mundana. Cuando se vuelve más brillante, más dorado, indica elevación del intelecto, que se purifica a través del espíritu. El amarillo fangoso o sucio indica astucia, codicia y un carácter egocéntrico y egoísta.

El grupo verde

El verde es el color del equilibrio y la armonía. Es el color del corazón. El verde esmeralda, que es claro y brillante, indica interés o implicación en las artes curativas y el verde claro, una naturaleza apacible y gusto por el aire libre. En el lado negativo, cuando está embarrado y sucio, el verde puede indicar egoísmo extremo, engaño y codicia, y cuando es parduzco, celos.

El grupo azul

El azul siempre ha sido asociado con la sensibilidad religiosa y la conciencia intuitiva. En el lado más positivo, está relacionado con la inspiración y las modalidades superiores del intelecto. Es uno de los primeros colores que ve el sanador. En el lado negativo, el azul que contiene marrón o negro indica fascinación por el lado más oscuro de la espiritualidad.

El grupo violeta

El violeta, una combinación de rojo y azul, apunta a unos ideales y un poder espiritual aún más elevados. Las personas que tienen el violeta en su aura han avanzado más lejos en su viaje espiritual. El violeta presente en el aura actúa como aislante y purificador. Se puede observar con mayor frecuencia en los campos áuricos de maestros e iniciados espirituales. Cuando tiende al lavanda, denota un alto grado de espiritualidad y una gran vitalidad; cuando tiende al lila, muestra un carácter compasivo y altruista.

El violeta aparece por primera vez encima de la cabeza. A medida que el iniciado avanza, el violeta se expande desde allí, hasta que llena toda el aura con su luz.

El grupo de colores plateados

El color plateado está asociado a la abundancia espiritual y física. En el aura, el color plata brillante puede significar el despertar espiritual o la acumulación de riqueza física y espiritual. El color plata metálico claro es nutritivo e intuitivo, e indica una mente creativa. Cuando el color plata tiene rayas grises o se ha vuelto embarrado, expresa miedo y problemas con la propia imagen corporal. Un gris más denso y pesado indica que la energía está bloqueada y que es probable que esté presente una enfermedad física.

El grupo de colores dorados

El color dorado está asociado a la fuerza divina y la sabiduría mundana. Las personas que tienen este color en el aura escuchan su voz interior y reciben un flujo continuo de información como guía. Permanecen libres de ataduras mundanas y disfrutan de los beneficios de una vida feliz.

El grupo marrón

El marrón es una combinación de todos los colores, pero no se encuentra por sí mismo en el espectro. Algunos investigadores lo asocian con los negocios y la producción y lo llaman «el color del empresario». Pero normalmente está vinculado con la enfermedad física. La mayoría de los sanadores asocian el marrón con características humanas negativas. Los diversos tipos de marrón indican mezquindad, codicia y falta de carácter. Su vibración solo aumenta cuando adquiere una tonalidad dorada; en este caso muestra un carácter laborioso y organizado, y un temperamento metódico.

El negro

El negro, que es la ausencia de luz, indica oscuridad en todos los ámbitos. Cuando ha llenado el aura de una persona, indica la negación de la vida misma. Cuando se ven rayas negras dentro de un aura que de otra manera sería normal, tienden a neutralizar los aspectos positivos de lo que habría sido un aura saludable.

El grupo gris

El gris es también un color negativo. Se asocia con un carácter aburrido y convencional. También señala falta de vitalidad, depresión y enfermedad física. Los grises pesados y oscuros indican miedo, confusión y, en algunos casos, un carácter no confiable y engañoso.

El blanco

Finalmente, llegamos al blanco, la síntesis de todos los colores. Cuando aparece en el aura de un individuo, indica equilibrio, armonía y la capacidad de intimidad y unión. Es el color de la perfección espiritual y se encuentra solo en aquellas personas que han alcanzado la iluminación.

EL AURA ETÉRICA

Ahora que sabes lo que indican los colores y las características del aura, estás listo para tener una experiencia directa del aura etérica. El aura etérica es el campo que te proporcionará la información más inmediata sobre el estado del cuerpo, el alma y el espíritu del sujeto. Puedes experimentar el aura de tres maneras: sintiendo su superficie con las palmas de las manos, viéndola por medio de la clarividencia o viéndola a través de la visión áurica.

En el siguiente ejercicio, aprenderás a sentir el aura con las palmas. Después, descubrirás cómo usar la clarividencia y la visión áurica para ver y diagnosticar enfermedades a través del examen del aura etérica.

> **Ejercicio:** Pasar la mano sobre el aura etérica

Todos tenemos la capacidad de sentir el aura etérica y percibir su estado a través de las palmas de las manos. Puedes recopilar información sobre la salud física, el carácter y el estado emocional de un individuo pasando la palma de la mano sobre la superficie de su aura. La técnica es simple. Para aplicarla, necesitarás un sujeto dispuesto. Explícale lo que vas a hacer y sigue después las sencillas instrucciones que se detallan a continuación.

Para comenzar el ejercicio, indícale al sujeto que se acueste bocarriba. Si no medita o no realiza ninguna práctica espiritual, dile que respire profundamente por la nariz con los ojos cerrados durante dos o tres minutos. Debido a que pueden producirse cambios en su aura como resultado de sentimientos fuertes, la emoción o la ansiedad, es esencial que esté relajado para que las impresiones que recibas sean precisas.

Tan pronto como el sujeto haya cerrado los ojos, empieza a practicar la respiración yóguica. A continuación, cierra los ojos y aplica el método estándar para relajar los músculos de tu cuerpo y centrarte en tu campo sutil de energía y conciencia. Una vez que estés centrado, abre los ojos, levántate y coloca tu mano dominante (la derecha si eres diestro y la izquierda si eres zurdo) unos treinta centímetros por encima del corazón del sujeto. Lleva la atención mental a la palma. Luego, deja que la mano descienda hasta que sientas una ligera resistencia, lo que hará que la palma experimente una especie de cosquilleo. La resistencia proviene de la superficie del aura etérica del sujeto.

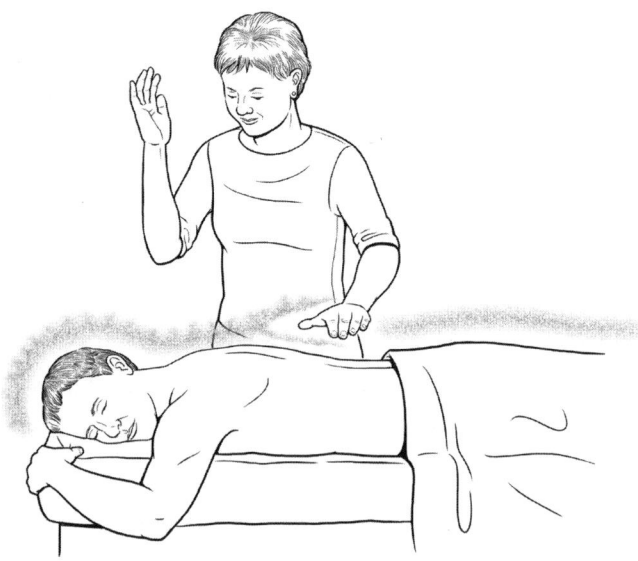

Pasando la mano sobre el aura etérica

Tan pronto como sientas la resistencia, empieza a pasar la mano sobre la superficie del aura. Mantén la palma en dicha superficie; solo así recibirás impresiones precisas acerca de la fuerza y la textura del aura. Si permites que la mano pase a través de la superficie, sentirás la energía de tu propia mano al reflejarse en el cuerpo del sujeto. Si te acercas lo suficiente a su cuerpo físico, sentirás el calor generado por el cuerpo y nada más.

Mientras procedes, toma conciencia de los cambios que sientas en el nivel de energía del aura. Los cambios pueden hacer que la mano se acerque más al cuerpo del sujeto o que se sienta empujada a alejarse de él. Los cambios importantes indican que hay problemas en el campo sutil del sujeto. Ten en cuenta las diferencias de temperatura; los puntos fríos y los puntos cálidos también pueden indicar la presencia de problemas energéticos y enfermedades potenciales.

El aura debe ser firme y suave, y tener una temperatura uniforme. La ausencia de estas características indica la presencia de algún tipo de enfermedad. Una vez que hayas registrado todas las impresiones con el sujeto bocarriba, indícale que se dé la vuelta y lleva a cabo el mismo proceso con el dorso de su cuerpo. Al principio, constata tus impresiones con el sujeto; con la práctica, adquirirás mayor sensibilidad y seguridad, y reconocerás las sensaciones asociadas con distintas enfermedades y trastornos.

Después de haber explorado la superficie de su aura etérica y una vez que estés satisfecho con tus hallazgos, retira la mano, vuelve a sentarte y dedica un momento a relajarte.

Si ya eres un sanador profesional o tienes la intención de llegar a serlo, sería buena idea que hicieses una lista con tus hallazgos. Cada enfermedad o trastorno emite una vibración específica, y si practicas la evaluación áurica con regularidad, aprenderás a discernir la huella de distintas afecciones en el cuerpo, el alma y el espíritu.

Ejercicio: Visión áurica

Otra forma de evaluar el aura es por medio de la visión áurica. Esta técnica no presenta limitaciones; puede usarse en cualquier momento y en cualquier lugar, tanto en presencia del cliente como en su ausencia. Además, puede utilizarse en combinación con otras técnicas de diagnóstico, por lo que debería conocerla cualquier persona que trabaje como sanadora espiritual.

Para ver el aura por medio de la clarividencia, empieza por realizar la respiración yóguica durante dos o tres minutos. A continuación, utiliza el método estándar para relajar los músculos y centrarte en tu campo sutil de energía y conciencia. Una vez que estés centrado, afirma: «Decido crear una pantalla visual dos metros y medio delante de mí». Y a continuación: «Decido visualizar a [nombre del sujeto] en la pantalla que tengo delante». Tan pronto como aparezca el sujeto en la pantalla, mira más allá de él o ella, hasta que tu visión se vuelva borrosa. En poco tiempo, verás algo parecido a la niebla alrededor de su cuerpo. Sigue un poco más y empezarán a aparecer colores. Tan pronto como surjan, utiliza las técnicas de la visión remota para explorar el aura etérica del sujeto.

Permanece atento a cualquier cosa que no tenga buen aspecto o que te parezca fuera de lo normal. Los problemas destacarán y llamarán tu atención. Es posible que estés mirando el aura en la zona de la cabeza del sujeto y que, de repente, tengas la sensación de que algo está mal en la zona de la rodilla y te sientas atraído hacia ella. Si ocurre esto, puedes tener la seguridad de que el sujeto tiene un problema en esa rodilla. Si hay un problema en una rodilla o en cualquier otra parte del cuerpo, examina el aura etérica que rodea esa parte. Presta atención al color, la textura y la fuerza del aura en ese lugar.

Es importante que sepas que un sanador experimentado combinará la evaluación áurica con la visión remota una vez que haya visto uno o más defectos en el aura que hay alrededor de una parte del cuerpo en particular. Te recomiendo que hagas lo mismo. Si ves imperfecciones en el aura etérica que rodea una de las partes del cuerpo de tu cliente, proyéctate dentro de su cuerpo físico y examina esa parte con más detalle. (Para obtener más información sobre la visión remota, consulta el capítulo tres).

En las enfermedades graves, como las afecciones cardíacas, es probable que veas colores negativos en el aura. Pero es posible que no percibas la conexión entre varios marcadores energéticos del aura y su manifestación física a menos que uses las técnicas de visión remota para proyectarte dentro del cuerpo del sujeto.

> Una vez que hayas examinado el aura por medio de la clarividencia y hayas comprobado lo que has descubierto con la ayuda de las técnicas de la visión remota, afirma: «Decido volver a proyectarme delante de mi pantalla visual, a dos metros y medio de distancia de esta». Deja de visualizar al sujeto y, después, la pantalla. A continuación, recárgate. Una vez que lo hayas hecho, cuenta del uno al cinco y finaliza el ejercicio.

EL AURA Y EL DOCTOR KILNER

El científico inglés Walter J. Kilner fue el primero en investigar científicamente el aura humana. En 1908, se le ocurrió la idea de que el aura podría hacerse visible si se veía a través de una pantalla cubierta con un tinte adecuado. Experimentó con la dicianina, un derivado del alquitrán de hulla, y descubrió que tenía un efecto extraordinario sobre la vista.[1] Se dio cuenta de que el alquitrán de hulla producía una miopía temporal cuando la gente miraba a través de una pantalla cubierta con esta sustancia; quienes miraban se volvían más sensibles a la radiación emitida por el extremo ultravioleta del espectro. Por alguna razón, esta mayor sensibilidad les permitía ver claramente el aura etérica. Kilner también descubrió que el aura era más visible en condiciones de penumbra, y realizó la mayoría de sus experimentos en habitaciones semioscuras. Más tarde descubrió que un fondo negro mejoraba la visión áurica. Por lo tanto, en muchos de sus experimentos posteriores colocó a un sujeto en una habitación semioscura a unos treinta centímetros de distancia de una pared oscura y lo examinó a través de la pantalla de dicianina.

---

1. Walter J. Kilner (1965). *Human Aura*. Secaucaus, Nueva Jersey, EUA: Citadel Press.

En años posteriores se descubrió que la pantalla era prescindible, porque era la miopía temporal lo que hacía que el aura fuese visible. La miopía se puede inducir fácilmente simplemente mirando más allá de un objeto hasta que los ojos se desenfocan.

VER EL AURA

En los más de cien años transcurridos desde las investigaciones pioneras del doctor Kilner, se ha descubierto que deben cumplirse tres condiciones para ver físicamente el aura etérica. En primer lugar, el observador debe estar centrado en su campo sutil de energía y conciencia. Esto le permite ver los campos sutiles con mayor claridad. En segundo lugar, el espacio donde se va a practicar la visión se debe oscurecer y debe haber un fondo oscuro detrás de la persona cuya aura va a examinarse. Por último, el observador debe permitir que sus ojos se desenfoquen sin forzarlos.

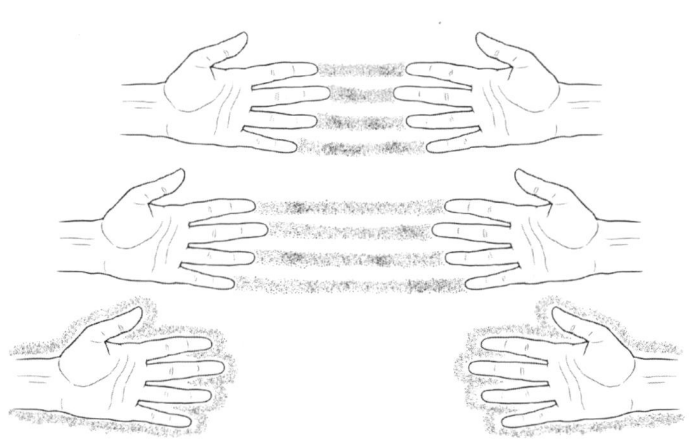

Visión áurica

La ropa puede interferir en la capacidad de ver el aura que rodea el torso de una persona, por lo que en la mayoría de los casos el aura se ve más fácilmente alrededor de la cabeza, las manos y los pies. En el ejercicio que sigue, verás el aura alrededor de tus manos. Para practicarlo, necesitarás un trozo de papel rígido negro de unos noventa centímetros de largo y unos cuarenta y cinco de ancho.

Ejercicio: Ver tu propia aura

Para ver tu aura etérica, encuentra una postura cómoda, con la espalda recta. Practica la respiración yóguica durante dos o tres minutos. A continuación, emplea el método estándar para relajar los músculos y centrarte en tu campo sutil de energía y conciencia. Dedica unos momentos a disfrutar el cambio. Después afirma: «Estoy en perfectas condiciones para ver el aura alrededor de mis manos». Mira más allá de tus manos, al papel que hay debajo de ellas. Para obtener mejores resultados, tus manos deben mantenerse ocho centímetros por encima del papel en posición horizontal, con las palmas hacia arriba y los dedos de una mano apuntando hacia los de la otra, casi tocándose. Los dedos deben estar extendidos, pero no hasta el punto de que experimentes tensión. Cuando hayas empezado a mirar más allá de las manos y a través de los dedos, tus ojos se desenfocarán sin ninguna dificultad.

Al principio, el aura puede aparecer tenue y puede ser difícil verla; es posible que presente un aspecto vaporoso. Pero si sigues prestando atención sin concentrarte, se volverá más brillante. A medida que el brillo aumente, empezarán a mostrarse los colores. Cuando ocurra esto, aleja las manos poco a poco y verás unas líneas de fuerza que conectan los dedos. Estas líneas conectarán los dedos correspondientes de cada mano y los mantendrán unidos hasta que las manos estén separadas por una distancia de quince a veinte centímetros. Luego, las líneas se dividirán en el centro y verás que el aura rodea cada mano por separado.

Cuando hayas dominado esta técnica, te será cada vez más fácil ver los colores alrededor de tus manos. Cuando confíes en tu capacidad, empieza a examinar el aura de tus amigos y compañeros. El aura que rodea la cabeza es la más fácil de ver en los demás.

Ejercicio: Ver el aura de otra persona

Cuando quieras ver el aura de otra persona, emplea el método estándar para relajar los músculos y centrarte en tu campo sutil de energía y conciencia. Asegúrate de que haya un fondo despejado detrás de la persona cuya aura vas a ver; lo mejor es que sea negro o blanco. A continuación, desenfoca los ojos y mira más allá del sujeto, hacia el fondo. El aura que hay alrededor de la cabeza aparecerá primero como una niebla, y después se verán sus colores: los primeros en manifestarse serán los oscuros, y después lo harán los más claros. El aura se asemejará a los halos que has visto en los retratos de los santos. Cuando hayas dominado la técnica, los colores áuricos se mostrarán a tu vista tan brillantes como los que ves en el mundo físico, o incluso más.

La mayoría de los sanadores que conozco utilizan al menos una de las técnicas que se presentan en este capítulo, junto con la visión remota, para efectuar la evaluación. Practícalas todas y usa la combinación que te vaya mejor.

Antes de pasar a la sanación áurica, es importante recordar que tu cuerpo es un instrumento que registrará las molestias del cuerpo de la otra persona cuando sintonices con su vibración. Por lo tanto, espera experimentar sensaciones inusuales en tu propio cuerpo cuando practiques la evaluación del aura. Estas molestias son temporales; son un tipo de comunicación psíquica que debes aprender a usar junto con la visión remota y la evaluación áurica para diagnosticar enfermedades.

LA SANACIÓN ÁURICA

Ahora que conoces las tres técnicas de la evaluación áurica, estás preparado para llevar a cabo la sanación áurica llenando de prana tu aura etérica. Al llenar tu aura etérica con prana, aumentarás la presión en su interior. El incremento de la presión ayudará al aura a conservar su integridad, especialmente cuando entre en contacto con campos de energía distorsionada que podrían alterarla. El hecho de llenar de prana tu aura etérica también aumentará tu vitalidad, tu autoconfianza y tu buena salud general, pues los campos de energía distorsionados serán sustituidos por energía sanadora.

Ejercicio: Llenar de prana el aura etérica

Para empezar el ejercicio, encuentra una postura cómoda, con la espalda recta. A continuación, cierra los ojos y practica la respiración yóguica durante dos o tres minutos. Seguidamente, cuenta hacia atrás del cinco al uno y del diez al uno. Emplea el método estándar para relajar los músculos y centrarte en tu campo sutil de energía y conciencia. Después, afirma: «Decido centrarme en mi campo sutil en el ámbito etérico». Y a continuación: «Decido dirigir mis órganos de percepción hacia dentro, a mi campo sutil, en el ámbito etérico». Dedica unos momentos a disfrutar el proceso. Después declara: «Decido llenar de prana mi aura etérica». Dedica quince minutos a experimentar el cambio. Luego, finaliza el ejercicio contando del uno al cinco. Cuando llegues al número cinco, abre los ojos. Te sentirás totalmente despierto, perfectamente relajado y mejor que antes. Repite el ejercicio según sea necesario.

En la práctica que acabas de realizar, has llenado de prana tu aura etérica. Para realizar el mismo ejercicio en las otras dimensiones de tu cuerpo, tu alma y tu espíritu, elige otro campo áurico con el que trabajar. En el ámbito material, puedes trabajar con el aura físico-material inferior, el aura físico-material superior, el aura física inferior, el aura física superior, el aura etérica inferior y el aura etérica superior.

En el ámbito del alma, puedes trabajar con el aura que rodea el segundo, el tercero, el cuarto y el quinto chakras. En el ámbito del espíritu, puedes trabajar con el aura que rodea tus chakras sexto y séptimo.

Antes de continuar, es importante que recuerdes que cada vez que llenes de prana un campo áurico fortalecerás tu campo sutil, debilitarás los apegos que te bloquean y mejorarás tu salud física y tu bienestar.

RESUMEN

En este capítulo has aprendido a usar tus campos áuricos como herramienta de diagnóstico. Con la práctica, la evaluación áurica se convertirá en uno de tus recursos más valiosos. También has aprendido a sanar tus campos áuricos llenándolos de prana. Esta técnica es insuperable como herramienta para mantener el bienestar y mejorar el grado de vitalidad. En el próximo capítulo descubrirás cómo usar la intención y la atención mental en combinación con los ojos y los centros de energía menores de las manos para llevar a cabo la sanación áurica avanzada sobre ti mismo y sobre otros.

CAPÍTULO 6
Sanación áurica avanzada

En la sanación áurica avanzada, se trata de proyectar el prana almacenado en los propios campos áuricos hacia la parte enferma del cuerpo del cliente a través de los ojos y las palmas de las manos. Empezaremos fijándonos en los ojos y en cómo se pueden utilizar en la sanación áurica avanzada. Después examinaremos las palmas y los centros energéticos que contienen.

Aunque los ojos no forman parte de la estructura del campo sutil, los sanadores espirituales saben desde hace siglos que tienen el poder de emanar energía sanadora. En el capítulo sexto del Evangelio de Mateo se nos dice que «la luz del cuerpo está en los ojos».[1] De hecho, puedes usar una mirada firme y contundente alimentada por el prana para mejorar tu poder sanador y curar a los enfermos. Podemos denominar *proyectar la mirada* a este uso de los ojos. Cuando proyectes la mirada sobre alguien, estarás conectando tus ojos a la energía sanadora almacenada en

---

1. San Mateo, 6: 22 (Biblia del rey Jacobo).

tu aura etérica. Después proyectarás esa energía a través de tus ojos hacia la parte del cuerpo de tu cliente que la necesite.

Puedes usar la proyección de la mirada en combinación con otras técnicas de sanación áurica en la sanación en ausencia y también más tarde, cuando aprendas a realizar la imposición de manos. Es importante tener en cuenta que proyectar la mirada no significa mirar fijamente. Cuando proyecto la mirada, no me concentro, sino que enfoco la atención mental en la parte del cuerpo que he elegido sanar y luego disfruto del proceso a medida que la energía sanadora emana de mi aura etérica, a través de mis ojos, hacia el tejido enfermo.

Ejercicio: Fortalecer la mirada

Antes de poder usar los ojos para irradiar energía sanadora, debes fortalecer la mirada y aprender a enfocarla. Con esta finalidad, necesitarás un gran espejo. Sitúalo un metro delante de ti aproximadamente, de tal manera que puedas ver con claridad todo tu rostro.

Cuando estés listo para empezar, siéntate frente al espejo con la espalda recta. Luego cierra los ojos y practica la respiración yóguica durante dos o tres minutos. A continuación, cuenta del cinco al uno, y después del diez al uno. Emplea el método estándar para relajar los músculos y centrarte en tu campo sutil de energía y conciencia. Después afirma: «Decido centrarme en mi campo sutil». Cuando estés centrado, abre los ojos (mantenlos un poco desenfocados), establece contacto visual con tu imagen en el espejo y afirma: «Decido dirigir mis órganos de percepción hacia el interior, al ámbito de mi campo sutil». Dedica entre dos y tres minutos a disfrutar el cambio. Luego declara: «Decido irradiar prana a través de mis ojos a mi imagen del espejo». No hagas nada después de eso. No trates de entender lo que está sucediendo o de darle energía extra al prana. Limítate a disfrutar el proceso durante diez minutos más, mientras sigues estableciendo contacto visual. Al cabo de diez minutos, cuenta del uno al cinco, abandona el contacto visual y deja el ejercicio. Efectúa esta práctica a diario durante cinco días o hasta que confíes en poder utilizar la proyección de la mirada en tus sesiones de sanación.

Una vez que estés seguro de poder irradiar prana a través de los ojos sin problemas, podrás sustituir el espejo por tu pantalla visual y practicar la sanación áurica sobre ti mismo y sobre otros.

Ejercicio: Sanación áurica por medio de la proyección de la mirada

En el siguiente ejercicio, usarás los ojos para llevar a cabo la sanación áurica sobre ti mismo. Antes de empezar, elige una dolencia que quieras sanar. Luego encuentra una postura cómoda, con la espalda recta. Cierra los ojos y practica la respiración yóguica. A continuación, cuenta del cinco al uno y del diez al uno. Emplea el método estándar para relajar los músculos y centrarte en tu campo sutil de energía y conciencia.

Cuando estés centrado, afirma: «Decido crear una pantalla visual dos metros y medio delante de mí». Y a continuación: «Decido visualizar una imagen de mí mismo en la pantalla». Tan pronto como veas aparecer la imagen de ti mismo, declara: «Decido llenar de prana mi aura etérica». Una vez que sientas que tu aura etérica brilla con energía, empieza a proyectar la mirada sobre la parte del cuerpo que has elegido sanar. A continuación, afirma: «Decido irradiar prana desde mi aura etérica a través de mis ojos hacia la parte del cuerpo que he elegido sanar». Sigue proyectando la mirada a esa parte del cuerpo, durante cinco minutos. Al final del proceso, visualiza que esa zona está perfectamente sana y resplandeciente de energía. Deja de proyectar energía a través de los ojos. Después deja de visualizar tu imagen y, a continuación, la pantalla. Para finalizar, cuenta del uno al cinco y concluye la meditación sanadora. Repite esta práctica según sea necesario.

SANACIÓN ÁURICA POR MEDIO DE LAS MANOS

Además de llevar a cabo la sanación áurica proyectando la mirada, puedes hacerlo proyectando prana a través de los centros energéticos menores de tus manos. Estos centros de energía forman parte de tu sistema energético sutil y actúan en conjunto con tus campos de recursos, chakras, meridianos y campos áuricos. Sin embargo, en contraste con estos otros elementos, que tienen estructuras fijas, los centros energéticos menores de tus manos se crean gracias a la interacción de dos meridianos principales, lo que significa que funcionan exclusivamente como centros de actividad.

Los centros energéticos de las manos tienen varias funciones que mejoran nuestra capacidad de expresarnos, participar en actividades mundanas y llevar a cabo la sanación áurica. Aumentan la capacidad de manifestar todas las funciones de la mente, como la voluntad, el deseo, la creatividad y el amor. Y permiten compartir energía sanadora con quienes la necesitan.

En el siguiente ejercicio, aprenderás a mejorar las funciones de los centros energéticos de tus manos aumentando el flujo de prana a través de los meridianos que terminan en tus palmas, conocidos como los meridianos *yang yu* y *yin yu*. Antes de aprender el ejercicio, sin embargo, será útil que sepas más sobre cómo

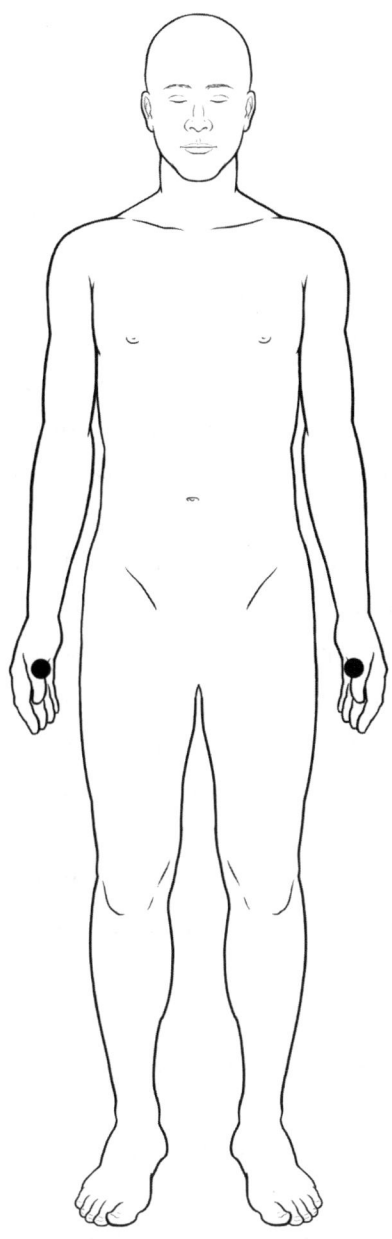

Los centros energéticos menores de las manos

funcionan los meridianos y cómo estimulan el flujo de energía sanadora.

Los meridianos

Los meridianos son canales que transmiten energía sanadora a través del campo sutil y el cuerpo físico. Mantienen el sistema energético humano en equilibrio y ayudan a mantener su integridad conectando los chakras entre sí y con los centros energéticos menores que se hallan dispersos por todo el campo sutil.

Aunque, en el aspecto funcional, los meridianos coinciden con las venas y las arterias del sistema circulatorio, en el aspecto estructural se parecen mucho a las corrientes de agua o aire que se encuentran en los océanos y la atmósfera terrestres. En consecuencia, su tamaño, forma y capacidad de carga pueden cambiar en función de la cantidad de energía que transportan, el estado de los chakras primero y séptimo, los centros energéticos menores de las manos y los pies, y las variaciones en la presión ejercida por los campos de energía distorsionada presente en su entorno inmediato. Su peculiar estructura les permite aumentar o reducir rápidamente su tamaño y su capacidad de carga. Incluso cambian de posición, si es necesario, a medida que se modifica la calidad y la cantidad de prana que fluye a través de ellos.

Las funciones de los meridianos

Individualmente y en conjunto, los meridianos tienen cuatro funciones importantes:

1. Conectan entre sí los distintos órganos del sistema energético sutil.
2. Regulan la presión dentro del campo sutil. Lo hacen expandiéndose y contrayéndose según cambia la cantidad de prana, y trasladando el prana de una parte del

sistema energético humano a otra según las necesidades del momento.
3. Liberan las toxinas que se han acumulado dentro de los vehículos energéticos. La energía tóxica que se halla dentro de un vehículo energético será absorbida en el sistema de meridianos, que transferirá las toxinas al chakra apropiado. Desde ese chakra, las toxinas serán expelidas al campo áurico oportuno. Glóbulos de energía tóxica se dirigirán a la superficie del aura y, con el tiempo, serán expulsados al entorno exterior.
4. Permiten que el prana que está listo para realizar el salto cuántico se transmita desde el ámbito etérico al cuerpo físico. La energía disponible de esta manera se utilizará para cargar los nervios e integrar las funciones del cuerpo físico con sus correspondientes vehículos energéticos del campo sutil. De esta manera todos los vehículos energéticos, así como el cuerpo físico, reaccionarán de manera sincrónica a los estímulos ambientales.

Los meridianos principales

Según los textos antiguos, hay diez meridianos principales. Relacionados con los centros energéticos menores de las manos, los meridianos más importantes son el *yang yu* y el *yin yu*, que conforman los centros energéticos menores de las palmas.

Los *yang yu*: Los dos meridianos *yang yu* son los canales masculinos ubicados en ambos brazos. Unen cada hombro con el centro de la palma, pasando por el dedo corazón.

Los *yin yu*: Los meridianos *yin yu* son los canales femeninos de los brazos que unen los centros de las palmas con el pecho. Viajan por el interior de cada brazo.

En el siguiente ejercicio mejorarás el funcionamiento de los centros energéticos menores de las manos estimulando el flujo de prana a través de los meridianos *yang yu* y *yin yu*, primero en el lado derecho del cuerpo y después en el izquierdo. A medida que aumente el flujo de prana a través de cada circuito, los centros energéticos menores de tus manos pasarán a estar más activos y recibirás información valiosa sobre su estado.

Ejercicio: La meditación *yang yu* y *yin yu*

Para realizar la meditación *yang yu* y *yin yu*, encuentra una postura cómoda, con la espalda recta. A continuación, practica la respiración yóguica durante dos o tres minutos. Cuenta hacia atrás del cinco al uno, luego del diez al uno. Después, emplea el método estándar para relajar los músculos y centrarte en tu campo sutil de energía y conciencia.

Dedica unos momentos a disfrutar el cambio. Luego afirma: «Decido proyectar mi atención mental hacia el extremo superior del meridiano *yang yu*, en el lado derecho de mi cuerpo». Si no hay obstrucciones, en el momento en que apliques tu atención mental al *yang yu*, el prana que está fluyendo a través del meridiano la llevará hasta el final del mismo, en la palma de la mano. Tan pronto como tu atención mental llegue a este final, desvíala unos dos centímetros y medio en diagonal hacia la base de la mano usando el prana que entra con cada inhalación. Este es el punto de acceso al meridiano *yin yu* (en la palma derecha). Si no hay obstrucciones, en el momento en que localices el meridiano, el prana que fluye a través de él trasladará tu atención mental por la parte interna del brazo hasta el extremo del meridiano ubicado en el lado derecho del pecho. Cuando se haya completado el circuito, suelta la atención mental. Permanece enfocado en tu campo sutil y disfruta el mayor flujo de prana en el centro de la palma y en los meridianos *yang yu* y *yin yu*.

Cuando estés listo para continuar con la segunda parte de este ejercicio, afirma: «Decido proyectar mi atención mental al punto de acceso al meridiano *yang yu* izquierdo». Si no hay obstrucciones, en el momento en que localices el punto de acceso tu atención mental será trasladada al extremo final del meridiano, en la palma de la mano izquierda. Desplaza la atención dos centímetros y medio en diagonal hacia la base de la palma, a un ángulo que se encuentra a cuarenta y cinco grados de distancia del pulgar. Allí hallarás el punto de acceso al meridiano *yin yu*. Deja que el prana que fluye a través del meridiano lleve tu atención mental a su extremo final del pecho. A continuación, suelta la atención mental y dedica quince minutos a disfrutar los efectos del ejercicio. Transcurrido este tiempo, cuenta del uno al cinco. Cuando llegues al número cinco, abre los ojos. Te sentirás totalmente despierto, perfectamente relajado y mejor que antes. Practica este ejercicio con regularidad y mejorará tu capacidad de llevar a cabo la sanación áurica, así como la de manifestar tu creatividad y la vocación de tu alma en el mundo.

Ejercicio: Sanación áurica con las manos

En este ejercicio, elegirás una parte del cuerpo que quieras sanar. Después llenarás de prana tu aura etérica. A continuación, visualizarás tu propia imagen en la pantalla visual. Cuando aparezca la imagen, proyectarás energía sanadora (desde tu aura etérica) a través de los centros energéticos de las palmas hacia la parte del cuerpo que has elegido curar, en la pantalla.

Para empezar, encuentra una postura cómoda, con la espalda recta. Luego cierra los ojos y practica la respiración yóguica durante dos o tres minutos. Seguidamente, cuenta del cinco al uno, y después del diez al uno. Emplea el método estándar para relajar los músculos y centrarte en tu campo sutil de energía y conciencia.

Cuando estés centrado, afirma: «Decido llenar de prana mi aura etérica». Dedica unos momentos a disfrutar el cambio. Luego declara: «Decido crear una pantalla visual dos metros y medio delante de mí». Y a continuación: «Decido visualizar una imagen de mí mismo en la pantalla». Tan pronto como aparezca la imagen de ti, levanta las palmas hacia arriba para que queden frente a la imagen de la pantalla. Después afirma: «Decido irradiar prana desde mi aura etérica a través de los centros energéticos menores de mis palmas hacia la parte de mi cuerpo que he elegido curar». Visualiza la energía fluyendo a través de las manos hacia esa parte del cuerpo como rayos luminosos, y sigue irradiándola durante diez minutos. Transcurrido este tiempo, visualiza que esa parte del cuerpo está perfectamente sana. Luego deja de proyectar los rayos de energía desde las manos, y deja de visualizar la imagen de ti mismo en la pantalla primero y la pantalla misma después. A continuación, cuenta del uno al cinco. Para finalizar, abre los ojos y concluye esta meditación sanadora. Repítela según sea necesario.

Ejercicio: Sanación áurica completa

Puedes usar las dos técnicas de sanación áurica que acabas de aprender para llevar a cabo la sanación en ausencia. En primer lugar, obtén el permiso de la persona, poneos de acuerdo en una hora para la práctica de sanación y explícale lo que harás durante la sesión. Decidid qué enfermedad o trastorno vas a tratar.

Cuando estés listo para empezar, encuentra una postura cómoda, con la espalda recta. Cierra los ojos y practica la respiración yóguica durante dos o tres minutos. Luego cuenta del cinco al uno, y después del diez al uno. Emplea el método estándar para relajar los músculos y centrarte en tu campo sutil de energía y conciencia.

Cuando estés centrado, afirma: «Decido llenar de prana mi aura etérica». Una vez que sientas que tu aura etérica está brillando con energía, declara: «Decido crear una pantalla visual dos metros y medio delante de mí». Y a continuación: «Decido visualizar una imagen de [nombre del cliente] en la pantalla». Tan pronto como aparezca tu cliente, explora la parte de su cuerpo que requiera sanación y el campo áurico que hay sobre ella. Una vez que hayas verificado la evaluación, afirma: «Decido irradiar prana desde mi aura etérica a través de los ojos a la parte del cuerpo de mi cliente que hemos elegido curar», y proyecta la mirada a esa zona durante cinco minutos. Después di: «Decido proyectarme mentalmente dentro del cuerpo de mi cliente junto al tejido enfermo que hemos elegido curar». Coloca una mano en un lado del tejido enfermo y la otra en el lado opuesto. Luego afirma: «Decido irradiar energía sanadora desde mi aura etérica a través de los centros energéticos menores de las palmas hacia la parte del cuerpo que hemos elegido curar». Prosigue con la sanación durante diez minutos, y siente cómo tu cliente absorbe la energía sanadora que proyectas a través de tus palmas hacia el tejido enfermo.

Transcurrido este tiempo, visualiza que el tejido enfermo está perfectamente sano y que el prana hace que esté brillante. Luego, mentalmente, proyéctate de nuevo a tu asiento, frente a la pantalla. Deja de visualizar a tu cliente y, a continuación, la pantalla. Luego dedica unos minutos a recargarte. Cuando sientas que tu campo sutil brilla con energía, cuenta del uno al cinco y finaliza la sesión de sanación. Repítela según sea necesario.

RESUMEN

En este capítulo has aprendido a fortalecer tu mirada. Después has aprendido a llevar a cabo la sanación áurica proyectando la mirada e irradiando energía sanadora a través de los centros energéticos menores de tus palmas. En el ejercicio final de este capítulo, has combinado las técnicas aprendidas para realizar una sanación áurica completa.

En el siguiente capítulo descubrirás los conceptos básicos de la *sanación por medio de los chakras*. Aprenderás cómo activar tus chakras y a centrarte en el campo creado por estos. De ese modo, estarás preparado para realizar el ejercicio llamado *equilibrio de los chakras*, el cual te permitirá mejorar y equilibrar el flujo del prana a través de los siete chakras tradicionales.

CAPÍTULO 7

La sanación por medio de los chakras

Para usar tus chakras de manera efectiva como herramientas de sanación, antes debes saber cómo interactúan con tu campo sutil y con otras partes de tu sistema energético sutil, particularmente los meridianos y los campos áuricos. Esto se debe a que de la misma manera que puede haber problemas en las terminales ferroviarias y aéreas modernas cuando el tráfico se interrumpe, pueden aparecer problemas en el campo sutil y en el cuerpo físico cuando los chakras se bloquean. Estos inconvenientes, que se originan en campos de dimensiones superiores, constituyen un terreno fértil para el desarrollo de enfermedades en el cuerpo, el alma y el espíritu.

Para corregir los problemas presentes en los chakras y prevenir el desarrollo de enfermedades, he concebido unos ejercicios sencillos que activarán tus chakras y equilibrarán su actividad con el resto de tu campo sutil.

EL CAMPO SUTIL

Los chakras son vórtices energéticos contenidos en el campo sutil, un campo de conciencia y energía sutil que tiene cualidades universales (prana) e interpenetra el cuerpo físico. Contiene cuerpos de conciencia y dos tipos de vehículos energéticos: los cuerpos energéticos y las envolturas. Además de los cuerpos de conciencia y los vehículos energéticos, el campo sutil contiene campos de recursos y un sistema energético sutil. Los campos de recursos proporcionan la energía y la conciencia que necesitan los vehículos energéticos y el sistema energético sutil para funcionar de manera saludable.

El sistema energético sutil del ser humano incluye los chakras, el campo de cada chakra, los meridianos, las auras y los centros energéticos menores que se encuentran dispersos por el campo sutil. A través de nuestro sistema energético sutil, el prana se transmite y transmuta en las frecuencias exactas necesarias que nos permiten implicarnos con éxito en todas las actividades normales de la vida.

LOS CHAKRAS

La palabra *chakra* viene del sánscrito y significa 'rueda'. Cada chakra está compuesto de dos partes, la *puerta del chakra* y el *campo del chakra*. Quienes tienen la capacidad de ver campos de energía sutiles ven la puerta del chakra como un disco de colores brillantes que gira rápidamente al final de lo que parece un eje largo o un tallo. La parte de la rueda de la puerta del chakra tiene unos ocho centímetros de diámetro y se mueve o gira constantemente alrededor de un eje central. Del centro del disco salen lo que parecen ser radios.

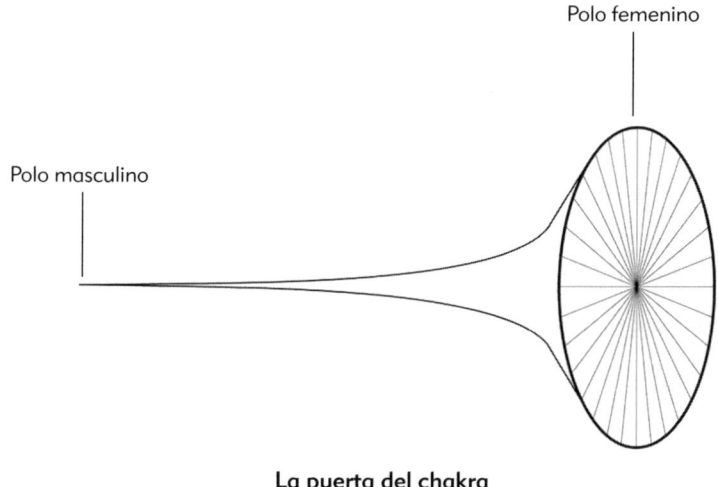

La puerta del chakra

La función principal de la puerta del chakra es proporcionar prana al campo sutil y al cuerpo físico. Si bien estas puertas tienen también otras funciones, la parte principal del chakra es la enorme reserva de prana conocida como campo del chakra, que está conectado a la puerta del chakra; cuanto más saludable esté dicho campo, más prana distribuirá la puerta del chakra al campo sutil y al cuerpo físico.

Funciones de los chakras

La puerta y el campo de los distintos chakras son los principales responsables de regular las actividades energéticas en el universo no físico. Estas actividades incluyen muchas interacciones que se cree erróneamente que tienen lugar en el plano físico exclusivamente. La empatía, la motivación y el entusiasmo, así como el amor y la intimidad, son ejemplos de interacciones energéticas reguladas por los chakras y sus respectivos campos.

La puerta y el campo de los chakras son capaces de realizar estas funciones esenciales porque proporcionan prana al sistema energético sutil y al cuerpo físico del individuo, y transmutan el prana de un tono (o frecuencia) a otro siempre que un cuerpo energético, una envoltura o el cuerpo físico están faltos de energía. Además, vinculan a todos los seres humanos con la Conciencia Universal.

Los chakras también ayudan a equilibrar las fuerzas de la polaridad y el género en el campo energético al permitir que el prana se desplace a través del sistema energético sutil, en cuatro direcciones generales: hacia arriba por la espalda, hacia abajo por la parte delantera del cuerpo, hacia la parte delantera del cuerpo desde la espalda y hacia la espalda desde la parte delantera del cuerpo.

Mantener un equilibrio saludable entre las fuerzas de la polaridad y el género distribuyendo el prana de una parte de tu sistema energético sutil a otra te dará poder y aumentará tu capacidad de expresarte plenamente.

Los trece chakras del espacio corporal

El sistema energético humano contiene ciento cuarenta y seis chakras. Los trece más importantes se encuentran dentro del espacio del cuerpo. Incluyen los siete chakras tradicionales ubicados a lo largo de la columna vertebral y en la cabeza, dos chakras etéricos, dos chakras físicos y dos chakras físico-materiales.

A continuación se muestra una breve lista de las actividades reguladas por los trece chakras ubicados en el espacio corporal y las funciones del espíritu, el alma y el cuerpo que controlan.

El **primer chakra**, o chakra raíz, se encuentra en la base de la columna vertebral y es de color rojo anaranjado intenso cuando está activo. Es un canal para las energías sutiles que

La sanación por medio de los chakras

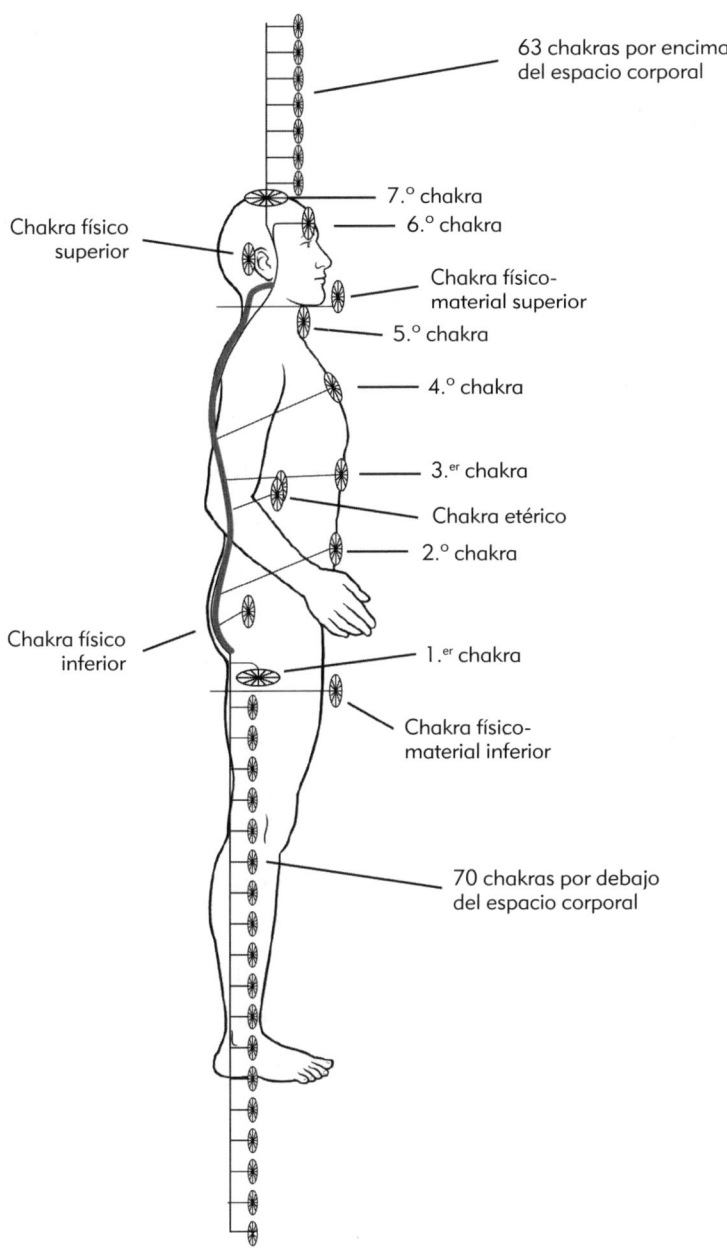

Los chakras del espacio corporal

entran en el plano terrestre. Cuando funciona correctamente, la persona siente un profundo apego a la Tierra. La seguridad, la confianza en uno mismo y la imagen corporal son otras cualidades asociadas con el primer chakra. Si tienes este chakra bloqueado, tu relación con la Tierra se verá alterada, y también la que tienes con tu cuerpo físico.

El **segundo chakra** está ubicado cuatro dedos por debajo del ombligo. Corresponde al sol y, cuando está activo, irradia prana en el espectro naranja. Regula la vitalidad, la identidad de género (la masculinidad o la feminidad), la creatividad y el gozo físico. Si este chakra está bloqueado, experimentarás enojo y una pérdida de vitalidad física.

El **tercer chakra** es el centro del plexo solar. A través de este chakra nos sentimos conectados con el mundo físico y etérico. Para el individuo promedio, es el asiento de la personalidad. Este chakra está asociado al color amarillo. Regula la pertenencia, la satisfacción, la intimidad, la amistad, el estatus y el bienestar psíquico. Si este chakra está bloqueado, experimentarás miedo y falta de confianza en ti mismo y en los demás.

El **cuarto chakra** es el centro del corazón. Sale de la columna vertebral y se extiende hasta el núcleo del esternón. Cuando está activo, resplandece con un color verde brillante. Es la fuente de la luz y el amor. El chakra del corazón regula la autoconciencia y los derechos personales (que incluyen el derecho a controlar el propio cuerpo físico, a expresar los propios sentimientos y emociones y a compartir el propio conocimiento con otras personas). Si tienes bloqueado este chakra, experimentarás dolor, así como el anhelo de una conexión más profunda con el mundo del espíritu.

El **quinto chakra** se conoce como el chakra de la garganta. El clarividente entrenado lo ve de color azul plateado, a menudo con un toque de verde. La puerta del chakra emerge desde la parte posterior del cuello, justo debajo del bulbo raquídeo, y se extiende hacia la parte frontal de la garganta, justo debajo de la nuez. Regula todos los tipos de expresión humana, así como el disfrute, la perseverancia y la integridad personal. Si tienes bloqueado este chakra, también lo estará tu experiencia de la alegría incondicional y tu capacidad de expresarte libremente.

El **sexto chakra** también es llamado chakra de la frente o tercer ojo. Está ubicado justo entre las cejas, ligeramente por encima de estas. Irradia un tono azul profundo cuando funciona de manera saludable. El sexto chakra está directamente relacionado con la vista, no solo en el sentido físico sino también en el sentido místico de ver en los planos superiores. La conciencia, la memoria, la intuición, el razonamiento y el pensamiento deductivo, así como la clarividencia y las otras modalidades paranormales de conocimiento, son otras cualidades reguladas por este chakra. Si lo tienes bloqueado, experimentarás una alteración del razonamiento inductivo y deductivo, la memoria y la intuición.

El **séptimo chakra** se conoce como el chakra de la corona. Cuando está activo, es el más vibrante de los siete chakras tradicionales. Aunque parece vibrar en una gran cantidad de colores, el ojo entrenado lo ve violeta sobre todo. El chakra de la corona emerge desde un punto que se encuentra unos dos centímetros por encima de la glándula pituitaria y se extiende hasta la parte superior de la cabeza. En las escrituras hindúes es denominado el *loto de los mil pétalos*. Según los hindúes, está asociado con la conciencia trascendental.

Si tienes este chakra bloqueado, también lo estarán tu experiencia de la autorrealización y de relación con lo trascendente.
- Los **chakras etéricos** regulan los sentimientos. De estos chakras emanan cientos de sentimientos auténticos, desde el bienestar y la satisfacción hasta la fatiga y el entusiasmo. Si estos chakras se bloquean, ocurrirá lo mismo con tu acceso a los sentimientos y tu capacidad de expresarlos.
- Los **chakras físicos** son responsables de regular el placer físico, el placer sexual sobre todo. Si tienes estos chakras bloqueados, te sentirás encerrado fuera de ti en el ámbito físico, con la correspondiente pérdida de pasión y sensibilidad en relación con otras personas.
- Los **chakras físico-materiales** son responsables de mantenerte conectado a tierra en el mundo físico material. Estar conectado a tierra te permite experimentar tu cuerpo físico y tu entorno físico sin alteraciones. Cuando estos chakras están bloqueados, la fuerza y la resistencia se ven perturbadas, y lo mismo ocurre con la producción, en el cerebro, de compuestos que inducen placer.

Ejercicio: Sentir los chakras en el espacio corporal

En mi trabajo, me he encontrado con que muchos no pueden sentir los chakras ni siquiera después de haber aprendido algo sobre su estructura y su funcionamiento. Es una lástima, porque hay formas sencillas de sentirlos. Una forma es usar el poder del agua corriente para estimularlos.

Esto es fácil de hacer en la ducha. Dirige el chorro de agua que sale de la alcachofa de la ducha al frente de la puerta de tu primer chakra, que se extiende desde la base de la columna vertebral hasta un punto ubicado ocho centímetros debajo de ella. Continúa hasta sentir que emerge una vibración desde el punto donde se encuentra la puerta del chakra. Dedica un momento a disfrutar la resonancia y a continuación apunta la alcachofa a la puerta del segundo chakra, que está cuatro dedos por debajo del ombligo. Al cabo de unos momentos, sentirás la peculiar vibración del segundo chakra. Sigue usando el agua que sale de la ducha para estimular tus chakras tercero a séptimo, así como tus chakras etéricos, físicos y físico-materiales. Puedes ver dónde están ubicados todos estos chakras en la figura «Los chakras del espacio corporal», en la página 113.

Una vez que hayas estimulado los trece chakras, dedica unos diez minutos a disfrutar su mayor resonancia, que seguirá produciéndose incluso después de que hayas acabado de estimularlos.

Otra forma en que puedes sentir los chakras de tu espacio corporal es frotarte las manos y luego colocar la palma de tu mano dominante (la derecha si eres diestro, la izquierda si eres zurdo) unos ocho centímetros delante de la puerta de cada chakra.

Frotar las manos las polariza un poco, lo que hace que sea más fácil sentir la resonancia de cada chakra conscientemente. Si te frotas las manos y luego colocas tu mano dominante sobre la puerta del primer chakra, la palma registrará su resonancia característica.

Para seguir con el proceso, retira la mano. Vuelve a frotarte las manos y después coloca la palma de tu mano dominante frente a la puerta del segundo chakra. La palma registrará una resonancia ligeramente más elevada que la de tu primer chakra. Sigue procediendo de la misma manera, frotándote las palmas y experimentando la peculiar resonancia de los chakras tercero, cuarto, quinto, sexto y séptimo.

Una vez que hayas experimentado la resonancia de los siete chakras tradicionales, usa la misma técnica para sentir la resonancia de tus chakras etéricos, físicos y físico-materiales.

Cuando hayas terminado de estimular los trece chakras, dedica un momento a disfrutar los efectos que experimentes en los ámbitos emocional, mental y espiritual.

Ejercicio: La activación de un chakra

Ahora que eres capaz de sentir los chakras de tu espacio corporal, puedes activar uno de ellos como un paso más en el proceso de aprender a sanar por medio de los chakras. Aprenderás la técnica activando tu chakra del corazón. Posteriormente, podrás usar la misma técnica para activar cualquier otro chakra de tu sistema energético sutil.

Para activar tu chakra del corazón, encuentra una postura cómoda, con la espalda recta. Cierra los ojos y practica la respiración yóguica durante dos o tres minutos. Luego cuenta hacia atrás del cinco al uno y del diez al uno. Emplea el método estándar para relajar los músculos y centrarte en tu campo sutil de energía y conciencia.

Cuando estés listo para continuar, declara: «Decido activar mi chakra del corazón». Una vez que lo hayas activado, experimentarás una sensación de brillo junto con una mayor sensación de bienestar. Puedes incrementar estos efectos afirmando: «Decido dirigir mis órganos de percepción hacia el interior, a mi chakra del corazón». Al girar tus órganos de percepción hacia dentro, te harás aún más consciente del cambio que ha tenido lugar con la activación de tu chakra del corazón. Permanece centrado en tu campo sutil con la atención enfocada en el chakra del corazón durante quince minutos.

Transcurrido este tiempo, puedes volver a la conciencia normal contando del uno al cinco. Cuando llegues al número cinco, abre los ojos. Te sentirás totalmente despierto, perfectamente relajado y mejor que antes. Repite esta práctica según sea necesario.

Ejercicio: Centrarse en el campo de un chakra

Después de que hayas activado tu chakra del corazón, el siguiente paso que darás en el aprendizaje de la sanación por medio de los chakras será centrarte en el campo del chakra correspondiente. Al hacer esto, tu conciencia emergerá directamente del depósito de prana que te anima a ti y que anima el corazón de todas las personas radiantes.

Para centrarte en el campo del chakra del corazón, encuentra una postura cómoda, con la espalda recta. Cierra los ojos y practica la respiración yóguica durante dos o tres minutos. Cuenta hacia atrás del cinco al uno y del diez al uno. Luego, emplea el método estándar para relajar los músculos y centrarte en tu campo sutil de energía y conciencia. Cuando estés listo para continuar, afirma: «Decido activar mi chakra del corazón». Dedica unos momentos a disfrutar los efectos. Después declara: «Decido centrarme en el campo de mi chakra del corazón». Puedes mejorar los efectos dirigiendo tus órganos de percepción hacia dentro. Con esta finalidad, afirma: «Decido girar mis órganos de percepción hacia dentro, al campo de mi chakra del corazón». Permanece centrado en dicho campo durante quince minutos.

Transcurrido este tiempo, regresa a tu estado de conciencia ordinario contando del uno al cinco. Cuando llegues al número cinco, abre los ojos. Se sentirás totalmente despierto, perfectamente relajado y mejor que antes. Repite esta práctica según sea necesario.

Puedes utilizar esta misma técnica para centrarte en el campo de cualquier chakra, desde el primero hasta el último de los ciento cuarenta y seis. Ten en cuenta, sin embargo, que antes de centrarte en el campo de un chakra es importante que hayas activado la puerta de ese chakra.

Ejercicio: Equilibrio de los chakras

Esta técnica te permitirá mejorar el funcionamiento de tus chakras y equilibrarlos. Al practicarla con regularidad, no solo aumentarás la cantidad de energía sanadora que estará a tu disposición, sino que también equilibrarás la energía, lo que permitirá que se distribuya de manera uniforme por todo el campo sutil.

El mejor momento para practicar el equilibrio de los chakras es la mañana. No te recomiendo que hagas este ejercicio a la hora de acostarte, ya que tiende a estimular los nervios y puede mantenerte en vela. Si lo practicas con regularidad, no tardarás en empezar a experimentar los efectos: tu nivel de energía aumentará y te llenará con una mayor sensación de bienestar, y pasarás a tener disponible una mayor cantidad de poder sanador.

Para empezar, encuentra una postura cómoda en la que sentarte, con la espalda recta. Luego cierra los ojos y practica la respiración yóguica durante dos o tres minutos. Cuenta hacia atrás del cinco al uno y del diez al uno.

Cuando hayas llegado al número uno, repite esta afirmación pronunciándola (no te limites a pensarla): «Estoy profundamente relajado. Me siento mejor que antes». Luego afirma: «Decido llevar la atención mental a mi primer chakra, en la base de la columna vertebral». Casi de inmediato, la puerta del chakra empezará a vibrar. La vibración saldrá de la parte frontal de la puerta del chakra, lo que facilitará su localización. Una vez que el chakra haya comenzado a vibrar, lleva el aire a su interior por medio de la respiración, para que el prana que entre en tu campo sutil con cada inhalación active el chakra aún más. Luego, coloca la palma de tu mano dominante sobre la parte delantera de la puerta del chakra. En el primer chakra, este punto se encuentra entre las piernas, unos quince centímetros por debajo del perineo. En el caso de los chakras segundo a sexto, pon la mano entre cinco y ocho centímetros por encima de la superficie del cuerpo físico. En el caso del chakra de la corona, pon la mano entre cinco y ocho centímetros sobre la parte superior de la cabeza con la palma hacia abajo sobre la puerta del chakra, que está encarada hacia arriba.

Cuando hayas activado el primer chakra (el de la base de la columna) utilizando la atención mental, la respiración y la palma de tu mano dominante, canta el *om* universal tres veces desde ese chakra. Haz lo mismo desde el chakra segundo hasta el séptimo (el de la corona), por orden. En el primer chakra debes entonar la nota sol, e ir subiendo una nota con cada chakra, de manera que acabarás por entonar las siete notas de la escala.

Es importante que tengas en cuenta que el tono en el que cantes debe provocar una vibración simpática en el chakra correspondiente. La vibración simpática de un chakra puede compararse con la vibración simpática que se genera en la cuerda de un violín después de haber golpeado un diapasón afinado en la misma frecuencia junto a ella. Cuando hayas entonado el *om* desde el séptimo chakra, cierra los ojos y respira normalmente por la nariz durante diez minutos mientras disfrutas los efectos positivos que haya tenido el ejercicio sobre tu sistema energético sutil y tu cuerpo físico.

RESUMEN

En este capítulo has descubierto cómo funcionan los chakras y cómo contribuyen a la salud de tu campo sutil y de tu cuerpo físico. Después has aprendido a sentir tus chakras y a activar sus respectivas puertas y campos. En el ejercicio de equilibrar los chakras has aprendido a incrementar y equilibrar el flujo del prana a través de los siete chakras tradicionales ubicados en tu espacio corporal.

Si activas y equilibras el flujo de prana a través de los chakras y si te centras en el campo de tus chakras con regularidad, harás que tu sistema energético sutil goce de un estado de buena salud radiante. Esto te beneficiará como sanador y mejorará tu capacidad de compartir placer, amor, intimidad y alegría con otras personas.

En el siguiente capítulo llevarás la sanación por medio de los chakras al siguiente nivel, pues aprenderás a utilizar los chakras para curarte a ti mismo y curar a otros, a llenar de prana el campo de cada chakra y limpiar los chakras y, por último, a llevar a cabo la sanación avanzada por medio de los chakras utilizando el color, a partir de algunos de los conocimientos que adquiriste en los capítulos cinco y seis sobre la sanación áurica.

CAPÍTULO 8
Sanación avanzada por medio de los chakras

En el capítulo anterior aprendiste a activar y equilibrar tus chakras y a centrarte en el campo de tus chakras. Con las habilidades que tienes ahora, estás preparado para llenar de prana dicho campo. Al hacerlo, mejorarás su estado de salud y los prepararás para participar en la sanación avanzada, la cual te permitirá curar dolencias en el cuerpo, el alma y el espíritu desde su raíz en el campo sutil.

Ejercicio: Llenar de prana el campo de un chakra

Llenar de prana el campo de un chakra es la base de la sanación avanzada por medio de los chakras. Una vez que hayas dominado la técnica, podrás usarla para llenar de prana el campo de cualquier chakra.

Para empezar, encuentra una postura cómoda, con la espalda recta. Cierra los ojos y practica la respiración yóguica durante dos o tres minutos. Luego cuenta hacia atrás del cinco al uno y del diez al uno. Emplea el método estándar para relajar los músculos y centrarte en tu campo sutil de energía y conciencia. Después afirma: «Decido activar mi chakra del corazón». Dedica un momento a disfrutar los efectos. A continuación, declara: «Decido centrarme en el campo de mi chakra del corazón».

Puedes mejorar los efectos dirigiendo tus órganos de percepción hacia dentro. Con esta finalidad, afirma: «Decido girar mis órganos de percepción hacia dentro, al campo de mi chakra del corazón». Disfruta el cambio unos momentos. Después di: «Decido llenar de prana el campo de mi chakra del corazón». No hagas nada después de esto. No trates de controlar tus pensamientos o incrementar el flujo de prana. Limítate a dejar que la energía sanadora llene el campo de tu chakra del corazón durante los próximos quince minutos.

Transcurrido este tiempo, puedes regresar a tu estado de conciencia ordinario mientras cuentas del uno al cinco. Cuando llegues al número cinco, abre los ojos. Te sentirás totalmente despierto, perfectamente relajado y mejor que antes.

Ahora que has llenado de prana el campo del chakra del corazón, puedes mejorar tu habilidad llenando de prana el campo de otros chakras. Hay varias combinaciones que te proporcionarán beneficios tangibles. Para aumentar tu seguridad, puedes llenar de prana el campo de tus chakras primero y tercero; para aumentar tu alegría, puedes llenar de prana el campo de tus chakras segundo y quinto, y para mejorar tu capacidad de llevar a cabo la sanación por medio de los chakras, puedes llenar de prana el campo de tus chakras cuarto y sexto.

Cuando hayas mejorado tu capacidad para trabajar con tus propios chakras, podrás proceder a limpiarlos, primero los tuyos y después los de otra persona.

LIMPIAR LOS CHAKRAS

A continuación, usarás el prana que se irradia a través del campo de cada uno de tus chakras para limpiar el sistema energético sutil. Primero realizarás el ejercicio sobre ti mismo, y después sobre otra persona.

Algunos sanadores incluyen la limpieza de los chakras en todas sus sesiones. Puede usarse junto con la sanación áurica, la sanación pránica, la sanación por medio de los chakras y las técnicas de imposición de manos. Efectúa siempre la limpieza de los chakras en la parte frontal del cuerpo, empezando por el séptimo y bajando hasta el primero.

> **Ejercicio:** Limpieza de los chakras
>
> Para llevar a cabo la limpieza de los chakras en ti mismo, empieza por encontrar una postura cómoda, con la espalda recta. Luego cierra los ojos y practica la respiración yóguica durante dos o tres minutos. Cuenta hacia atrás del cinco al uno, y después del diez al uno. A continuación, emplea el método estándar para relajar los músculos y centrarte en tu campo sutil de energía y conciencia. Cuando ya estés centrado, abre los ojos pero mantenlos un poco desenfocados. Seguidamente, utiliza tu mano masculina para hacer movimientos circulares en el sentido de las agujas del reloj, unos quince centímetros por encima del polo femenino de la puerta de cada chakra, empezando por el séptimo (el ubicado en la

parte superior de la cabeza). La palma debe estar orientada hacia el chakra y los dedos ligeramente extendidos. Haz rotaciones en el sentido de las agujas del reloj (a un ritmo moderado) hasta que sientas que el chakra comienza a vibrar.

Cuando tu chakra de la corona haya empezado a vibrar, desplaza la mano hacia tu sexto chakra, ubicado en la frente, y repite el proceso. Continúa de la misma manera, haciendo rotaciones en el sentido de las agujas del reloj sobre cada chakra, hasta llegar al primero, ubicado en la base de la columna vertebral. Después de haber estimulado los siete chakras tradicionales, cierra los ojos y dedica diez minutos a disfrutar los efectos. A continuación, cuenta del uno al cinco. Cuando llegues al número cinco, abre los ojos. Te sentirás totalmente despierto y perfectamente relajado, y experimentarás el brillo residual que se obtiene al limpiar los chakras.

Ejercicio: Limpiar los chakras de otra persona

Una vez que hayas limpiado tus chakras, puedes usar una variación sencilla de la técnica para limpiar los chakras de otra persona. Explícale lo que harás y responde sus preguntas antes de empezar. A continuación, haz que se tumbe de espaldas con los brazos a los lados. Para ayudarla a relajarse, indícale que cierre los ojos y respire profundamente por la nariz.

Una vez que el sujeto esté relajado, cierra los ojos y empieza por practicar la respiración yóguica durante dos o tres minutos. Después cuenta hacia atrás, en silencio, del cinco al uno y del diez al uno. Emplea el método estándar para relajar los músculos y centrarte en tu campo sutil de energía y conciencia. Luego afirma en silencio: «Decido centrarme en mi campo sutil». Cuando estés centrado, abre los ojos pero mantenlos un poco desenfocados. A continuación frótate las manos durante diez segundos, para polarizarlas. Una vez que tus manos estén polarizadas, efectuarás el primero de siete pases con tu mano dominante sobre la parte frontal de los siete chakras tradicionales del sujeto.

La técnica funcionará mejor si mantienes la palma de tu mano dominante unos quince centímetros por encima de la superficie de su cuerpo. No actúes directamente en su cuerpo, ya que ello interferiría en la polaridad y la sensibilidad natural de tus manos. Al principio de cada pase, inhala por la nariz y contén la respiración. Luego, con los dedos siguiendo la palma de tu mano, realiza el primer pase, que debe efectuarse en sentido descendente y abarcar la ubicación de los siete chakras tradicionales. Al final del pase, exhala por la boca. Después inhala por la nariz y aguanta la respiración mientras efectúas el siguiente pase. Haz siete pases en total. Tras haber realizado los siete movimientos descendentes, utiliza la mano masculina para hacer rotaciones circulares en el sentido de las agujas del reloj sobre el chakra de la corona del sujeto, en la parte superior de su cabeza. Hazlas durante dos minutos a una velocidad moderada, con la mano situada quince centímetros por encima del chakra. A continuación, sitúa la mano sobre el sexto chakra del sujeto y efectúa las mismas rotaciones. Procede igual con los chakras quinto, cuarto, tercero, segundo y primero.

Después de trabajar con los siete chakras tradicionales uno por uno, vuelve a frotarte las manos y practica siete pases más en la parte delantera del cuerpo del sujeto, en sentido descendente, con tu mano dominante.

Cuando hayas terminado, cierra los ojos y recárgate. Luego cuenta del uno al cinco y finaliza el ejercicio. Permite que el sujeto disfrute los beneficios de la limpieza de los chakras durante cinco minutos. Esto le permitirá sentir los cambios que se estén produciendo e integrarlos en su campo sutil.

A continuación, cuenta del uno al cinco e indícale al sujeto que abra los ojos. Cuando se haya ido, enjuágate las manos con agua fría para eliminar cualquier energía negativa residual.

La limpieza de los chakras, como ocurre con el equilibrio de los chakras y la respiración yóguica, se puede utilizar para mejorar la salud y el bienestar. Puedes practicar la limpieza de los chakras en cualquier momento con cualquier persona que quieras (tu cónyuge, amigos, clientes, etc.).

RAYOS SANADORES Y EMOCIONES

Ahora que sabes cómo llenar de prana el campo de tus chakras y cómo limpiar los chakras, cuentas con todas las habilidades y la experiencia necesarias para llevar a cabo la sanación por medio de los chakras. Esta técnica puede emplearse para la autocuración o para curar a otros.

En el próximo ejercicio, realizarás una sanación en ausencia sobre otra persona proyectando rayos claros de energía sanadora desde tus chakras cuarto y sexto (el del corazón y el tercer ojo). A continuación, llenarás de prana su aura etérica. Puedes usar la misma técnica para la autocuración visualizando una imagen de ti mismo en tu pantalla visual.

> **Ejercicio:** Sanación avanzada por medio de los chakras
>
> Como preparación para la sesión, obtén el permiso de tu cliente y explícale lo que vas a hacer. Poneos de acuerdo en la hora en la que vas a llevar a cabo la sanación y en la enfermedad o problema que vas a tratar. Es importante que tu cliente esté relajado

durante la sesión, por lo que debe encontrarse en un lugar en el que no vaya a ser distraído por otras personas o dispositivos electrónicos.

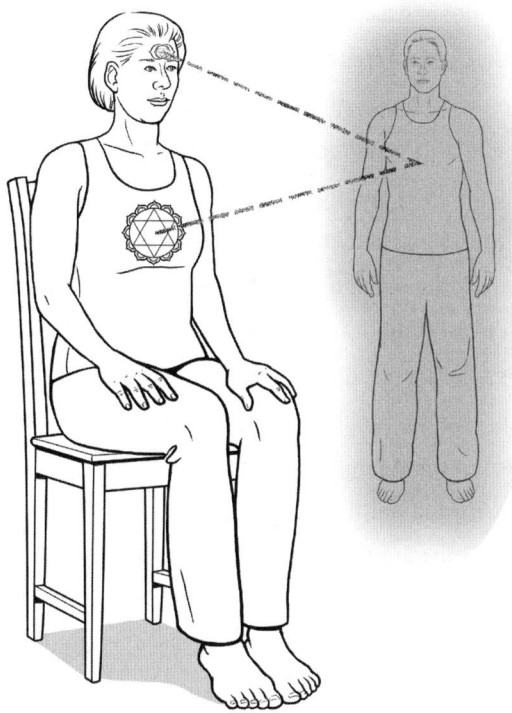

Proyección de rayos sanadores

Antes que nada, encuentra una postura cómoda, con la espalda recta. Cierra los ojos y practica la respiración yóguica durante dos o tres minutos. Luego, cuenta hacia atrás del cinco al uno y del diez al uno. Emplea el método estándar para relajar los músculos y centrarte en tu campo sutil de energía y conciencia. Después afirma: «Decido crear una pantalla visual dos metros y medio delante de mí». Y a continuación: «Decido visualizar a [nombre del sujeto] en mi pantalla visual». Cuando esté en tu pantalla, afirma:

«Decido activar mi cuarto chakra». Dedica un momento a disfrutar el cambio. Luego declara: «Decido centrarme en el campo de mi cuarto chakra».

Cuando estés listo para continuar, afirma: «Decido activar mi sexto chakra». Y después: «Decido centrarme en el campo de mi sexto chakra». Dedica dos o tres minutos a disfrutar el cambio. Luego di: «Decido llenar de prana el campo de mi cuarto chakra». Y a continuación: «Decido llenar de prana el campo de mi sexto chakra».

Al llenar de prana el campo de los chakras mencionados, experimentarás que una sensación resplandeciente emerge de la puerta de dichos chakras. Al cabo de poco tiempo, esta sensación se intensificará y experimentarás una presión en la parte frontal de la puerta de esos chakras. En ese momento, afirma: «Decido proyectar rayos de energía sanadora desde mis chakras cuarto y sexto a la parte del cuerpo de mi cliente que hemos elegido curar». En la sanación avanzada por medio de los chakras se usan los chakras cuarto y sexto porque el chakra del corazón es una manifestación externa del corazón divino (Atman), y los rayos que se proyectan desde él tienen un potente efecto curativo. El sexto chakra se usa porque está asociado con la mente intuitiva y la capacidad de ver los mundos sutiles de la energía y la conciencia.

Envía ambos rayos durante diez minutos. Al mismo tiempo, siente que el tejido enfermo de tu cliente los absorbe. Inmediatamente después de haber enviado los rayos, visualiza que el tejido afectado está perfectamente sano y que brilla con energía. A continuación, transfiere los rayos sanadores al aura etérica del cliente. A medida que esta se llene de prana, se expandirá y empezará a brillar. Dedica dos o tres minutos a actuar sobre esta aura. Luego, deja de enviar rayos desde el chakra del corazón y el tercer ojo. Deja de visualizar al cliente y la pantalla. Para completar la sesión, recárgate.

Una vez que hayas recargado tu campo sutil, afirma mentalmente: «Cada vez que llevo a cabo una sanación, me sano y me convierto en un canal de sanación más efectivo». Regresa a tu estado de conciencia ordinario mientras cuentas del uno al cinco. Cuando llegues al número cinco, abre los ojos. Te sentirás totalmente despierto, perfectamente relajado y mejor que antes.

LA SANACIÓN POR MEDIO DEL COLOR

La sanación por medio del color es una variante de la sanación avanzada por medio de los chakras. Es idéntica a esta última, excepto por el hecho de que los rayos de color que se proyectan le dan al tejido enfermo la dosis de energía o la vibración energética exacta que necesita para curarse.

En la sanación por medio del color se utilizan principalmente cuatro colores: el amarillo, el verde, el azul y el violeta. Estos son los que inducen un efecto curativo más pronunciado, aunque en algunos casos el naranja, el rojo y el rosa pueden ser efectivos. Los colores que proyectes a tu cliente deben ser siempre claros y brillantes; nunca proyectes colores opacos, embarrados o sucios.

No hay reglas que determinen qué color beneficiará más a una persona. Debes confiar en tu intuición y tratar a cada cliente individualmente. Tu intuición te dirá qué color es el apropiado en una situación dada.

A veces, el color apropiado aparecerá espontáneamente. Si lo hace, permite que los rayos que estás proyectando tengan ese color. Si no aparece ningún color de forma espontánea, afirma: «Decido proyectar los rayos en el color de sanación apropiado para curar a mi cliente».

> **Ejercicio:** Sanación por medio de los chakras utilizando el color

Como preparación para la sanación por medio del color, obtén el permiso de tu cliente y observa los protocolos normales para la sanación en ausencia. Luego, encuentra una postura cómoda, con la espalda recta. Cierra los ojos y practica la respiración yóguica durante dos o tres minutos. Cuenta hacia atrás del cinco al uno y del diez al uno. Emplea el método estándar para relajar los músculos y centrarte en tu campo sutil de energía y conciencia.

Cuando estés listo para continuar, afirma: «Decido crear una pantalla visual unos dos metros y medio delante de mí». Y después: «Decido visualizar a [nombre del sujeto] en mi pantalla visual».

Una vez que tu cliente esté en tu pantalla, declara: «Decido activar mi chakra del corazón». Dedica unos minutos a disfrutar el cambio. A continuación, afirma: «Decido centrarme en el campo de mi chakra del corazón». Cuando estés listo para continuar, di: «Decido activar mi sexto chakra». Y después: «Decido centrarme en el campo de mi sexto chakra».

Dedica dos o tres minutos a disfrutar los cambios que experimentes. Luego afirma: «Decido llenar de prana el campo de mi chakra del corazón». Y a continuación: «Decido llenar de prana el campo de mi sexto chakra». Cuando sientas una presión en la parte delantera de la puerta de estos chakras, afirma: «Decido proyectar rayos de energía sanadora desde mis chakras cuarto y sexto a la parte del cuerpo de mi cliente que hemos elegido curar».

Siente que tu cliente absorbe los rayos sanadores en el tejido enfermo. Si no aparece espontáneamente un color, afirma: «Decido proyectar los rayos en el color de sanación apropiado para curar a mi cliente». Si el color sigue sin aparecer, ello es indicativo de que tu cliente no necesita un color específico durante la sesión. En este caso, sigue proyectando rayos claros en el tejido enfermo. Prosigue con la sanación durante diez minutos más. Luego, visualiza que el tejido enfermo está perfectamente sano y que brilla con energía. A continuación, pasa a enviar los rayos sanadores al aura etérica del cliente. A medida que esta se llene de prana, se expandirá y empezará a brillar. Dedica dos o tres minutos a actuar sobre esta aura. Luego, deja de enviar rayos desde el chakra del corazón y el tercer ojo. Deja de visualizar al cliente y la pantalla. Para completar la sesión, recárgate.

Una vez que te hayas recargado por completo, afirma mentalmente: «Cada vez que llevo a cabo una sanación, me sano y me convierto en un canal de sanación más efectivo». Regresa a tu estado de conciencia ordinario mientras cuentas del uno al cinco. Cuando llegues al número cinco, abre los ojos. Te sentirás totalmente despierto, perfectamente relajado y mejor que antes.

RESUMEN

En este capítulo has aprendido a llenar de prana el campo de tus chakras y a limpiar los chakras, así como a llevar a cabo la sanación avanzada por medio de los chakras y la sanación por medio de los chakras utilizando el color.

En el siguiente capítulo descubrirás cómo llevar a cabo la sanación mental. Aprenderás a usar el cepillo de prana y la caja de prana, dos de las herramientas más potentes que tiene a su disposición el sanador espiritual. A continuación, combinarás las técnicas de la sanación mental con las que has aprendido anteriormente para curar algunas de las enfermedades más habituales en el mundo moderno.

CAPÍTULO 9

La sanación mental

La sanación mental incluye la visión remota y visualizaciones sanadoras en el interior del cuerpo del cliente. En el contexto de estas últimas, crearás unas herramientas que podrás usar para sanar órganos enfermos y campos de energía y conciencia distorsionados.

Dos herramientas que son particularmente efectivas son el cepillo de prana, que se puede usar para limpiar los órganos enfermos, y la caja de prana, que se puede usar junto con el poder sanador de la dicha para curar enfermedades particularmente difíciles tanto en el campo sutil como en el cuerpo físico.

DOS HISTORIAS DE TRATAMIENTO CON ÉXITO

En este capítulo he incluido dos historias de tratamiento con éxito para darte una idea de cómo se pueden usar las visualizaciones en la sanación mental.

Vamos con el primer caso. Actué sobre un cliente que se rompió una pierna mientras esquiaba. No pude verlo en persona, por lo que todo el trabajo lo realicé a distancia, en mi pantalla visual. Después de usar la visión remota para diagnosticar el problema, me proyecté mentalmente dentro de su cuerpo, al lado de la fractura. Utilicé la intención y la atención mental para crear herramientas con las que llevar a cabo la sanación mental. Una de estas herramientas fue un tubo de pegamento, que apliqué en ambos extremos del hueso roto. Cuando el pegamento comenzó a endurecerse, apreté los dos extremos y los sostuve hasta que el pegamento se asentó y el hueso se volvió a conectar firmemente. Luego mezclé un compuesto de yeso y lo apliqué en el punto donde había conectado los dos huesos. Cuando se hubo endurecido, creé una lima para pulir la zona, hasta que quedó perfectamente lisa. Finalmente, creé un tubo que llevaba una etiqueta que ponía «medicina curativa». Apliqué la medicina a la rotura y luego la froté, y todo el rato estuve irradiando energía sanadora a través de mis manos hasta el hueso. Para completar la sanación, visualicé que el hueso estaba completamente curado. Las noticias que recibí más tarde confirmaron que el hueso se curó en un tiempo récord.

En el otro caso, actué sobre un bebé (una niña) que se había caído por una escalera. Cuando me pidieron que interviniera, se encontraba en estado crítico. Se le habían desgarrado los ligamentos de la parte posterior del cuello. Tenía una hemorragia interna y múltiples coágulos de sangre en las arterias y venas del cuello y la cabeza.

Comencé la sesión visualizándome dentro de uno de los vasos obstruidos. Creé un taladro eléctrico, que utilicé para romper los coágulos de sangre que tenía en el cuello. Cuando los coágulos se hubieron roto en pedazos pequeños, me visualicé barriéndolos y colocándolos en un cubo. Pasé de un vaso sanguíneo al siguiente hasta que todos quedaron libres de coágulos. Después empecé a trabajar en los ligamentos y músculos desgarrados. Imaginé que tenía un hilo y una aguja y cosí con ellos los extremos rasgados. Finalmente, volví a los vasos sanguíneos y apliqué la «medicina curativa» a los que había reparado. A continuación, la apliqué a todos los músculos y ligamentos que había cosido. Este procedimiento me llevó más de dos horas, pero valió la pena, porque al día siguiente me informaron de que el bebé estaba fuera de peligro y se estaba recuperando con rapidez.

Dos nuevas técnicas que han demostrado ser particularmente efectivas son el cepillo de prana y la caja de prana. En las próximas líneas te explicaré cómo funcionan, y más adelante, en este capítulo, las usarás junto con las técnicas tradicionales de sanación mental para curar algunas de las enfermedades más habituales que afectan a las personas hoy en día.

EL CEPILLO DE PRANA

El cepillo de prana es una herramienta extremadamente efectiva, porque irradia prana cuando se cepilla con él un órgano enfermo. Dado que la energía distorsionada que favorece la enfermedad (energía con cualidades individuales) y la energía sanadora en forma de prana (energía con cualidades universales) no pueden ocupar el mismo espacio al mismo tiempo, el hecho de cepillar el tejido o el órgano enfermo con un cepillo de prana expulsa la energía distorsionada y la reemplaza con energía favorable a la vida.

El cepillo de prana se puede usar en la piel para curar enfermedades cutáneas o en el interior del cuerpo para curar cualquier órgano o tejido. Empieza siempre por cepillar el exterior del órgano o tejido enfermo. Luego, visualízate dentro de él y cepíllalo desde el interior, hasta que el prana haya reemplazado la energía distorsionada que originó la enfermedad.

LA CAJA DE PRANA

La caja de prana es una de las herramientas más potentes de las que puede disponer el sanador. Combina el poder curativo del prana con el asombroso poder curativo de la conciencia en forma de dicha.

Durante milenios, los sanadores han reconocido que hay tres fuerzas en el universo. La energía con cualidades individuales tiene el poder de causar enfermedades, pero es la más débil de las tres. La energía sanadora en forma de prana es más fuerte y puede liberar a la persona de la energía con cualidades individuales cuando se usa de manera efectiva, por más densa y distorsionada que haya llegado a estar la energía perturbadora. Y la fuerza más potente, con diferencia, es la conciencia en forma de dicha. La mayoría de los sanadores usan el prana para efectuar la curación; sin embargo, los sanadores de más éxito siempre han usado la conciencia, generalmente en combinación con el prana, para curarse a sí mismos y curar a sus clientes.

> **Ejercicio:** Autosanación mental con un cepillo de prana
>
> Antes de proceder, elige una dolencia física que quieras sanar. Luego adopta una postura cómoda, con la espalda recta. Cierra los ojos y practica la respiración yóguica durante dos o tres minutos. Seguidamente, emplea el método estándar para relajar los músculos y centrarte en tu campo sutil de energía y conciencia.

Después, afirma: «Decido crear una pantalla visual dos metros y medio delante de mí». Y a continuación: «Decido visualizar una imagen de mí mismo en mi pantalla visual». Dedica dos o tres minutos a explorar la parte delantera y trasera de tu cuerpo. Si te atrae alguna parte específica, ello es indicativo de la presencia de energía distorsionada en ese lugar. Toma nota de este hecho y del grado de corrección o incorrección de la vibración. Luego, proyéctate junto a la imagen de ti mismo en la pantalla. Usa la mano para explorar tu cuerpo durante dos o tres minutos más.

Cuando estés satisfecho con lo que hayas descubierto, afirma: «Decido proyectarme dentro de mi cuerpo, de pie junto a la parte que he elegido curar». Usa todos los sentidos apropiados para examinar esa zona. Siente las oscilaciones que se produzcan en su vibración; comprueba la textura, la temperatura y finalmente el color. El tejido enfermo suele presentar un color oscuro y tiene una textura y una forma irregulares; a menudo se ve abultado o se siente demasiado frío o demasiado caliente.

Cuando des por concluida la exploración, crea tus herramientas de sanación. Puedes crear herramientas médicas, de cocina, mecánicas o de pintor. En la sanación mental, cualquier herramienta es útil, incluso utensilios como pistolas de rayos que solamente existen en el plano mental. Luego, empieza a curar el tejido enfermo desde el exterior. Puedes crear más herramientas si las necesitas. Si es apropiado, proyéctate mentalmente dentro del tejido enfermo y proseguir con la sanación en ese espacio.

Cuando hayas acabado de trabajar con tus herramientas, prescinde de ellas y visualiza que estás sosteniendo un cepillo de prana. Úsalo para expulsar cualquier energía distorsionada que quede y para saturar de prana esa parte del cuerpo. Cuando hayas terminado, prescinde del cepillo. Luego visualiza que esa parte del cuerpo está perfectamente sana e irradia prana sin problemas. A continuación, proyéctate mentalmente a tu posición original. Luego, deja de visualizarte a ti mismo y, después, la pantalla visual. Cuenta del uno al cinco. Para finalizar, abre los ojos y concluye el ejercicio.

Ejercicio: Sanación mental de otra persona con una caja de prana

En este ejercicio, utilizarás la visión remota para diagnosticar el problema de salud de tu cliente. Luego usarás las técnicas tradicionales de sanación mental y la caja de prana para efectuar la curación. Como preparación para la sanación mental, obtén el permiso del cliente y sigue los protocolos normales para la sanación en ausencia.

Para empezar, adopta una postura cómoda, con la espalda recta. Luego cierra los ojos y practica la respiración yóguica durante dos o tres minutos. Emplea el método estándar para relajar los músculos y centrarte en tu campo sutil de energía y conciencia.

Cuando estés listo para continuar, afirma: «Decido crear una pantalla visual dos metros y medio delante de mí». Y después: «Decido visualizar a [nombre del cliente] en la pantalla que está delante de mí».

Explora el cuerpo de tu cliente, prestando especial atención al grado de corrección o incorrección de su vibración. Cuando estés listo para continuar, declara: «Decido proyectarme en la pantalla junto a mi cliente». Prosigue con la exploración durante dos o tres minutos. Después afirma: «Decido proyectarme dentro del cuerpo de mi cliente al lado de la zona que hemos acordado sanar». Examina esa parte del cuerpo desde fuera y luego desde dentro. Cuando estés satisfecho con lo que has descubierto, crea un conjunto de herramientas de sanación. A continuación comienza a curar el tejido enfermo. Puedes crear más herramientas si las necesitas. Si es apropiado, proyéctate mentalmente dentro del tejido enfermo y prosigue con la sanación en ese espacio. Tómate tu tiempo y sé minucioso. Cuando estés satisfecho con tu trabajo, prescinde de tus herramientas y prepárate para realizar el *mudra* de la dicha orgásmica.

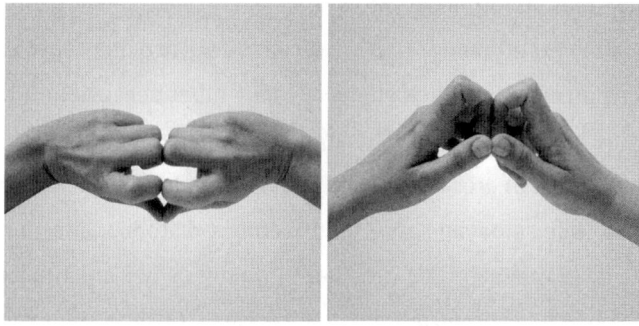

El mudra de la dicha orgásmica

Para hacer este *mudra*, coloca la punta de la lengua en el paladar superior y llévala hacia atrás, hasta el punto en que empieza el paladar suave. Cuando la punta de la lengua esté en esa posición, junta la parte inferior de los pies de tal manera que las plantas se toquen. Luego, pon las manos frente al plexo solar y haz que se junten las puntas internas de los pulgares. A continuación, une las partes exteriores de los índices, desde las puntas hasta la primera articulación, y los lados externos de los dedos corazón desde la primera hasta la segunda articulación. El anular y el meñique deben estar curvados hacia la palma de la mano.

Una vez que la lengua, los dedos y los pies estén en las posiciones indicadas, mantén el *mudra* mientras creas mentalmente una caja de prana que rodee el órgano o tejido enfermo que quieras sanar.

El tamaño y la forma de la caja deben ajustarse a los contornos del tejido enfermo.

Para construir la caja, afirma: «Decido crear una caja de prana alrededor del órgano (o tejido) enfermo que hemos elegido curar».

Cuando puedas sentir o ver la caja, declara: «Decido llenar la caja con dicha y expulsar toda la materia, la energía y la conciencia distorsionadas que contiene». No hagas nada después de eso; la dicha llenará la caja que has creado y expulsará los campos distorsionados de forma permanente.

Es posible experimentar una sensación de alivio o una especie de expansión cuando la dicha llena la caja. Ambas sensaciones indican que los campos distorsionados que había en el interior de la caja ya no están presentes y la dicha ha llenado el espacio vacío.

Una vez que se hayan resuelto los campos distorsionados, prescinde de la caja de prana y deshaz el *mudra* de la dicha orgásmica. Luego dedica unos minutos a recargarte. Cuando sientas que tu campo sutil brilla con energía, cuenta del uno al cinco. Cuando llegues al número cinco, abre los ojos. Te sentirás totalmente despierto, perfectamente relajado y mejor que antes.

SOLUCIONES CURATIVAS PARA PROBLEMAS DE SALUD HABITUALES

En este apartado, utilizarás las técnicas que has aprendido y *mudras* y técnicas adicionales para sanar enfermedades y trastornos habituales. Cuando confíes en tu capacidad, podrás adaptar estas técnicas para sanar otras afecciones. Déjate guiar por la intuición y utiliza las técnicas que has dominado en este capítulo y en los capítulos anteriores para mejorar tu salud y tu bienestar, y los de tus clientes.

Calambres abdominales en mujeres

Los calambres abdominales pueden ser tan dolorosos que llegan al punto de incapacitar a una mujer. Para combatirlos, el sanador puede usar la visión remota para localizar los campos distorsionados de materia, energía y conciencia responsables de ellos. Estos campos serán particularmente densos y estarán especialmente activos. Para resolverlos, realiza el ejercicio *Sanación mental de otra persona con una caja de prana* (página 140). Si te estás sanando a ti mismo, haz el ejercicio *Autosanación mental con un cepillo de prana* (página 138). El mismo día, practica el ejercicio siguiente, *El mudra del alivio abdominal*, y sigue realizándolo durante seis días más. El séptimo día, usa la visión remota para averiguar si queda algo de la energía distorsionada original. Si es así, repite todo el proceso una vez más.

Ejercicio: El *mudra* del alivio abdominal

Este *mudra* aumentará el flujo de prana a través de los chakras que lo suministran al abdomen. Estos chakras son el segundo, el etérico inferior, el físico inferior y el físico-material inferior. Este *mudra* también estimula el punto de acupuntura del colon, el cual libera el prana del primer chakra y estimula la *kundalini shakti*,

El *mudra* del alivio abdominal

una de las formas más potentes de energía del campo energético sutil.

Para empezar, adopta una postura cómoda, con la espalda recta. Luego cierra los ojos y respira profundamente por la nariz durante dos o tres minutos. A continuación, junta las puntas de los índices y luego las puntas de los pulgares. Dobla los dedos corazón, los anulares y los meñiques hacia las palmas y aplica un poco de presión en la base de los pulgares con las yemas de los dedos curvadas. Mantén el *mudra* durante diez minutos y hazlo a diario a lo largo de siete días.

Agotamiento por desgaste (síndrome *Burnout*)

En una persona sana, la mente auténtica desempeña el papel dominante y la mente individual y el ego la apoyan. En situaciones extremas, como el agotamiento por desgaste (lo que se conoce como *estar quemado*), es posible que la mente individual y el ego usurpen las funciones de la mente auténtica y funcionen como una mente sustituta. Si ocurre esto, uno se encuentra alienado de sí mismo en el ámbito mental. La mente se vuelve caótica y no tiene la capacidad de enfocarse, concentrarse o formar una identidad auténtica y estable. Si no contamos con una identidad estable, nos resulta cada vez más difícil sentir o expresar nuestros verdaderos sentimientos y emociones.

Ejercicio: Sanar el agotamiento por desgaste

La sanación del agotamiento por desgaste implica seguir un proceso de cuatro pasos:

1.er paso: Suelta las creencias restrictivas. La mayoría de las personas se aferran a una serie de creencias que restringen sus actividades y evitan que el prana fluya libremente. Aquí tienes algunos ejemplos de creencias restrictivas:

- «Tengo que ser perfecto todo el tiempo y en todas las situaciones».
- «Tengo que tener el control de todos los aspectos de mi vida».
- «No es suficiente que sea yo mismo e irradie prana a través de mi cuerpo, mi alma y mi espíritu».

Para abandonar una creencia restrictiva, relájate y céntrate con la respiración yóguica y el método estándar. Después, visualiza una imagen de ti mismo en tu pantalla visual. A continuación, afirma: «Decido ver los campos distorsionados de mi campo sutil que apoyan la creencia restrictiva que quiero soltar». Tan pronto como veas los campos de materia, energía y conciencia distorsionadas, declara: «Decido rodear cada campo distorsionado que estoy viendo con una caja de prana». Luego, haz el *mudra* de la dicha orgásmica. Mantenlo mientras llenas de dicha la caja de prana y expulsas los campos distorsionados.

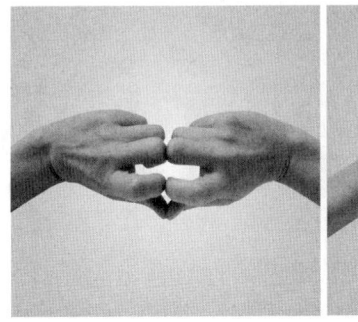 

El mudra de la dicha orgásmica

Repite el mismo ejercicio todos los días, hasta que desaparezcan todos los campos distorsionados que apoyaban la creencia restrictiva. Puedes llevar a cabo el proceso con tantas creencias limitantes como quieras o hasta que sientas que tu verdadera identidad comienza a resurgir.

2.º paso: Fortalece tus límites, que son el campo de cada chakra, la superficie de tus campos de recursos y la superficie de los campos áuricos que rodean tu campo sutil. Para mantener fuertes tus límites superficiales, sepárate de aquellos que no respetan tu espacio personal y que te impiden ser tú mismo o expresarte de forma libre y honesta.

3.er paso: Renuncia a los apegos insanos. La mayor parte de los apegos no saludables que contribuyen al agotamiento por desgaste son creados por intromisiones energéticas. Las intromisiones crean dependencia y obstaculizan el acceso al prana. En el capítulo doce encontrarás ejercicios concebidos específicamente para expulsar intromisiones, de manera que puedas volver a ser tú mismo y expresarte sin verte bloqueado o manipulado por campos distorsionados de materia, energía y conciencia.

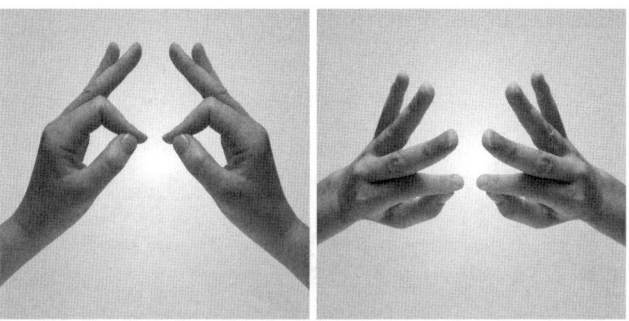

El prana *mudra*

4.º paso: Mejora el flujo de prana a través de tu campo energético realizando el prana *mudra* todos los días durante dos semanas. Si los síntomas persisten, repite todo el proceso de cuatro pasos.

Cáncer

Para curar el cáncer, es esencial hacer cuatro cosas: curar el tumor o los tumores, acabar con los campos distorsionados que los mantienen, fortalecer el sistema inmunitario y mejorar el flujo de prana a través del campo sutil y el cuerpo físico.

Para curar los tumores, utilizarás las técnicas de sanación mental en las que se emplea el cepillo de prana (página 138). Para acabar con los campos distorsionados que sostienen el tumor, usarás la caja de prana (página 140). Para fortalecer el sistema inmunitario, realizarás el *mudra* del empoderamiento.

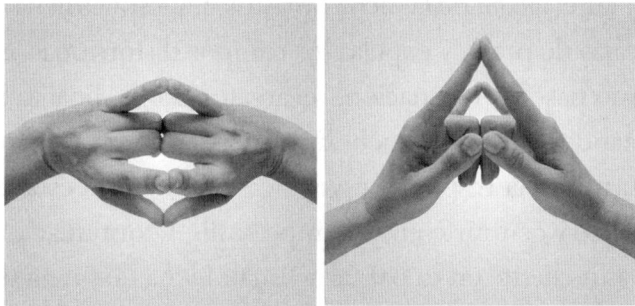

El mudra del empoderamiento

Y para mejorar el flujo del prana a través del campo sutil, harás el prana *mudra*.

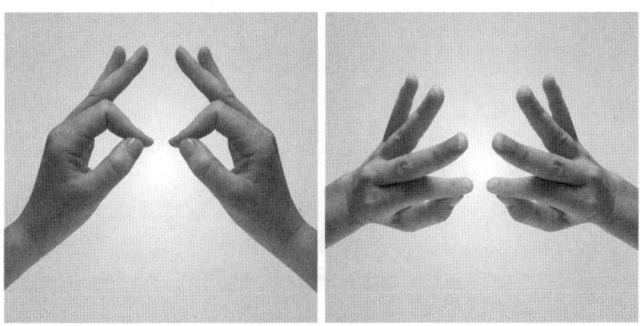

El prana mudra

Días 1 a 7: En las mañanas de los primeros siete días, sanarás los tumores y acabarás con los campos distorsionados que los mantienen. Empieza por usar la respiración yóguica y el método estándar para relajarte y centrarte en tu campo sutil. Luego, visualiza a tu cliente en tu pantalla visual. Proyéctate dentro de su cuerpo y visualiza las herramientas que usarás para sanar el tumor. Si hay varios, ocúpate de ellos de uno en uno. Completa cada proceso utilizando el cepillo de prana para saturar de prana la zona donde se encontraban el tumor o los tumores. Luego, vuelve a proyectarte a tu posición original y rodea los campos distorsionados que mantenían cada tumor con una caja de prana. Haz el *mudra* de la dicha orgásmica. Después llena de dicha las cajas de prana y expulsa los campos distorsionados. Como último paso de la sanación, recárgate. Luego, finaliza la sesión contando del uno al cinco. En las tardes de los primeros siete días, utiliza la respiración yóguica y el método estándar para relajarte y centrarte en tu campo sutil. A continuación, visualiza a tu cliente en tu pantalla visual. Llena de prana tu propia aura etérica. Luego, utiliza la sanación áurica y la proyección de la mirada para llenar de prana el aura etérica del cliente.

Días 8 a 19: Indícale a tu cliente que haga el *mudra* del empoderamiento en las mañanas de los días octavo a decimonoveno y el prana *mudra* por las tardes.

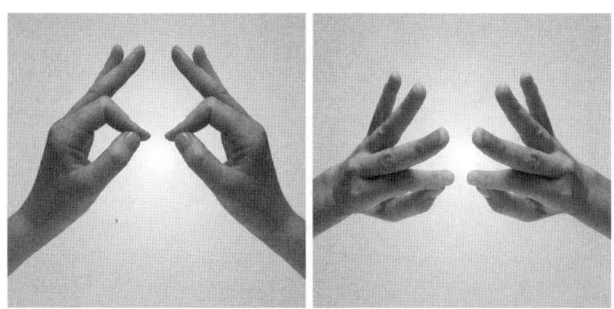

El prana *mudra*

Ejercicio: El *mudra* del empoderamiento

Para realizar este *mudra*, encuentra una postura cómoda, con la espalda recta. Respira profundamente por la nariz durante dos o tres minutos. Luego, coloca la punta de la lengua directamente detrás del punto donde los dientes se encuentran con las encías superiores. Junta los extremos exteriores de los pulgares de tal manera que formen un triángulo. A continuación, junta las puntas

El mudra del empoderamiento

de los índices para formar un segundo triángulo. Una vez que las puntas de los índices se estén tocando, une los extremos de los dedos corazón y los anulares desde la primera hasta la segunda articulación. Después, junta las puntas internas de los meñiques para formar un tercer triángulo.

Cuando mires tus manos desde arriba, verás tres triángulos: el primero creado por los pulgares, el segundo por los índices y el tercero por los meñiques. Mantén el *mudra* durante diez minutos con los ojos cerrados; después, suéltalo y abre los ojos.

Dado que el cáncer está tan estrechamente relacionado con la visión del mundo y el sentido del yo del enfermo, puedes repetir el proceso descrito hasta que sientas que el cáncer se ha ido y que se han superado las causas subyacentes.

Depresión

La depresión es un tipo de ira reprimida que puede afligir a cualquier persona, incluso a los niños. Para sanarla, utilizarás la visión remota para localizar los campos distorsionados que constituyen la base del problema. Luego usarás la sanación mental y la caja de prana para acabar con ellos. Después, limpiarás los chakras para mejorar las funciones del campo sutil del cliente. También emplearás el prana *mudra*, que tu cliente podrá usar para sanar cualquier efecto residual.

Ejercicio: Sanar la depresión

Para empezar, examina el campo áurico. Presta especial atención a la zona que rodea el segundo chakra, ya que la depresión está relacionada con la ira reprimida y el segundo chakra regula la capacidad de expresar la ira libremente sin que se interponga el sentimiento de culpa. Si encuentras campos distorsionados en algún lugar cerca del segundo chakra, o si sientes una vibración que irradie sentimientos o ideas de depresión, aplica el régimen de sanación que se expone seguidamente.

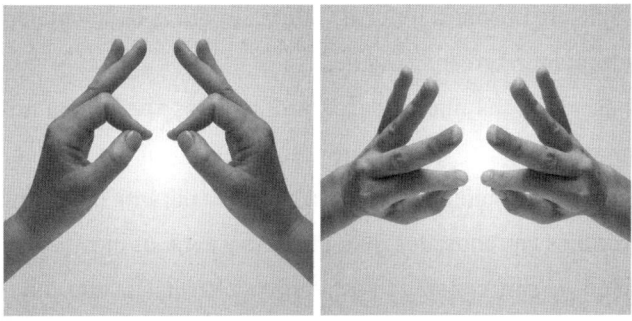

El prana *mudra*

Todas las mañanas, durante siete días, efectúa la limpieza de los chakras, según se explica en el capítulo ocho. Por las tardes, llena de prana el aura etérica, según se describe en el capítulo cinco. En el octavo día, rodea con una caja de prana cualquier campo distorsionado de materia, energía o conciencia que quede y usa la dicha para acabar con ellos (consulta la página 140). Luego, realiza el prana *mudra* durante diez minutos a diario a lo largo de diez días, hasta que estés satisfecho del resultado obtenido en el alivio de la depresión.

Hiperactividad

La hiperactividad es causada por una falta de equilibrio dentro del campo sutil. Si hay demasiada presión en una parte de este campo, el equilibrio se verá afectado y aparecerán los síntomas asociados con la hiperactividad. En la mayoría de los casos, la presión será más importante en la parte delantera o trasera de la puerta de un chakra (o de más de uno). Para sanar la hiperactividad, es mejor tratarla como un problema que es a la vez agudo y crónico. El primer paso será superar los síntomas agudos; el segundo paso consistirá en crear un régimen de trabajo energético destinado a sanar el problema crónico y superar los problemas subyacentes.

Ejercicio: Sanar la hiperactividad

1.er paso: Para superar los síntomas agudos, utiliza la respiración yóguica y el método estándar para relajarte y centrarte en tu campo sutil. Luego, usa la pantalla visual y la visión remota para estudiar el estado de la puerta de los trece chakras del espacio corporal. Toma nota de los campos de energía distorsionada que encuentres que estén en contacto directo con la puerta de los chakras; estos campos son los que deben eliminarse en primer lugar. Para hacerlo, utiliza la caja de prana (consulta la página 140). Una vez que hayas acabado con los campos distorsionados que estaban perturbando la puerta de un chakra en particular, utiliza la sanación por medio de los chakras para llenar de prana el campo del chakra correspondiente con prana (consulta el capítulo ocho). Repite el proceso a lo largo de tres días. Después usa el mismo proceso para equilibrar otros chakras que hayan sido perturbados por campos distorsionados. Recárgate al final de cada sesión. Finalmente, cuenta del uno al cinco y termina el ejercicio.

2.º paso: En este paso, tú o tu cliente debéis hacer el prana *mudra* todos los días, durante dos semanas. En este mismo período, podéis realizar la limpieza de los chakras en el campo sutil cada dos días (consulta el capítulo ocho).

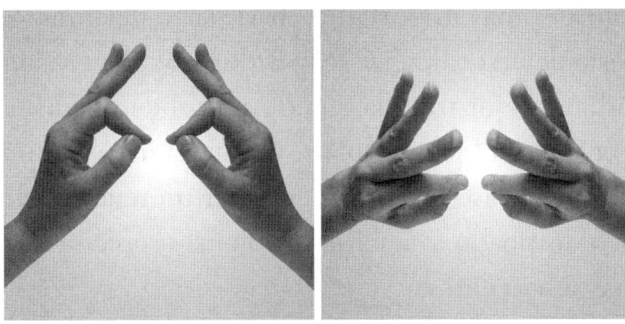

El prana *mudra*

Cálculos renales

Los cálculos renales pueden dar lugar a un problema de salud tanto agudo como crónico que puede ser debilitante. En muchos casos, el dolor asociado con ellos es insoportable. Para sanarlos, utilizarás una combinación de la sanación mental, el cepillo de prana, la caja de prana y la sanación por medio de los chakras.

Ejercicio: Sanar los cálculos renales

Día 1: Para empezar, usa la respiración yóguica y el método estándar para relajarte y centrarte en tu campo sutil. Luego, visualiza una imagen de ti mismo (o de tu cliente) en la pantalla visual. Utiliza la visión remota para diagnosticar el problema subyacente. Después, proyéctate dentro de tu cuerpo o del cuerpo de tu cliente. Crea las herramientas adecuadas para romper las piedras y eliminarlas sin dolor. A continuación, usa la caja de prana para acabar con los campos distorsionados que sostenían la dolencia (consulta la página 140). A continuación, usa el cepillo de prana para saturar de prana los riñones (consulta la página 138). Para completar la sanación, visualiza que el riñón está perfectamente sano y que brilla con energía. Después, deja de visualizar la pantalla y recárgate. Para finalizar, cuenta del uno al cinco y concluye el ejercicio.

Días 2 a 7: Durante los próximos seis días, usa la respiración yóguica y el método estándar para relajarte y centrarte en tu campo sutil. Luego, visualiza una imagen de ti mismo (o de tu cliente) en tu pantalla visual. Visualízate en la pantalla. Después, coloca tu mano asertiva en un lado del riñón y tu mano receptiva frente a ella. Usa la sanación por medio de los chakras con los centros energéticos menores de las palmas para llenar ambos riñones de energía sanadora. Completa el proceso visualizando que los riñones están perfectamente sanos y brillando con energía. Después, deja de visualizar a tu cliente y la pantalla, y recárgate. Para finalizar, cuenta del uno al cinco y concluye el ejercicio.

Colitis ulcerosa

La colitis ulcerosa es una enfermedad psicosomática que tiene su origen en el campo sutil. Ocurre cuando uno o más chakras se han sobrecargado de campos distorsionados de energía y conciencia. En el caso de la colitis ulcerosa, es el primer chakra, así como los chakras físico y físico-material inferiores, los que padecen la sobrecarga mencionada.

> **Ejercicio:** Sanar la colitis ulcerosa
>
> Para superar los problemas agudos, utiliza la respiración yóguica y el método estándar con el fin de relajarte y centrarte en tu campo sutil. Luego, usa la pantalla visual y la visión remota para estudiar el estado de la puerta del primer chakra, así como el de la puerta de los chakras físico y físico-material inferiores.
>
> Toma nota de los lugares en los que encuentres campos de energía y conciencia distorsionadas que interactúen directamente con la puerta de los chakras. Después llena de prana el campo del primer chakra, el del chakra físico inferior y el del chakra físico-material inferior (consulta el capítulo cinco). Una vez que estén brillando con prana, usa la caja de prana para deshacer los campos distorsionados de energía y conciencia que estén interfiriendo en las funciones de las puertas del primer chakra, del chakra físico y del chakra físico-material (consulta la página 140).
>
> A continuación, usa tus habilidades en cuanto a la visión remota para observar el estado de la zona pélvica inferior. Haz emanar rayos de energía de tus chakras cuarto y sexto para llenar esa parte del cuerpo con el color de sanación apropiado (consulta el capítulo ocho). Después, usa el cepillo de prana para saturar de prana esa zona (consulta la página 138). Lleva a cabo las sesiones durante cinco días. Al final de la sesión de cada día, recárgate.

RESUMEN

En este capítulo has aprendido a efectuar la sanación mental y a utilizar el cepillo de prana y la caja de prana para llevar a cabo la sanación en ausencia. Después has descubierto cómo usar una combinación de técnicas de sanación para curar enfermedades y trastornos habituales, como el cáncer, la hiperactividad, la depresión, la colitis ulcerosa, etc. Puedes usar muchas de estas mismas técnicas para sanar otras afecciones que afecten a tu salud y la de tus clientes.

Las llamadas *enfermedades psicosomáticas* son algunas de las afecciones más fáciles de curar. Incluyen las migrañas, la neurodermitis, las fobias, las úlceras y muchas otras dolencias que afectan a los habitantes del mundo moderno. Las afecciones que están más estrechamente relacionadas con las debilidades o con una situación de crisis del cuerpo físico, como las enfermedades cardíacas, la diabetes y los problemas glandulares, también pueden tratarse, pero a menudo se tarda más en obtener mejorías apreciables. De todos modos, utiliza con confianza lo que has aprendido en ambos casos. Si procedes de manera metódica y persistente, con el tiempo, tanto tú como tus clientes os beneficiaréis enormemente de tu trabajo.

En el siguiente capítulo aprenderás a usar la vibración, la empatía y los pases manuales en combinación con lo que ya has aprendido para realizar la imposición de manos.

CAPÍTULO 10
La imposición de manos

En todas partes, la historia nos explica casos de sanación espiritual a través de la «imposición de manos». A menudo se usa en combinación con otras técnicas, como la unción con aceites, los tejidos magnetizados, el algodón, el agua y otras sustancias naturales. A veces se efectúa un contacto directo con saliva y arcilla, como se describe en el Nuevo Testamento:

> Cuando Jesús pasó, vio a un hombre que era ciego de nacimiento [...] escupió en el suelo e hizo barro con la saliva, y ungió los ojos del ciego con el barro, y le dijo: «Ve, lávate en el estanque de Siloé» [...] por lo tanto fue allí, se lavó y pasó a ver.[1]

En ocasiones, la curación tiene lugar directamente cuando el sanador toca el cuerpo físico del cliente. Pero el sanador también puede trabajar sobre el aura etérica del cliente, sin establecer

---
1. San Juan, 9: 1-7 (Biblia del rey Jacobo).

contacto físico. Por lo general, es el sanador el que efectúa el contacto, pero esto no es siempre así. El cliente puede iniciar la curación tocando al sanador o entrando en el campo áurico de este. El Nuevo Testamento ofrece un ejemplo extraordinario de este tipo de sanación:

> Y cierta mujer que hacía doce años que tenía un problema de hemorragias, que había sufrido mucho en manos de muchos médicos y que se había gastado todo lo que tenía, y que sin embargo no había mejorado, sino que había empeorado, habiendo oído hablar de Jesús, se abrió paso entre la multitud y tocó su manto. Dijo: «Solo con que pueda tocar su ropa, me pondré bien». Y enseguida se secó la fuente por la que perdía sangre, y sintió en su cuerpo que se había curado de su enfermedad. Y Jesús [...] volviéndose a la multitud, dijo: «Hija, tu fe te ha salvado; vete en paz y queda curada de tu enfermedad».[2]

HISTORIA DE LA IMPOSICIÓN DE MANOS

Durante siglos, la imposición de manos ha sido el método preferido de la mayoría de los sanadores espirituales. Las primeras constataciones de su práctica se remontan a más de quince mil años, a las pinturas rupestres neolíticas de los Pirineos. La sanación por contacto directo, o lo que llamamos imposición de manos, parece ser una práctica humana universal. En el antiguo Egipto, los sacerdotes de los templos la practicaron desde el comienzo de esa civilización. Los estudiosos y los egiptólogos han encontrado representaciones de la sanación directa en sarcófagos, joyas y pinturas murales. Incluso hasta el día de hoy podemos ver la imposición de manos como parte de las prácticas de

---

2. San Marcos, 5: 30-35 (Biblia del rey Jacobo).

sanación de los rosacruces y los masones, cuyos respectivos linajes se remontan al antiguo Egipto.

Los primeros griegos sabían que una persona enferma podía curarse mediante la imposición de manos. Hipócrates nos dice: «Muchos médicos experimentados creen que el calor que sale de la mano, al ser aplicado a los enfermos, es altamente saludable y calmante».[3]

Fue solo en Occidente, con el advenimiento de la Revolución Industrial y la era de la razón, donde la imposición de manos cayó en el descrédito. Aun así, pequeños grupos, como los teósofos y los pentecostales, han mantenido viva la tradición. Este tipo de sanación no ha dejado de llevarse a cabo en el seno de estos grupos, y a veces se ha extendido a la población general.

En este capítulo aprenderás a realizar la imposición de manos al combinar las técnicas de la sanación por empatía, la sanación por medio de la vibración y los pases manuales.

CONDICIONES PARA LA PRÁCTICA DE LA IMPOSICIÓN DE MANOS

La imposición de manos se debe practicar en un entorno tranquilo y sereno donde no se puedan sufrir interrupciones. Debes prever el tiempo suficiente para hablar con tu cliente y explicarle las técnicas que utilizarás antes de cada sesión de sanación. Además, debes permitirle que se descargue antes de proceder con la sanación. Es muy improbable que alguien que está sufriendo físicamente esté libre de angustias emocionales y mentales. Recuerda que siempre hay una conexión directa entre la buena salud y el estado psicológico.

---

3. Hipócrates. *Breaths, Book One [De flatibus liber]*.

Cuando le hayas explicado las técnicas que utilizarás y lo que debe esperar, indícale que la energía sanadora se puede experimentar de diferentes maneras. Puede sentirse como un calor intenso proveniente de las manos del sanador, pero también como «rayos fríos». Algunos clientes sienten un cosquilleo o vibración en la zona que el sanador está tocando. En ocasiones, las sensaciones de hormigueo recorren las extremidades. El sujeto a veces se siente muy mareado o se desorienta momentáneamente. En algunos casos, no experimenta nada inusual, excepto una profunda sensación de relajación. Después de habérselo explicado todo, indícale que se tumbe y cierre los ojos. A continuación, dale la instrucción de que respire profundamente por la nariz y se relaje. Una vez que se hayan cumplido todos estos requisitos, puedes empezar con la sesión de sanación.

CÓMO PREPARARTE PARA EFECTUAR LA IMPOSICIÓN DE MANOS

Antes de establecer el contacto directo con tu cliente, asegúrate de encontrarte en el estado correcto para ser un canal de sanación eficaz. Yo me aseguro practicando la respiración yóguica e integrando la energía del *hara* con el centro fuerte de mi sistema energético sutil. Solo tras hacer esto pondré las manos sobre el cliente.

Te recomiendo que empieces la imposición de manos colocándolas sobre la cabeza del sujeto. Efectúa una sanación general durante unos cinco minutos llevando a cabo la sanación pránica y la sanación áurica a través de los centros energéticos menores de tus manos (consulta el capítulo seis). A continuación, coloca las manos sobre la parte enferma del cuerpo del cliente y actúa allí durante unos quince minutos utilizando una combinación de técnicas curativas, que deben incluir la sanación por medio de la vibración y la sanación por empatía (en este capítulo se exponen ambas).

Hay otras técnicas que pueden ser útiles, como la sanación por medio de los chakras y la sanación mental. Cuando hayas acabado de actuar sobre la zona enferma, lleva las manos a la cabeza del cliente y aplica la sanación áurica, con tus manos, para llenar de prana su aura etérica. Después de eso, puedes limpiar los chakras y recargarte.

En las páginas siguientes explico cómo realizar una sesión completa de imposición de manos. Empezaremos por la sanación por medio de la vibración.

LA IMPORTANCIA DE LA VIBRACIÓN

Muchos sanadores son conscientes de que una vibración sanadora recorre su campo sutil. Yo la llamo la *vibración pránica central*. La fuerza de la vibración pránica central y su eficacia curativa están directamente relacionadas con la cantidad de prana que fluye a través del sistema energético sutil del sanador y la cantidad de empatía que este tiene para sí mismo y para su cliente.

He observado que los estudiantes que realizan la sanación por medio de la vibración tienen un campo áurico más claro, más brillante y más grande, lo cual es claramente indicativo de que ese campo áurico irradia más prana. Estudiantes que han llevado a cabo la sanación por medio de la vibración por primera vez me han dicho que se sintieron mareados y que sus chakras brillaban intensamente. Otros me han comunicado que sintieron que su aura se volvía más grande y más cálida o que su cabeza se hacía más grande al alcanzar el estado vibratorio.

Un estado vibratorio más fuerte, con su mayor nivel de energía, hace posible que el sanador canalice grandes cantidades de energía sanadora directamente a través de sus manos. Por este motivo, no es inusual que la sanación por medio de la vibración tenga un efecto inmediato en el cliente.

> **Ejercicio:** Alcanzar el estado vibratorio
>
> Puedes alcanzar el estado vibratorio en poco tiempo practicando el siguiente ejercicio de respiración. Para empezar, encuentra una postura cómoda, con la espalda recta. Luego comienza a respirar profundamente por la nariz, sin hacer pausas entre la inhalación y la exhalación. Después, afirma: «Decido activar mi chakra del corazón». Y a continuación: «Decido centrarme en el campo de mi chakra del corazón». Dedica dos o tres minutos a disfrutar el cambio. Tras esto, presta atención a los ritmos de tu cuerpo y a cómo se ven influidos por tus sentimientos. Cuando puedas percibir claramente tus ritmos corporales, permíteles que dirijan el ritmo de tu respiración. Tan pronto como los ritmos se sincronicen –y tan pronto como tu respiración, tus sentimientos y tus sensaciones físicas estén unificados–, lleva la atención mental a tus manos. Sigue respirando sin hacer pausas entre la inhalación y la exhalación, pero fortalece ambas (fuérzalas un poco) hasta que sientas que las manos se calientan y empiezan a vibrar. En este punto, relájate y vuelve a respirar de forma natural.
>
> Después de un corto período de tiempo, que puede abarcar entre treinta segundos y cinco minutos, según la habilidad que hayas adquirido con esta técnica, comenzarás a sentir una compasión profunda por tu cliente, casi abrumadora. Esto activará la vibración pránica central, que empezará a producirse en la cavidad central de tu cuerpo.

Reconocerás la vibración pránica central porque será más sutil que la primera, la que experimentaste en las manos. Esa primera vibración desaparecerá tan pronto como relajes la respiración; en cambio, la vibración pránica central se irradiará desde la cavidad central de tu cuerpo hacia las manos, y seguirá haciéndolo mientras le prestes atención. Cuando llegue a las manos y sustituya a la primera vibración, estarás listo para llevar a cabo la sanación por medio de la vibración. Disfruta la vibración durante cinco minutos más. Luego, cuenta del uno al cinco y finaliza el ejercicio. Repite esta práctica según sea necesario.

Aunque la sanación por medio de la vibración se puede usar sola para sanar afecciones del cuerpo, el alma y el espíritu, es más efectiva cuando se utiliza junto con la sanación por empatía durante una sesión de imposición de manos.

LA SANACIÓN POR EMPATÍA

Aunque la sanación por empatía es el método de sanación más importante y potente, la he dejado para el final porque a diferencia de lo que ocurre en la sanación pránica, la sanación áurica, la sanación por medio de los chakras, etc., en este caso el sanador trasciende su sentido de la individualidad y se une con la fuente de sanación última, la Conciencia Universal. Perder temporalmente la identidad personal puede no ser fácil, pero permite que el sanador experimente la enfermedad tal como lo hace el cliente (aunque por poco tiempo y de forma mucho más leve). Durante un corto período, el sanador experimenta los sentimientos y las sensaciones corporales del cliente, y conoce sus pensamientos.

Podemos decir que, en cierto sentido, en la sanación por empatía, el sanador intercede en nombre del cliente permitiendo que la Conciencia Universal se fusione con él y, a través de él, con su cliente. Dado que la Conciencia Universal es una singularidad, una vez que se logre la unión no habrá lugar para la dualidad y, por lo tanto, no habrá lugar para que la enfermedad interfiera en las cualidades universales de la buena salud radiante. El siguiente caso es ilustrativo de lo inmediata y potente que puede ser la sanación por empatía. La persona experimentó una curación espontánea, lo cual es poco habitual.

El episodio tuvo lugar en uno de mis seminarios mientras mostraba cómo llevar a cabo la sanación por empatía. Una joven se había ofrecido voluntariamente como sujeto para que yo efectuase la demostración. Después del seminario, hablé con ella y me dijo que había visitado una clínica de fertilidad. Los médicos que la examinaron le recomendaron que se sometiera a un chequeo adicional en otra clínica. Los médicos de la segunda clínica descubrieron un nódulo en la parte superior izquierda de un pulmón. Compararon unas radiografías tomadas tres años antes con las actuales, lo cual permitió confirmar definitivamente la presencia del nódulo. Los médicos habían decidido que sería necesario realizar una tomografía computarizada para obtener más información sobre la consistencia del nódulo y su ubicación.

Dos semanas después del descubrimiento del nódulo, esa joven fue voluntaria en mi demostración de la sanación por empatía. Aún no le habían hecho la tomografía computarizada debido a un fallo del equipo; se había pospuesto una semana. Cuando se la hicieron, el médico que la efectuó confirmó que no había aparecido nada, que el pulmón estaba limpio.

La joven me dijo que durante la sanación por empatía había sentido cómo el calor de la energía sanadora se irradiaba a través de ella. Me comentó que había sentido como si el lado izquierdo de su cuerpo (donde estaba el nódulo) estuviese flotando en el aire, mientras el lado derecho permanecía en la camilla.

Estaba convencida de que la curación se produjo cuando, al finalizar la sesión, tuvo un mareo. Me dio las gracias por mi trabajo y me dijo que la había salvado de una operación dolorosa y costosa; también me aseguró que lo ocurrido la había ayudado a confirmar su fe en la sanación espiritual y en los aspectos espirituales de la vida.

LOS TRES CAMPOS DE LA EMPATÍA

Para el sanador, la empatía es tanto una función del carácter como una parte integral de su campo sutil. De hecho, la energía que sostiene la empatía surge de un campo de recursos conocido como el *campo de la empatía*. El estado de este campo de recursos tiene un efecto directo en nuestro nivel de empatía y en nuestra capacidad para usar la empatía con fines curativos.

El campo de la empatía, como todos los campos de recursos, proporciona energía y conciencia al campo sutil. Tiene de especial el hecho de que, cuando funciona de manera saludable, también se convierte en un espacio de sanación compasivo en el que el sanador y sus clientes pueden encontrarse energéticamente. El campo de la empatía puede crear este espacio porque proporciona al sanador un medio a través del cual la energía puede intercambiarse desinteresadamente sin que el «yo» o el ego se interpongan en el camino.

El campo de la empatía consta de tres partes: el campo de empatía personal, el campo de empatía público y el campo de empatía trascendente.

Para sanarte, sanar a otras personas o sanar tu relación con la fuente de la curación, debes centrarte en el campo de empatía apropiado. Para sanarte a ti mismo, te centrarás en el campo de empatía personal; para sanar a otra persona, te centrarás en el campo de empatía público, y para usar tu espacio de sanación para sanar tu relación con la fuente de la curación (la Conciencia Universal), te centrarás en el campo de empatía trascendente.

Aunque la empatía es un atributo humano normal y toda persona la tiene, es importante que el sanador mejore la suya para llevar a cabo la sanación por empatía sobre sí mismo y sus clientes, y para aplicarla a su relación con la Conciencia Universal. Con esta finalidad, he creado un ejercicio que usa la resonancia y el poder del sonido universal *om*. Como vimos en el capítulo siete, *om* es el sonido de la vibración universal. Este fue el sonido emitido por el universo en el momento de la creación. También es el sonido de la fuerza vital que anima en todo momento a todos los seres vivos.

Practica el ejercicio que sigue todos los días durante dos semanas y tu empatía aumentará. También lo hará tu capacidad de llevar a cabo con éxito la sanación por empatía.

Ejercicio: Resonar para mejorar la empatía

Para empezar el ejercicio, encuentra una postura cómoda, con la espalda recta. Cierra los ojos y practica la respiración yóguica durante dos o tres minutos. Luego, cuenta hacia atrás del cinco al uno y del diez al uno. Emplea el método estándar para relajar los músculos y centrarte en tu campo sutil de energía y conciencia. Después afirma: «Decido centrarme en mis tres campos de empatía». Y a continuación: «Decido dirigir mis órganos de percepción hacia dentro, a mis tres campos de empatía». Dedica unos minutos a disfrutar el cambio. Luego declara: «Decido llenar de prana y conciencia pura mis tres campos de empatía». Cuando estés listo para resonar, inhala llevando el aire a tu espacio de sanación (los tres campos de empatía). Cuando exhales, canta *om*.

Sincroniza el sonido que emitas con la vibración que emana del campo de la empatía. Si lo haces, sentirás que el *om* surge directamente de dicho campo. A medida que vas cantando, permite que el prana y la conciencia de tu espacio de sanación se irradien a través de tu cuerpo físico y tu campo sutil. En poco tiempo, sentirás que el *om* que estás cantando se ha convertido en la expresión singular de lo que estás experimentando y sintiendo. No es necesario que cantes en un volumen demasiado alto, pero es mejor que tu canto sea audible. Prosigue con él durante unos diez minutos. Transcurrido este tiempo, finaliza el ejercicio contando del uno al cinco.

Los efectos del resonar serán profundos, especialmente cuando lleves unos días realizando esta práctica. La resonancia hará que el campo de la empatía sea cada vez mayor. Si acudes a él regularmente y lo fortaleces a través de la resonancia, la empatía se convertirá en un recurso que mejorará tu vida y tus relaciones, y hará que seas un sanador aún más efectivo. Repite el ejercicio descrito según sea necesario.

Ejercicio: Autosanación por empatía

Ahora que has aprendido a aumentar tu empatía a través de la resonancia, estás listo para practicar la sanación por empatía contigo mismo. Para proceder, empieza por elegir una enfermedad o trastorno que quieras sanar. Luego encuentra una postura cómoda, con la espalda recta. Cierra los ojos y practica la respiración yóguica durante dos o tres minutos. Después cuenta hacia atrás del cinco al uno y del diez al uno. Emplea el método estándar para relajar los músculos y centrarte en tu campo sutil de energía y conciencia.

Cuando estés listo para continuar, afirma: «Decido centrarme en mi campo de empatía personal». Y a continuación: «Decido dirigir mis órganos de percepción hacia dentro, a mi campo de empatía personal». Después declara: «Decido llenar de prana y conciencia pura mi campo de empatía personal». Dedica unos momentos a disfrutar el cambio. Luego afirma: «Decido que la energía y la conciencia sanadoras se irradien a través de mi campo de empatía personal hacia la parte de mi cuerpo que he elegido sanar». No hagas nada después de esto; limítate a disfrutar el proceso.

Dedica quince minutos a efectuar la sanación. Transcurrido este tiempo, visualiza que la parte del cuerpo que has elegido sanar está brillando con una buena salud radiante. Luego cuenta del uno al cinco, abre los ojos y finaliza el ejercicio. Repítelo según sea necesario.

Ejercicio: Sanar a otra persona por medio de la empatía

Antes de aplicar la sanación por empatía a tu cliente, explícale lo que harás y responde a sus preguntas. Decidid qué enfermedad o trastorno vais a sanar. Luego, pídele que se siente frente a ti a unos tres metros de distancia. Cuando se sienta cómodo, indícale que cierre los ojos y respire profundamente por la nariz. A continuación, cierra los ojos y practica la respiración yóguica durante dos o tres minutos. Cuenta hacia atrás del cinco al uno y del diez al uno. Luego emplea el método estándar para relajar los músculos y centrarte en tu campo sutil de energía y conciencia.

Cuando estés listo para proseguir, afirma: «Decido centrarme en mi campo de empatía público». Y a continuación: «Decido dirigir mis órganos de percepción hacia el interior, a mi campo de empatía público». Después declara: «Decido llenar de prana y conciencia pura mi campo de empatía público».

Dedica unos momentos a disfrutar el cambio. A continuación afirma: «Decido que la energía y la conciencia sanadoras se irradien desde mi campo de empatía público hacia la parte del cuerpo de mi cliente que hemos elegido sanar». No hagas nada después de esto. El prana y la conciencia que emerjan de tu espacio de sanación se expandirán hacia las partes del cuerpo que tienes en mente.

Prosigue con la sanación durante quince minutos. Transcurrido este tiempo, visualiza que la parte del cuerpo que habéis elegido curar está brillando con una buena salud radiante. A continuación, recárgate. Cuando estés totalmente recargado, cuenta del uno al cinco. Cuando llegues al número cinco, abre los ojos. Deja que tu cliente disfrute los efectos de la sanación durante cinco minutos más. Luego, haz que abandone el ejercicio indicándole que abra los ojos.

Ejercicio: Sanar tu relación con la fuente de la curación

En este ejercicio, utilizarás tu espacio de sanación para mejorar tu relación con la fuente de la curación. Esto hará que seas un sanador más efectivo y mejorará tu experiencia de trascendencia. Para empezar el proceso, siéntate en una postura cómoda, con la espalda recta. Luego cierra los ojos y practica la respiración yóguica durante dos o tres minutos. Cuenta hacia atrás del cinco al uno y del diez al uno. Luego emplea el método estándar para relajar los músculos y centrarte en tu campo sutil de energía y conciencia. Cuando estés listo para proseguir, afirma: «Decido centrarme en mi campo de empatía trascendente». A continuación: «Decido dirigir mis órganos de percepción hacia dentro, a mi campo de empatía trascendente». Y después: «Decido que la fuente de la curación irradie su energía y conciencia sanadoras a través de mi campo de empatía hacia mi cuerpo, mi alma y mi espíritu». No hagas nada después de esto; limítate a disfrutar el proceso. Transcurridos quince minutos, cuenta del uno al cinco. Cuando llegues al número cinco, abre los ojos y finaliza el ejercicio. Repítelo según sea necesario.

LOS PASES MANUALES

Ahora que has aprendido a usar tu espacio de sanación para curarte a ti mismo, curar a otra persona y sanar tu relación con la fuente de la curación, estás preparado para usar los pases manuales. Estos se pueden integrar en cualquier sesión de imposición de manos. El mejor momento para realizar un pase manual es al final de la sesión, después de haber llevado a cabo la sanación por medio de la vibración y la sanación por empatía. Los pases manuales pueden practicarse de varias maneras, pero independientemente de cuál sea la forma en que uses las manos, es esencial que permanezcas centrado en tu campo sutil.

Para empezar, efectuarás movimientos circulares dentro del aura de tu cliente sobre la zona afectada. Esta es la forma de proceder: levanta tu mano masculina de la superficie del cuerpo del cliente (manteniéndola dentro de su aura etérica) mientras sostienes tu mano femenina a la altura del hombro con la palma hacia arriba.

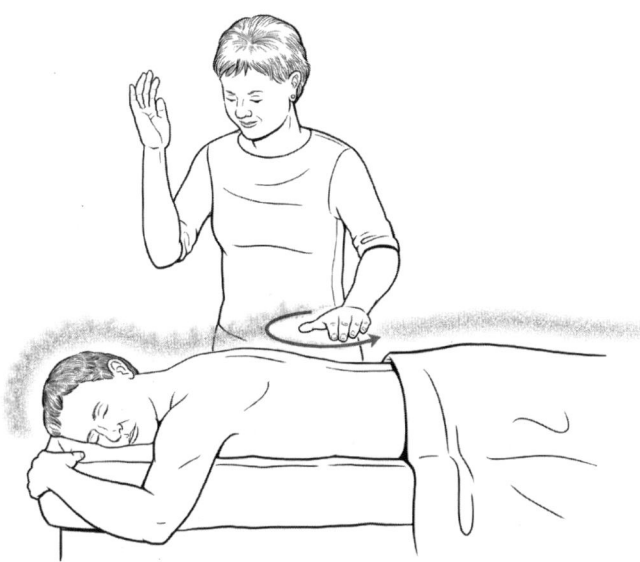

Pase manual sobre el campo del cliente: movimiento circular

A continuación, empieza a efectuar movimientos lentos y circulares, con la mano cargada positivamente, unos ocho centímetros por encima del tejido enfermo. Mantén tu mano dominante plana, con la palma hacia abajo, mientras trazas círculos sobre la zona problemática. Los círculos siempre deben hacerse en el sentido de las agujas del reloj. Debes respirar por la nariz y forzar ligeramente la entrada y la salida del aire. Mientras realizas los pases circulares, presta atención a la palma de tu mano y siente cómo la energía sanadora fluye rítmicamente a través de ella. Luego, empieza a hacer que los movimientos sean más rápidos, mientras sientes que la energía sanadora fluye de tu mano al cuerpo del cliente. Siente cómo esta energía se abre camino hasta el interior del tejido enfermo y lo sana por completo. Sigue así hasta que te sientas satisfecho con el efecto positivo logrado por la energía sanadora.

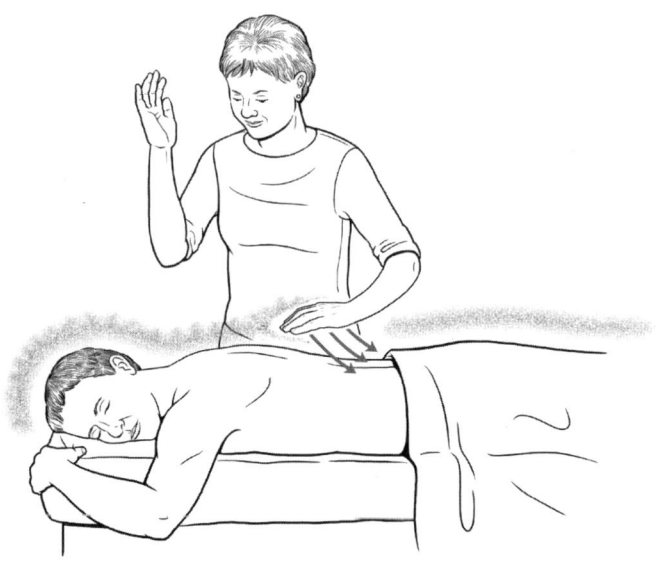

Pase manual sobre el campo del cliente: pase y polarización

Después de efectuar los movimientos circulares, haz un pase largo y fluido sobre la parte frontal del cuerpo del cliente con las manos separadas y los dedos extendidos, desde la cabeza hasta los pies. Es probable que tengas que ponerte de pie para hacer esto. Aguanta la respiración mientras efectúas el pase; inhala justo cuando empieces por la cabeza del cliente y exhala tras haber completado el pase en sus pies.

Haz siete pases usando esta técnica. Al final de cada pase, sacude las manos apartado de tu cliente para eliminar cualquier negatividad que puedas haber tomado al efectuar el pase a través de su aura. Cuando hayas realizado los siete pases, cuenta del uno al cinco, finaliza la sanación y recárgate.

Deja que tu cliente disfrute la energía sanadora mientras te recargas. Luego, sácalo del ejercicio contando del uno al cinco y pidiéndole que abra los ojos. Dedica los siguientes minutos a escuchar sus comentarios y responder a sus preguntas. Cuando se haya ido, enjuágate las manos con agua fría para eliminar cualquier negatividad residual.

> **Ejercicio:** Autosanación usando la empatía y la vibración

En el ejercicio que sigue, usarás la sanación por empatía y la sanación por medio de la vibración para curarte a ti mismo a través de la imposición de manos. Cuando hayas elegido la afección que quieres curar, adopta una postura cómoda, con la espalda recta. Luego cierra los ojos y practica la respiración yóguica durante dos o tres minutos. Cuenta hacia atrás del cinco al uno y del diez al uno. Luego emplea el método estándar para relajar los músculos y centrarte en tu campo sutil de energía y conciencia.

Cuando estés listo para continuar, presta atención a los ritmos de tu cuerpo y permite que dirijan el ritmo de tu respiración. Esto debería tomarte dos minutos a lo sumo. Una vez que hayas sincronizado tus ritmos internos con la respiración, lleva la atención a tus manos. Tu respiración debe ser ligeramente forzada, y debes seguir respirando sin hacer pausas entre la inhalación y la exhalación hasta que sientas que tus manos vibran y se calientan.

Al cabo de poco rato, tus manos se calentarán y empezarán a vibrar. Este fenómeno se verá muy pronto reemplazado por una compasión profunda y casi abrumadora por ti mismo. Esto activará la vibración pránica central, que empezará a producirse en la cavidad central de tu cuerpo. Cuando la vibración pránica central llegue a tus manos y sustituya la primera vibración, coloca las manos a ambos lados de la zona afectada (acuérdate de mantenerlas separadas) y lleva a cabo la sanación por medio de la vibración durante los próximos cinco minutos. Transcurrido este tiempo, afirma: «Decido centrarme en mi campo de empatía personal». Y a continuación: «Decido dirigir mis órganos de percepción hacia dentro, a mi campo de empatía personal». Después, declara: «Decido llenar de prana y conciencia pura mi campo de empatía personal». Dedica unos minutos a disfrutar el cambio. Luego afirma: «Decido que la energía y la conciencia sanadoras fluyan a través de mi campo de empatía personal hacia la parte de mi cuerpo que he elegido curar».

Mantén las manos a ambos lados de la zona afectada y prosigue con la sanación durante cinco minutos más. Completa tu trabajo visualizando que el tejido enfermo está perfectamente sano. Luego retira las manos, cuenta del uno al cinco y finaliza el ejercicio. Repítelo según sea necesario.

Ejercicio: Sanación usando la empatía, la vibración y los pases manuales

En el siguiente ejercicio, utilizarás la sanación por medio de la vibración, la sanación por empatía y los pases manuales para curar una enfermedad o trastornos físicos en el cuerpo de otra persona. Una vez que le hayas explicado a tu cliente lo que harás y hayas respondido sus preguntas, pídele que se tumbe bocarriba y respire profundamente por la nariz. Adopta una postura cómoda, con la espalda recta. Luego cierra los ojos y respira profundamente por la nariz durante dos o tres minutos. Cuenta hacia atrás del cinco al uno y del diez al uno. Después, emplea el método estándar para relajar los músculos y centrarte en tu campo sutil de energía y conciencia.

Cuando estés listo para continuar, presta atención a los ritmos de tu cuerpo y permite que dirijan el ritmo de la respiración. A lo sumo, esto debería tomarte uno o dos minutos. Una vez que hayas sincronizado los ritmos internos con la respiración, lleva la atención a tus manos. Tu respiración debe ser ligeramente forzada, y debes seguir respirando sin hacer pausas entre la inhalación y la exhalación hasta que sientas que tus manos vibran y se calientan. Al poco rato, deberías empezar a sentir una compasión profunda, casi abrumadora, por tu cliente. Esto activará la vibración pránica central, que comenzará a producirse en la cavidad central de tu cuerpo. Cuando la vibración pránica central llegue a tus manos y reemplace la primera vibración, coloca las manos sobre la cabeza de tu cliente, una al lado de cada sien. Efectúa una sanación general durante unos cinco minutos utilizando la sanación por medio del prana (consulta el capítulo cuatro) y la sanación áurica (consulta el capítulo cinco) a través de los centros energéticos menores de tus manos. Luego coloca las manos a ambos lados de la zona afectada y sigue aplicando la sanación por medio de la vibración durante dos o tres minutos.

Cuando estés listo para continuar, afirma: «Decido centrarme en el campo de empatía público». Y después: «Decido dirigir mis órganos de percepción hacia dentro, al campo de empatía público». A continuación, declara: «Decido llenar de prana y conciencia pura mi campo de empatía público». Dedica unos momentos a disfrutar el cambio. Luego afirma: «Decido que la energía y la conciencia sanadoras fluyan a través de mi campo de empatía público hacia la parte del cuerpo de mi cliente que hemos elegido sanar». Dedica otros cinco minutos a sanar por medio de la vibración y la empatía. Durante la imposición de manos pueden aparecer, espontáneamente, otras técnicas de sanación. No interferirán en la curación, y te animo a que uses la sanación mental, la sanación por medio de los chakras y la sanación por medio del color junto con la sanación por medio de la vibración y la sanación por empatía, sobre todo cuando estés trabajando con un problema especialmente persistente.

Cuando hayas acabado de actuar sobre la afección, visualiza que esa zona está saludable y que irradia prana libremente. Después vuelve a colocar las manos sobre las sienes del cliente, de nuevo una frente a la otra. Dedica un par de minutos a llenar su aura con rayos de energía procedentes de tu chakra del corazón y el del tercer ojo. Siente que tu cliente absorbe la energía a través de la piel y cómo esta recarga todas las células de su cuerpo. Después visualízalo feliz, sano y con una sonrisa radiante. Al cabo de cinco minutos, empieza a efectuar pases sobre su aura. Realiza movimientos circulares en su chakra de la corona, y haz lo mismo bajando chakra por chakra, hasta haber actuado sobre los siete chakras tradicionales. Completa el proceso efectuando siete pases descendentes desde la cabeza hasta los pies del cliente.

Cuando hayas acabado de hacer los últimos siete pases, recárgate. A continuación regresa a tu estado de conciencia habitual contando del uno al cinco. Cuando llegues al número cinco, abre los ojos. Saca al cliente de la sesión; dile que abra los ojos y te dé su opinión. Para finalizar, enjuágate las manos con agua fría para desprenderte de cualquier negatividad residual.

RESUMEN

En este capítulo has aprendido a activar la vibración pránica central y a mejorar tu empatía para poder convertirte en un sanador más eficaz. También has aprendido a usar tus tres campos de empatía para crear un espacio compasivo en el que puedes sanar a tus clientes, y a realizar la sanación por medio de la vibración y la sanación por empatía, y a combinarlas con los pases manuales para llevar a cabo una sesión de imposición de manos completa.

En el siguiente capítulo responderé algunas de las preguntas que me formulan más a menudo en relación con la sanación espiritual. Las respuestas se basan en mi experiencia y en la de algunos de los grandes sanadores cuyos métodos han llegado hasta nosotros a través de los siglos.

CAPÍTULO 11

Preguntas y respuestas sobre la sanación

A lo largo de los años, me han hecho muchas preguntas sobre la sanación espiritual. Me gustaría responder algunas de las más habituales ahora. Mis respuestas a estas preguntas se basan en mi propia experiencia, no en ninguna doctrina o teología rígida. Son subjetivas y, en última instancia, debes dejar que sean tu propia intuición y conciencia las que te guíen.

SANACIONES MÚLTIPLES

¿Es una buena idea trabajar con más de una persona durante una sesión de sanación en ausencia?

La respuesta a esto depende del sanador, la cantidad de tiempo que tenga disponible para la sanación en ausencia y su grado de vitalidad. La vitalidad depende de varios factores: lo capaz que es el sanador de rendirse a la fuerza curativa, lo capaz que es de almacenar prana y, por supuesto, su estado de salud mental, emocional y física.

La única regla que se debe seguir es: *nunca te fuerces*. Si sientes que la sanación se ha convertido en un esfuerzo o si estás agotado o sientes falta de vitalidad después, ello es indicativo de que has trabajado con demasiadas personas durante la misma sesión de sanación. Deberías trabajar con menos.

La mayoría de los sanadores espirituales encuentran que después de haber estado realizando sanaciones durante períodos cortos, su capacidad aumenta y pueden trabajar con más clientes durante períodos de tiempo más largos.

LA REACCIÓN DEL SANADOR
¿Cómo debe sentirse el sanador después de efectuar una sesión de sanación?

La respuesta es bastante simple: si te desapegas permaneciendo centrado en tu campo sutil durante la sanación, después te sentirás vigorizado.

Al actuar como un canal, te beneficiarás de la energía y la conciencia que se irradian a través de tu campo sutil. Sin embargo, si llevas a cabo varias sanaciones seguidas, es posible que sientas una leve dispersión, causada por un gasto excesivo de vitalidad personal.

Con cada sanación te desprendes de una pequeña cantidad de prana personal, que debe diferenciarse de la energía sanadora (prana) que se está canalizando a través de ti durante la sesión. Esta pérdida es intrascendente si practicas una o dos sanaciones. Si llevas a cabo varias en un día, o si efectúas más de una sanación en una sesión, puedes sufrir una fuga de prana personal. Esta fuga a menudo se experimenta como un tipo de agotamiento inusual que puede hacerte sentir letárgico y somnoliento o nervioso y malhumorado. Ninguna de las dos situaciones es peligrosa si te recargas de forma natural.

Si organizas tu agenda con esto en mente, de manera que te permitas el tiempo suficiente para descansar, esparcirte y dormir, al día siguiente deberías estar completamente recargado y lleno de vitalidad.

CLIENTES RETICENTES

¿Debería un sanador trabajar con todas las personas que lo visitan para curarse?

Siempre y cuando haya obtenido su permiso, siempre he trabajado con todas aquellas personas que, de manera intuitiva, he sentido que se beneficiarían de la sanación espiritual. Esto significa que a veces trabajo con individuos que al principio parecen reticentes, pero en tales casos les explico que la sanación puede necesitar tiempo y que es posible que no sea total. Siempre he basado mis decisiones en mi intuición y después las he sometido a mi conciencia. Cuando recibo el visto bueno por parte de ambas, empiezo y no me desanima ninguna dificultad o situación adversa que se presente. Es importante que recuerdes que si intuitivamente sientes que es apropiado trabajar con alguien, hay muchas probabilidades de que tu trabajo beneficie a esa persona.

LA DURACIÓN DE UNA SESIÓN DE SANACIÓN

¿Cuánto tiempo debe durar una sesión de sanación en ausencia?

No puede asociarse un período de tiempo determinado a la sanación en ausencia. Combino la sanación en ausencia con una meditación introductoria, y todo el proceso requiere unos cuarenta minutos. En una meditación de cuarenta minutos, dedico unos veinte a la sanación propiamente dicha. Esto es un promedio. A veces necesito más tiempo y a veces menos, dependiendo de cómo siento la situación. En una sesión de imposición de manos, generalmente dedico unos treinta minutos a realizar la sanación propiamente dicha. El tiempo en sí no es el factor más importante en la sanación. He visto a personas que se han curado instantáneamente después de haber sido tocadas durante unos pocos segundos.

¿CUÁNTO TARDA EN SANAR EL CLIENTE?
¿Cuánto tiempo llevará curar una afección física?

El sanador nunca sabe con certeza cuánto tiempo se tardará en curar una enfermedad o trastorno en particular, o incluso si podrá curarse por completo. La sanación es un proceso de transmutación. Aunque la energía y la conciencia sanadoras son más potentes que la energía que sostiene la enfermedad, el cuerpo físico del cliente puede necesitar tiempo para usar lo que el sanador le ha transferido.

También es importante recordar que, en muchos casos, sanar la mente y las emociones es un prerrequisito para curar un problema físico. Si bien buscamos resultados inmediatos, no es realista esperar una curación física instantánea si el alma y el espíritu del cliente aún sufren los efectos de un estilo de vida poco saludable y de apegos negativos.

No es inusual que un sanador trabaje durante un tiempo prolongado con un cliente antes de que este obtenga el resultado deseado. Tuve esta experiencia con uno de mis primeros clientes, que sufría un trastorno ocular grave. Era un hombre de ochenta y dos años que había perdido la visión periférica y solamente le quedaba la visión de túnel. Para complicar las cosas, sufrió hemorragias en ambos ojos, lo cual alteró en mayor medida su visión. Ninguno de estos problemas podía ser tratado por la medicina convencional. Empezamos a trabajar juntos dos veces por semana. Al principio, tuve que superar bloqueos para conseguir que la energía sanadora llegase a sus ojos. La sanación por medio del color fue particularmente difícil. Su falta de receptividad también dificultó la visualización. Pero yo sabía intuitivamente que era apropiado seguir trabajando con él, así que lo hice. Al cabo de un mes, la situación empezó a cambiar lentamente. Los bloqueos comenzaron a desaparecer y, poco a poco, mis visualizaciones se fueron volviendo más vívidas y prolongadas.

Cuando llevaba seis semanas con el tratamiento, fue a ver al oculista y, para su sorpresa, este le dijo que su visión había mejorado. No podía apreciar la mejoría en esos momentos, pero se sintió muy alentado.

Seguimos trabajando juntos con mayor ilusión, y al cabo de una semana su visión empezó a experimentar un cambio. Al principio, la mejoría solo duró unas pocas horas, pero al final de la séptima semana de tratamiento se manifestó más prolongada y la distorsión comenzó a desaparecer. Volvió a visitar al oculista al final de la octava semana y este le dijo que se había producido un cambio extraordinario: no solo se había corregido la distorsión, sino que también lo habían hecho las hemorragias. Seguimos trabajando y el hombre empezó a mejorar de la visión de túnel. Por primera vez en meses, pudo leer de nuevo, primero con la ayuda de una lupa, y poco después sin utilizarla. Entre la sexta y la décima semana de tratamiento, su médico estimó que había recuperado el 80 % de la vista.

LOS MEJORES MOMENTOS PARA APLICAR LA SANACIÓN

¿Cuándo es el mejor momento para efectuar la sanación?

No hay una respuesta que pueda aplicarse a todas las situaciones y todas las circunstancias. Cada uno de nosotros tenemos un estilo de vida diferente que debe tenerse en cuenta. Te recomiendo que trabajes en la sanación cuando estés relajado y no tengas nada que te perturbe la mente. No es una buena idea efectuar este trabajo sintiéndose ansioso o con sueño. Por lo general, recomiendo que los principiantes practiquen la sanación en ausencia al final de la tarde, una vez que hayan realizado sus tareas del día. Si tu horario lo permite, también puedes trabajar en la sanación por la mañana.

CONTRAER ENFERMEDADES

¿Puede el cliente transmitir su enfermedad al sanador?

Excepto en el caso de las enfermedades contagiosas, no se sabe de sanadores que se hayan visto afectados físicamente por los problemas de salud de su cliente. Sin embargo, tanto en la imposición de manos como en la sanación en ausencia, el sanador está estableciendo contacto con su cliente en los ámbitos sutiles de la energía y la conciencia. Aunque la enfermedad física no puede transferirse directamente en ningún grado, es posible que el sanador capte la energía y la conciencia distorsionadas, lo cual puede manifestarse como sentimientos, emociones y pensamientos negativos. No debería haber ningún problema si el sanador permanece desapegado centrándose en el centro fuerte de su cuerpo y en el de su campo sutil. Sin embargo, si la mente individual y el ego del sanador hacen acto de presencia en el proceso de sanación, puede haber un problema. Para mitigarlo, practica la respiración *hara* y el método estándar con regularidad, hasta que puedas permanecer centrado con firmeza en tu campo sutil durante el proceso de sanación.

TÉCNICAS DE SANACIÓN PELIGROSAS

Los sanadores pueden usar distintas técnicas para efectuar una sanación espiritual. ¿Cómo puedo saber si una determinada técnica es contraproducente o potencialmente peligrosa para mi cliente y para mí?

Si bien es cierto que quienes practican la sanación espiritual la han aprendido en el contexto de distintas tradiciones de sanación, no todas las técnicas que utilizan son seguras. Tu seguridad y la de tu cliente deben ser tu preocupación más importante cuando lleves a cabo la sanación espiritual. Has de abstenerte de hacer cualquier cosa que pueda suponer un peligro para tu cliente o para ti.

Un principio que no debe ignorarse es el siguiente: nunca es seguro que el sanador atraiga o impulse energía a través de su campo sutil o del campo sutil de su cliente durante una sesión de sanación.

En algunas técnicas utilizadas actualmente, los sanadores extraen energía o conciencia de la Tierra o de los planos superiores y la incorporan a su campo sutil, y después la utilizan para efectuar la sanación espiritual. Atraer o impulsar energía o conciencia a través del propio campo sutil o del campo sutil del cliente es peligroso por dos razones. En primer lugar, no hay garantías de que la energía o la conciencia que se están extrayendo del exterior sean puras y estén libres de campos distorsionados. Puedes creer que son puras, pero a menos que estés correctamente centrado en tu mente y tu campo sutil auténticos, tu discernimiento sea excelente y puedas evaluar las diferencias entre los campos de energía y conciencia con cualidades universales y los que tienen cualidades individuales, no hay garantías de que el cliente reciba solamente energía y conciencia sanadoras durante la sesión.

En segundo lugar, atraer o impulsar energía o conciencia a través del campo sutil de una persona debilitará los límites superficiales que rodean el campo de los chakras, los campos áuricos y los campos de recursos. Los límites superficiales de estos campos están compuestos por fibras luminiscentes que se entrecruzan entre sí en todas las direcciones posibles. Estas fibras están diseñadas para estirarse a medida que el campo se expande y para permitir que la energía y la conciencia tóxicas sean expulsadas; pero no están diseñadas para permitir que grandes cantidades de energía o conciencia tóxicas pasen a través de ellas regularmente en ambas direcciones.

Cuando la energía y la conciencia son atraídas y empujadas a través de esas fibras de manera regular, los límites superficiales empiezan a debilitarse y los campos distorsionados comienzan a entrar en el campo sutil con impunidad. Esto puede causar problemas tanto al sanador como al cliente. Los campos distorsionados pueden perturbar el discernimiento del sanador y hacer que le sea difícil o incluso imposible llevar a cabo la sanación espiritual. Con el tiempo, esas distorsiones pueden acumularse en el campo sutil del sanador y constituir la base de patrones kármicos y enfermedades físicas. En el caso del cliente, la introducción de campos distorsionados, incluso en pequeñas cantidades, puede evitar que se produzca la sanación. En casos extremos, puede ocurrir que el problema del cliente se agrave.

RESUMEN

En este capítulo he respondido algunas de las preguntas que me formulan más habitualmente en relación con la sanación espiritual. Ahora sabes que debes tener paciencia, porque algunas sanaciones requieren tiempo, y sabes cómo tratar con los clientes resistentes. También has aprendido que no todas las técnicas de sanación son seguras y que debes discernir entre las que son seguras y confiables y las que son potencialmente peligrosas. En el siguiente capítulo descubrirás cómo sanar tu alma restableciendo patrones kármicos y traumas energéticos.

Tercera parte

Sanar el alma y el espíritu

CAPÍTULO 12
La sanación de los patrones kármicos

Todos los seres humanos nacen con la capacidad de compartir placer, amor e intimidad con otras personas. Desafortunadamente, es raro encontrar a alguien que pueda hacer esto sin tener que esforzarse. Esto es así porque, en la actualidad, la mayoría de los individuos tienen unos patrones kármicos que limitan la irradiación de la conciencia y el flujo del prana a través de su campo sutil en el ámbito del alma. Esto les dificulta conocerse a sí mismos, ser ellos mismos y expresarse libremente.

Para que puedas comprender cómo los patrones kármicos pueden interferir en el funcionamiento saludable de tu alma, es esencial que sepas cómo funciona el karma y cómo el equipaje kármico puede crear patrones de autolimitación que afecten a tu salud y tus relaciones.

¿QUÉ ES EL KARMA?

La antigua palabra sánscrita *karma* proviene de la raíz *kri*, 'actuar', y designa una actividad o acción. En Occidente, el karma se ha definido como el efecto acumulativo de la acción. Esta definición es limitada en comparación con la que ofrecen las grandes religiones de Oriente, que describen el karma tanto en términos de su estructura como de su función.

El jainismo, una tradición espiritual india que pone énfasis en el esteticismo, la no violencia y el respeto por la vida, ve el karma como un agregado de materia sutil que se acumula en el sistema energético humano y vela la conciencia del yo y todo lo que surge de ella. Según esta antigua religión, el karma tiene ocho aspectos funcionales: oscurece la comprensión, ofusca la conciencia, produce emociones y sensaciones engañosas, confunde a la persona (vela la verdad), determina la edad, define la personalidad al crear patrones de comportamiento, determina el estatus y por tanto el bienestar psíquico, y altera el poder personal. Los primeros cuatro aspectos son bloqueadores; los cuatro restantes no lo son, aunque son autolimitantes, ya que impiden la irradiación libre de la conciencia y el prana a través del campo sutil.

De todo ello se deduce que el karma es mucho más complejo que el principio abstracto que garantiza que cosecharás lo que siembres. El karma es una fuerza dinámica de la naturaleza que manifiesta voluntad e intención. A través de su capacidad para generar apegos, define a la persona y limita su libertad. De forma semejante a la gravedad, la polaridad que crea el karma entre la causa y su efecto hace que uno se vea atraído hacia determinados objetos, campos de energía con cualidades individuales y seres vivos (sobre la base de acciones pasadas) y luego que se sienta atado a ello al inducirle patrones de comportamiento que son autolimitantes y muchas veces autodestructivos.

¿QUÉ ES EL EQUIPAJE KÁRMICO?

El equipaje kármico está compuesto por energía con cualidades individuales y la conciencia distorsionada que la sostiene. Los seres humanos llevan ambas en su campo sutil de una vida a otra.

La energía y la conciencia distorsionadas de las que estoy hablando producen presión y dolores musculares cuando la persona está estresada y generan ansiedad, dudas y confusión cuando se activan de manera consciente o inconsciente. De hecho, el equipaje kármico, de una forma u otra, es el principal origen tanto del sufrimiento como de la enfermedad física.

Cuando suficiente equipaje kármico queda atrapado en el campo sutil, crea patrones que perturban la irradiación libre de conciencia y prana. Dado que el prana es el que sostiene el placer, el amor, la intimidad y la sanación, y la conciencia es lo que nos hace conscientes de todo ello, cualquier alteración de su capacidad de expandirse libremente a través del campo sutil perturbará las relaciones y creará un ambiente propicio para el desarrollo de la enfermedad.

Es preciso insistir en lo importantes que son el placer, el amor y la intimidad en nuestras vidas, así como lo fundamental que es que la energía y la conciencia sanadoras se estén irradiando continuamente. Los *Yoga sutras* enseñan que las sensaciones, los sentimientos, las emociones y los pensamientos negativos inundarán nuestro campo sutil cada vez que la irradiación del prana y la conciencia sanadora se haya visto restringida o haya sido expulsada de la propia conciencia.

El equipaje kármico en el ámbito espiritual

El equipaje kármico puede quedar atrapado y acumularse dentro del campo sutil en cualquier ámbito. Cuanto más atrapado esté el equipaje kármico en un ámbito en particular, más difícil será que la conciencia y el prana se expandan libremente. Cuando una cantidad excesiva de equipaje kármico ha quedado atrapada en el ámbito espiritual del campo sutil de la persona, esta se encuentra atrapada en patrones de autolimitación que alteran las actividades y cualidades universales que pertenecen al dominio del espíritu. Estas incluyen las cualidades del buen carácter, así como las actividades que mejoran el placer, el amor, la intimidad y la alegría. Al igual que el perro proverbial que persigue su cola, los patrones autolimitantes del ámbito del espíritu hacen que nos mantengamos ocupados con actividades que no llevan a ninguna parte y que solo sirven para perpetuar el patrón. Este tiovivo infructuoso, que los adeptos tántricos llaman la *danza de Shiva*, es en última instancia contraproducente y contrario a la autoconciencia y la propia libertad de expresión. A menudo se utiliza la expresión *vivir en un desierto espiritual* para describir a quien está atrapado en esta situación.

La acumulación de equipaje kármico en el ámbito espiritual puede ocasionar también otros problemas. Puede romper los límites, en especial la superficie de los campos áuricos. Y puede perturbar las funciones sincrónicas de nuestros vehículos de energía y conciencia en el ámbito del espíritu.

Con el tiempo, a medida que el equipaje kármico se acumula y usurpa las funciones del espíritu, se puede caer en la falsa espiritualidad, a partir de experiencias que no son verdaderamente espirituales. Una espiritualidad falsa es aquella que niega la relación eterna de una persona con la Conciencia Universal (la fuente de la curación) y su estado de iluminación.

El equipaje kármico en el ámbito mental

Una acumulación excesiva de equipaje kármico en el ámbito mental que impida la libre irradiación de la conciencia y el prana perturbará la atención, la creatividad, la paz mental, la memoria y el equilibrio normal entre el razonamiento inductivo y el deductivo. De hecho, una vez que se ha visto alterada la transmisión del prana en el ámbito mental, la persona se encontrará con que le resulta casi imposible ir hacia dentro. En lugar de ello, estará atrapada en el diálogo interno (la charla incesante de la mente individual y el ego) y reaccionará ante los campos de energía y conciencia distorsionadas presentes en el ámbito mental.

El desafortunado individuo que haya visto alterado su funcionamiento mental por el peso del equipaje kármico es fácil que experimente que su mente está confusa o descontrolada. En situaciones extremas, cuando una cantidad suficiente de conciencia y energía distorsionadas se ha introducido en el ámbito mental del campo sutil, se pueden desarrollar patrones que acosan y molestan tanto al individuo con ideas, actitudes y creencias ajenas que este, asediado, puede empezar a pensar de maneras autodestructivas o antisociales (y, en última instancia, actuar a partir de estos pensamientos).

El equipaje kármico en el ámbito emocional

Cualquier alteración de la conciencia sanadora y el prana en el ámbito emocional producida por el equipaje kármico restringirá la capacidad del individuo de expresar la energía emocional, incluso de sentirla.

Solo hay cuatro emociones humanas auténticas: la ira, el miedo, el dolor y la alegría. Son auténticas porque emergen de los chakras en lo profundo del mundo del alma. La ira emerge a través del segundo chakra, el miedo a través del tercero, el dolor a través del cuarto y la alegría a través del quinto.

Cuando la conciencia sanadora y el prana fluyen libremente y no están restringidos por el equipaje kármico o el apego en el ámbito emocional, las cuatro emociones auténticas se expresan espontáneamente, sin miedo, y son depuradas a través de su manifestación en la musculatura facial y los órganos de la expresión (la boca y los ojos).

Los seres humanos tienen la capacidad de expresar estas cuatro emociones por medio del llanto, los gritos, etc., y también a través de los ojos y la musculatura facial. Cuando una emoción se expresa espontáneamente y se resuelve, se produce un sentimiento de satisfacción, que es indicativo de que la energía emocional acumulada se ha eliminado y el flujo saludable de prana se ha restablecido.

El equipaje kármico, que obstaculiza el flujo de conciencia y prana en el ámbito emocional, rara vez permite que las emociones alcancen la etapa final de este proceso, la de la resolución. Esto deja un residuo de energía emocional que la persona no puede soltar por más que llore o grite. La energía emocional que no se ha expresado espontáneamente se convertirá en parte del equipaje kármico que se deposita en los campos áuricos que rodean el cuerpo en el ámbito emocional.

El equipaje kármico en el ámbito etérico

Los sentimientos surgen del plano etérico, lo que significa que vibran dentro de un espectro de frecuencias más bajo que las emociones, que surgen del mundo del alma. Por lo tanto, los sentimientos son menos precisos que las emociones. La vibración de algunos sentimientos es tan baja que se parecen mucho a las sensaciones físicas. De hecho, muchas de las afecciones psicosomáticas más comunes, que se han relacionado con el estrés físico, son dolencias etéricas causadas por la acumulación de equipaje kármico en el ámbito etérico. El síndrome de fatiga crónica, el trastorno por déficit de atención, la depresión crónica y aguda, los trastornos de ansiedad y los ataques de pánico, así como la dificultad para respirar, el dolor de espalda y la colitis ulcerosa, son algunas de las afecciones más conocidas causadas por la acumulación excesiva de equipaje kármico en el ámbito etérico.

La intuición, que la mayoría de las personas experimentan como una sensación visceral o una percepción vaga de la verdad, surge en la conciencia en el ámbito etérico. Si la acumulación de equipaje kármico es demasiado grande, puede inhibir el conocimiento intuitivo; esto, a su vez, puede hacer que al individuo le sea cada vez más difícil aceptar la validez de sus propias percepciones y tomar decisiones que sean adecuadas y que mejoren su vida y sus relaciones personales.

El equipaje kármico en el ámbito físico

Las sensaciones y el placer físico emergen del ámbito físico, lo que significa que vibran en un espectro de frecuencias más bajo que los sentimientos. Cuando la libre irradiación de la conciencia y el prana en el ámbito físico ha sido alterada por el equipaje kármico, las sensaciones físicas y el placer físico también se ven afectados. Esto puede dar lugar a disfunciones sexuales, como la impotencia y la eyaculación precoz en los hombres y la disfunción orgásmica en las mujeres. De hecho, casi cualquier tipo de aversión a la estimulación sexual y al placer normales se remonta a la misma causa raíz: la alteración de la irradiación libre de la conciencia y el prana en el ámbito físico.

Dado que el equipaje kármico presente en el ámbito físico puede tener un impacto negativo en la resistencia y la fuerza, también puede tenerlo en el rendimiento físico. Cuando se acumula en puntos estratégicos del cuerpo físico, el equipaje kármico puede obligar a la persona a compensar la densidad añadida en el ámbito físico con micromovimientos que tensan el cuerpo en sus puntos más débiles (las articulaciones y los puntos donde se unen los tendones y los cartílagos). Este estrés adicional puede causar lesiones graves, especialmente a los deportistas que requieren que su cuerpo ofrezca el mejor rendimiento posible.

Cuando el equipaje kármico se convierte en una carga demasiado grande, puede interrumpir la producción, por parte del cerebro, de compuestos que inducen placer. La alteración de la química corporal puede llevar a una dependencia física, especialmente si la persona afectada es incapaz de controlarse a sí misma o controlar su entorno inmediato.

A partir del estudio que acabo de exponer del karma y el equipaje kármico, debe quedarte claro que para sanar tu alma es esencial que te desprendas del equipaje kármico que altera la libre irradiación de la conciencia y el prana a través de tu campo sutil, alteración que es responsable de las perturbaciones que puedas experimentar en tu salud y tus relaciones. Lo primero que deberás hacer será aprender a explorar tus campos áuricos en busca del equipaje kármico.

LA LOCALIZACIÓN DEL EQUIPAJE KÁRMICO

Aunque la exploración en busca del equipaje kármico es esencialmente la misma técnica que la visión remota, hay algunas diferencias que deben tenerse en cuenta. Al explorar en busca del equipaje kármico, utilizarás la intención y la atención mental con el único propósito de discernir el estado energético de tu campo sutil, en particular los campos áuricos. Esto se debe a que en la sanación del alma lo más importante es la energía distorsionada depositada en los campos áuricos, no el efecto que ello pueda tener en el estado del cuerpo físico. Por supuesto, las sensaciones de corrección e incorrección tienen un papel importante en la exploración, igual que lo tienen en la visión remota, pues permiten identificar las zonas del campo sutil que contienen energía distorsionada.

> **Ejercicio:** Exploración en busca del equipaje kármico

Para empezar a explorar tu campo sutil en busca de equipaje kármico, encuentra una postura cómoda, con la espalda recta. Cierra los ojos y practica la respiración yóguica durante dos o tres minutos. Luego cuenta hacia atrás del cinco al uno y del diez al uno. Emplea el método estándar para relajar los músculos y centrarte en tu campo sutil de energía y conciencia. Después afirma: «Decido crear una pantalla visual dos metros y medio delante de mí». Cuando aparezca la pantalla, declara: «Decido visualizar una imagen de mí mismo en mi pantalla visual».

Una vez que aparezca la imagen, empieza a explorar la zona que se encuentra entre tu cuerpo físico y la superficie de tu aura, que se extiende unos dos metros y medio a partir de la superficie de tu espacio corporal. Explora la parte frontal de tu aura, la parte posterior, los lados e incluso la zona que rodea la parte superior de tu cabeza y la que está por debajo de tus pies. Dado que el equipaje kármico más perturbador estará cerca de tu cuerpo, presta especial atención a la zona que se extiende desde la superficie del cuerpo hasta una distancia de medio metro aproximadamente.

Cuando localices un campo de equipaje kármico, lo reconocerás porque sus cualidades individuales (tamaño, forma, densidad, etc.) destacarán sobre el fondo de prana y conciencia pura de tu campo sutil. Explóralo en toda su extensión y registra la información relativa a su ubicación, estado, tamaño, forma, densidad, polaridad, grado de actividad y textura superficial. Si aparece información sobre su conciencia, actitud y personalidad, regístrala también. Cuando estés satisfecho con tu exploración y la información que has recabado, deja de visualizar la imagen de ti mismo y la pantalla. Después cuenta del uno al cinco. Cuando llegues al número cinco, abre los ojos. Te sentirás totalmente despierto, perfectamente relajado y mejor que antes.

Antes de proseguir, es importante indicar que hay más de una forma de localizar el equipaje kármico. Puedes explorar tu campo áurico para encontrar una concentración de energía distorsionada, como acabas de hacer, o puedes elegir un patrón del que quieras desprenderte y usar la intención para programar tu atención mental con el fin de localizar el equipaje kármico que lo mantiene.

Ejercicio: Disolver el equipaje kármico

Ahora que has explorado tu campo sutil en busca de equipaje kármico, estás listo para sanar un patrón kármico. Para ello, utilizarás la caja de prana. Antes de empezar, elige un patrón kármico que quieras sanar. Puede ser cualquier cosa que limite tu poder personal o tu capacidad de compartir placer, amor, intimidad y alegría. El autosabotaje es uno de esos patrones, y también lo son los sentimientos de inseguridad o dependencia.

Después de haber elegido un patrón kármico para sanar, encuentra una postura cómoda, con la espalda recta. A continuación, cierra los ojos y practica la respiración yóguica durante dos o tres minutos. Cuenta hacia atrás del cinco al uno y del diez al uno. Luego emplea el método estándar para relajar los músculos y centrarte en tu campo sutil de energía y conciencia. Seguidamente, haz el *mudra* de la dicha orgásmica.

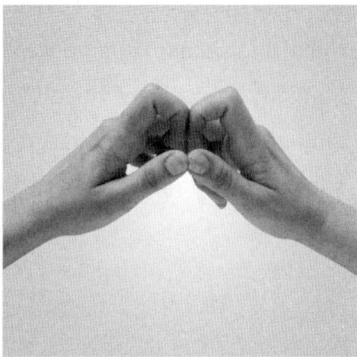

El mudra de la dicha orgásmica

Mantén el *mudra* mientras afirmas: «Decido crear una pantalla visual dos metros y medio delante de mí». Y a continuación: «Decido visualizar una imagen de mí mismo en la pantalla visual». Después, declara: «Decido ver y sentir el equipaje kármico que está proporcionando el mayor apoyo al patrón kármico que he elegido sanar». Cuando aparezca, dedica un momento a explorarlo en busca de su tamaño, forma, densidad y grado de actividad. Luego afirma: «Decido crear una caja de prana que rodee el equipaje kármico que acabo de experimentar».

Una vez que puedas ver o sentir la caja de prana, afirma: «Decido llenar de dicha la caja de prana». Y a continuación: «Decido que la dicha disuelva el equipaje kármico presente en mi caja de prana». Cuando el equipaje kármico ya no esté, deja de visualizar la caja de prana, después la imagen de ti mismo, y finalmente la pantalla. Luego cuenta del uno al cinco y concluye el ejercicio de sanación.

Aunque es posible deshacer un patrón kármico en una sesión de sanación, en algunos casos algunos son tan complejos que están sostenidos por más de un campo de equipaje kármico. Cuando trabajes con patrones kármicos como estos, tendrás que repetir el ejercicio que acabas de realizar con cada campo de equipaje kármico para acabar totalmente con el patrón.

Eliminar equipaje kármico es una parte importante de la sanación de tu alma. Otra parte, que a menudo se pasa por alto, es la sanación de traumas energéticos que han alterado las funciones del alma.

EL TRAUMA, LA HISTORIA INTERIOR

Aunque hace años que los profesionales de la salud física y mental están estudiando los diversos tipos de traumas, siguen teniendo problemas para definirlos. El motivo es que es casi imposible definir o incluso describir un suceso traumático sin tener en cuenta la violencia ejercida contra el campo sutil de energía y conciencia del superviviente. Esto es así porque esta violencia es la responsable de los síntomas más agudos y duraderos que debe soportar el individuo.

Para comprender por qué un suceso traumático puede tener un efecto a largo plazo en una persona, es importante reconocer que todo suceso traumático es, en realidad, un suceso dual que incluye dos traumas: un trauma físico y psicológico, y un trauma energético sutil que no es físico, pero que no es menos real.

El recuerdo del trauma físico y psicológico puede ser reprimido, pero el trauma energético continuará emergiendo en la conciencia del superviviente durante años en forma de una alteración de su verdadera identidad y de su motivación y concentración naturales, así como de su capacidad de expresarse libremente. También contribuirá al quebrantamiento de su confianza, lo que perturbará su autoestima y dificultará que pueda mantener relaciones íntimas a largo plazo.

Todos los sucesos traumáticos, incluidos los traumas de vidas pasadas, los traumas físicos y psicológicos, los traumas sexuales y los traumas por negligencia, tienen tres cosas en común: todos ellos están acompañados por una intromisión violenta de energía distorsionada en el campo sutil, la violencia de dicha intromisión provoca la expulsión de uno o más vehículos energéticos (lo cual se conoce como *fragmentación*) y el flujo de prana a través del sistema energético sutil del individuo se ve alterado. Son estos tres efectos energéticos los que provocan problemas de por vida al superviviente, problemas que, normalmente, no se pueden corregir con las terapias convencionales o la medicina ortodoxa.

Puesto que la intromisión de energía distorsionada en el campo de energía sutil es la responsable de todos los síntomas subsiguientes, voy a empezar por exponer cómo hay que proceder para sanar las intromisiones.

LAS INTROMISIONES

Una intromisión es creada por la proyección violenta de energía distorsionada en el campo sutil de un individuo. Quien es objeto de una intromisión puede sentir como si un alfiler o un dardo perforase su piel cuando dicha intromisión entra en contacto con su campo sutil. La intromisión también puede hacer sentir a la persona como si se la estuviera asfixiando o como si una ola de energía discordante se estuviese vertiendo sobre ella.

No tiene por qué producirse un contacto físico con el perpetrador para que uno sea objeto de una intromisión. Personas que están apegadas a campos distorsionados de energía pueden proyectarlos en tu campo sutil cuando piensan en ti, tienen fuertes sentimientos hacia ti o albergan el deseo de cambiarte, manipularte, controlarte o castigarte.

Muchos supervivientes empeoran las cosas al aceptar la intromisión como una función de su propia alma. Si eres el objetivo de una proyección de energía distorsionada y te conviertes en el pensador del pensamiento o si implicas tu voluntad, deseo o intención en la idea, emoción, sentimiento o sensación que surge del campo distorsionado, te apegarás a ello. Una vez que te aferres a la intromisión, es solo cuestión de tiempo antes de que esta quede atrapada en tu campo sutil e integrada en tu alma, así como en las funciones correspondientes de tu mente individual y tu ego.

A continuación ofrezco algunas pautas que te ayudarán a determinar qué pensamientos, ideas, emociones, sentimientos y sensaciones son generados por tu propia mente y cuáles han entrado en tu campo sutil como intromisiones de energía distorsionada.

Síntomas de las intromisiones

- La aparición de pensamientos, ideas y sentimientos perturbadores que no tienen que ver con lo que estás haciendo o que te presionan desde el exterior.
- La debilidad, la confusión o la ansiedad repentinas acerca de lo que quieres o necesitas.
- La aparición de pensamientos, sentimientos y sensaciones que tratan de manipular, cambiar o controlar lo que quieres o lo que haces, o que insisten en tus defectos, especialmente aquellos que no puedes cambiar.

- Un cambio de personalidad que te ha hecho sentir frágil o excesivamente reactivo frente a otras personas y la energía que proyectan.
- El temor a grupos grandes acompañado de sentimientos de vulnerabilidad.
- Un cambio en tu sentido del yo que te hace sentir tímido o inseguro.
- Tanto la alienación respecto del propio cuerpo como el entumecimiento físico.
- La sensación repentina de que te estás viendo asfixiado por las necesidades y expectativas de otra persona.
- Las sensaciones de agotamiento o la sensación de que hay gente que te quita la energía, al menos parte del tiempo.
- La incapacidad de expresar tus verdaderos sentimientos o ideas.

Esta lista solamente recoge un conjunto de ejemplos. El caso es que si te sientes atrapado por un problema o patrón persistente que interfiere continuamente en tu capacidad de manifestar una identidad fuerte y afirmadora de la vida, o si conoces a una persona que ha interferido en tu capacidad de ser tú mismo o de expresarte libremente, es probable que tu campo sutil haya sido penetrado por una intromisión, aunque no puedas asociar tus síntomas con un suceso específico.

Ejercicio: Liberarse de las intromisiones

Liberarse de una intromisión es un proceso relativamente sencillo. Antes de empezar, elige un sentimiento, actitud, bloqueo o patrón autolimitante que haga que sientas un miedo irracional hacia una persona, lugar o cosa en particular. También puedes elegir un sentimiento o patrón que interfiera constantemente en tu capacidad de ser tú mismo, expresarte libremente o lograr tus objetivos (usa la lista anterior como guía).

Ejemplos de sentimientos causados por intromisiones son el pánico, la aprensión, la rabia, la frustración, la ansiedad, la alienación, la arrogancia, el desprecio, la irritación crónica y la molestia. Ejemplos de patrones causados por intromisiones son la falta de confianza en uno mismo, el autosabotaje, la desesperanza, el desánimo, la dependencia, la inseguridad, la indolencia y la falta de autoestima.

Una vez que hayas elegido un patrón o sentimiento con el que trabajar, encuentra una postura cómoda con la espalda recta. Luego cierra los ojos y respira profundamente por la nariz durante dos o tres minutos. Emplea el método estándar para relajar los músculos y centrarte en tu campo sutil de energía y conciencia. A continuación, haz el *mudra* de la dicha orgásmica.

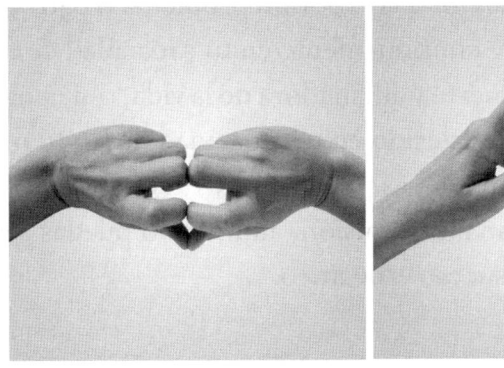

El mudra de la dicha orgásmica

Mientras mantienes el *mudra*, afirma: «Decido localizar la intromisión presente en mi campo de energía sutil que es responsable en mayor medida de causar el [sentimiento o patrón] que he elegido disolver». Y a continuación: «Decido crear una caja de prana que rodee la intromisión». Cuando puedas ver o sentir la caja de prana, declara: «Decido llenar de dicha la caja de prana que he creado». Y después: «Decido que la dicha disuelva la intromisión que he rodeado con mi caja de prana».

Tan pronto como te hayas librado de la intromisión, experimentarás una sensación de alivio, acompañada muy probablemente de un pequeño estallido, indicativo de que lo único que queda en tu caja de prana es la dicha. Una vez que hayas acabado con la intromisión, deja de visualizar la caja de prana. A continuación, deshaz el *mudra* de la dicha orgásmica. Dedica diez minutos a disfrutar los cambios que experimentes. Luego, cuenta del uno al cinco y finaliza la meditación.

Como ocurre con los patrones creados por el equipaje kármico, algunos patrones creados por las intromisiones son tan complejos que tendrás que repetir el ejercicio con cada intromisión para superar totalmente los síntomas del trauma.

LA FRAGMENTACIÓN

Tu campo sutil se fragmentará cada vez que un vehículo energético haya sido expulsado de él. La causa más habitual de la fragmentación es un suceso traumático causado por la intromisión de energía distorsionada en nuestro campo sutil. La fragmentación puede tener lugar en cualquier ámbito (espiritual, mental, etc.) en cualquier momento durante cualquier fase de nuestra vida, incluidos los nueve meses que transcurren entre la concepción y el nacimiento.

La fragmentación y sus efectos colaterales se han vuelto tan comunes que sanar estos aspectos mediante la descontaminación y la reintegración de los vehículos energéticos ha pasado a constituir una parte esencial de la sanación kármica y el trabajo con la energía. Esto se debe a que los vehículos energéticos llevan a cabo una serie de funciones vitales: nos permiten conformar una verdadera identidad e interactuar con el entorno tanto en el ámbito físico como en los ámbitos no físicos. Los vehículos energéticos también nos ayudan a manifestar el impulso de nuestra alma y a mantener relaciones íntimas.

Para sanar la fragmentación, debes empezar por librarte de las intromisiones que expulsaron a un vehículo energético de tu espacio corporal. Una vez que hayas acabado con esas intromisiones, debes localizar el vehículo energético que ha sido expulsado. A continuación, debes descontaminarlo y reintegrarlo en tu campo sutil. Para localizar un vehículo energético expulsado de tu campo sutil y descontaminarlo, utiliza la misma técnica que empleaste para localizar y soltar equipaje kármico.

Una vez que hayas localizado y descontaminado el vehículo energético, tendrás que reintegrarlo para que sea congruente. Para que un vehículo energético sea congruente, debe estar ubicado exactamente en el centro del espacio corporal. La congruencia es importante por varias razones: permite que el vehículo reintegrado opere en sincronía con otros vehículos energéticos presentes en el campo sutil, facilita el flujo ininterrumpido de prana a través de él y nos permite restituirlo a nuestra verdadera identidad.

Ejercicio: Sanar la fragmentación

Para sanar la fragmentación, encuentra una postura cómoda con la espalda recta. Luego cierra los ojos y practica la respiración yóguica durante dos o tres minutos. Emplea el método estándar para relajar los músculos y centrarte en tu campo sutil de energía y conciencia. A continuación, haz el *mudra* de la dicha orgásmica y mantenlo.

El mudra de la dicha orgásmica

Después, afirma: «Decido crear una caja de prana alrededor del vehículo energético que fue expulsado de mi espacio corporal por la intromisión que he disuelto en el último ejercicio». Y a continuación: «Decido llenar de dicha la caja de prana que he creado y disolver toda la energía distorsionada presente en el vehículo energético que hay dentro de la caja». Luego declara: «Decido reintegrar a mi campo sutil el vehículo energético que hay dentro de la caja de prana para que sea congruente». No hagas nada después de esto.

Tu vehículo energético se descontaminará y reintegrará automáticamente. Después de que se haya vuelto congruente, dedica diez minutos a disfrutar los efectos. A continuación deja de visualizar la caja de prana, deshaz el *mudra* de la dicha orgásmica y finaliza la meditación contando del uno al cinco. Cuando hayas logrado la congruencia, experimentarás una sensación de satisfacción, mayor fuerza interior y estabilidad.

Dado que una experiencia traumática puede provocar la expulsión de más de un vehículo energético, es posible que tengas que repetir el proceso más de una vez. En este caso, empieza siempre por reintegrar el vehículo que está más alejado de tu campo energético. De esta manera, reintegrarás sistemáticamente todos los vehículos energéticos que fueron expulsados por la experiencia traumática.

Los errores son inevitables. Esto significa que puede ser que reintegres un vehículo energético que aún contenga elementos contaminantes. Si ocurre esto, aparecerán síntomas casi de inmediato; probablemente se tratará de sentimientos autocríticos y antisociales surgidos de los contaminantes presentes en el vehículo energético. Para corregir la situación, tendrás que eliminar esos componentes tóxicos mientras el vehículo energético está en tu campo sutil.

La técnica es esencialmente la misma que has utilizado para sanar la fragmentación. Emplea la intención y la atención mental para colocar el vehículo energético en una caja de prana. Haz el *mudra* de la dicha orgásmica y mantenlo mientras afirmas: «Decido que la dicha llene la caja de prana que acabo de crear y que disuelva todos los contaminantes que contiene». La dicha acabará con cualquier contaminación residual y también se asegurará de que el vehículo energético queda debidamente integrado.

RESTABLECER EL FLUJO DE PRANA

Siempre que experimentes un suceso traumático, el flujo de prana a través de tu campo sutil se verá alterado. El flujo energético se verá parcialmente restablecido cuando hayas eliminado las intromisiones y reintegrado los vehículos energéticos que fueron expulsados. Sin embargo, para restablecer completamente el flujo de prana a niveles saludables, debes reactivar los trece chakras de tu espacio corporal, así como los primeros seis chakras que hay por encima de él. Estos seis chakras están ubicados directamente sobre la cabeza, y puedes reactivarlos por medio del ejercicio que describo a continuación.

> **Ejercicio:** Activar los chakras del espacio corporal y los que hay por encima de él

Para restablecer el flujo de prana a través de tu campo energético, adopta una postura cómoda, con la espalda recta. Luego cierra los ojos y respira profundamente por la nariz durante dos o tres minutos. Cuando estés listo para continuar, cuenta hacia atrás del cinco al uno, y después del diez al uno. Emplea el método estándar para relajar los músculos y centrarte en tu campo sutil de energía y conciencia. Después afirma: «Decido activar mi primer chakra». Y a continuación: «Decido centrarme en el campo de mi primer chakra». Prosigue activando tus chakras segundo, tercero, cuarto, quinto, sexto y séptimo, y centrándote en sus campos respectivos. Dedica unos momentos a disfrutar los efectos. Luego activa tus chakras etéricos superiores e inferiores, tus chakras físicos superior e inferior y tus chakras físico-materiales superior e inferior. Seguidamente, céntrate en el campo correspondiente a cada uno de estos chakras. Cuando hayas reactivado los chakras del espacio corporal, reactiva tus chakras octavo, noveno, décimo, undécimo, duodécimo y decimotercero, ubicados sobre la cabeza. Después céntrate en sus correspondientes campos. Tras activar los trece chakras del espacio corporal y los primeros seis chakras que se encuentran sobre dicho espacio y tras centrarte en el campo de estos chakras, afirma: «Decido dirigir mis órganos de percepción hacia dentro, a la altura de mis chakras primero a decimotercero y a la altura de los primeros seis chakras que se encuentran sobre mi espacio corporal». Finalmente, declara: «Decido llenar de prana el campo de los trece chakras de mi espacio corporal y el campo de los primeros seis chakras que hay sobre mi espacio corporal». Dedica quince minutos a disfrutar los cambios que experimentes. Luego, cuenta del uno al cinco. Cuando llegues al número cinco, abre los ojos. Te sentirás totalmente despierto, perfectamente relajado y mejor que antes.

Si llevas a cabo este ejercicio durante al menos cinco días después de haber acabado con las intromisiones y de haber reintegrado los vehículos energéticos fragmentados, restablecerás el flujo de prana a través de tus chakras más importantes y sus campos. Esto te permitirá superar muchos de los efectos residuales que fueron el legado del suceso traumático que experimentaste.

RESUMEN

En este capítulo has descubierto cómo el equipaje kármico y los traumas energéticos pueden alterar las funciones de tu alma. Después has aprendido a disolver equipaje kármico y a sanar las heridas energéticas causadas por un suceso traumático. Lo has hecho eliminando los campos de intromisiones de equipaje kármico, restableciendo la congruencia de los vehículos energéticos y restaurando el flujo de prana a través de tu campo sutil.

Es importante tener en cuenta que no todas las intromisiones causan fragmentación. Las más débiles son menos perturbadoras, pero pueden generar sentimientos, emociones y actitudes negativos. Estas intromisiones también pueden erradicarse utilizando la técnica que has aprendido en este capítulo. Cuando te libres de ellas, restablecerás y conservarás un fuerte sentido del yo, y mejorarás el bienestar de tu cuerpo y el de tu alma.

En el siguiente capítulo descubrirás cómo hacer que tu alma recupere un estado de buena salud radiante tomando el control de tus siete campos polares e incrementando el flujo de prana a través de los tres meridianos principales conocidos como *trishira*.

CAPÍTULO 13
El restablecimiento de tu alma

Todos estamos agobiados por el equipaje kármico o por las intromisiones que han quedado atrapadas en su campo sutil. La razón principal de ello no es la densidad del equipaje kármico o la violencia de las intromisiones, sino el hecho de que somos incapaces de ocupar todo nuestro espacio personal.

El espacio personal incluye el espacio ocupado por el cuerpo físico y los cuerpos sutiles. La mayor parte de los cuerpos sutiles son del mismo tamaño que el cuerpo físico, pero algunos se extienden unos centímetros más allá de los límites de este. Los campos áuricos que los rodean se extienden, en promedio, ocho metros más.

Si no ocupas todo tu espacio personal, pierdes poder y control sobre tu campo sutil y tu sistema energético sutil. Puedes empezar a poner remedio a este problema encontrando el centro fuerte de tu cuerpo y el de tu campo energético sutil (consulta el capítulo dos) y aprendiendo a llenar de prana tus campos áuricos (consulta el capítulo cinco). Pero no habrás tomado totalmente el control de tu espacio personal hasta que lo hayas controlado en los siete campos polares.

LOS SIETE CAMPOS POLARES

El primer campo polar se considera tradicionalmente masculino en relación con *atman*, lo que significa que, cuando te vuelvas masculino, irradiarás energía hacia delante y te volverás asertivo. Los campos energéticos que son demasiado masculinos pueden generar emociones y sentimientos violentos. Algunos campos excesivamente masculinos dificultan que otros campos energéticos que interactúan con ellos mantengan su posición sin verse obligados a contraerse o volverse más receptivos o femeninos. En las interacciones humanas, cuanto más masculino es un campo energético, más asertivo y controlador puede ser, y más puede costar mantener el sentido del yo sin luchar.

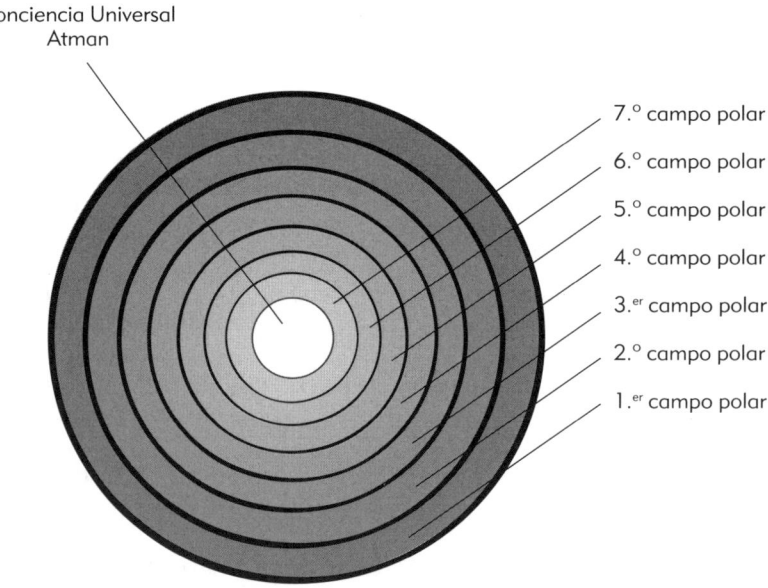

Atman y los siete campos polares

Según la tradición, el segundo campo polar es femenino. Cuando la feminidad se vuelva dominante en tu campo sutil, atraerás la energía hacia dentro, hacia *atman*, y manifestarás poder de forma pasiva, por medio de la receptividad.

Los campos que son demasiado femeninos pueden ser extremadamente coercitivos, manipuladores o seductores. Volverte excesivamente femenino puede dificultar que los campos energéticos que hay a tu alrededor mantengan su posición, porque pueden ser atraídos hacia ti. Entrar en contacto con un campo demasiado femenino puede alterar tu capacidad de expresarte libremente y hacer que te resulte difícil mantenerte centrado en tu campo sutil.

El tercer campo polar es neutro, lo que significa que no reacciona frente a otros campos energéticos que hay dentro de su entorno. Si permaneces centrado en el tercer campo polar, puedes estar tranquilo durante largos períodos. Esto mejorará tu capacidad de mantener la calma mientras interactúas con campos energéticos que pueden estar muy polarizados. También mejorará tu capacidad de meditar y de detectar campos energéticos externos que interactúen con tu campo sutil.

Cuando estés centrado en el cuarto campo polar, una energía con frecuencias más altas se volverá dominante y se desplazará hacia dentro a expensas de la energía con frecuencias más bajas. Tu identidad reflejará este cambio y podrás vivir con mayor integridad. El hecho de manejarte de forma consciente a través de tu cuarto campo polar te mantendrá centrado en tu campo sutil, incluso cuando entres en contacto con campos energéticos con cualidades individuales altamente polarizados. También evitará que la mente individual y el ego controlen tu campo sutil y expresen sus deseos, voluntades e intenciones a tu costa.

En el quinto campo polar, las interacciones con otros campos energéticos son una función de la vibración, no del movimiento, y solamente son femeninas. A medida que te vuelvas más consciente del quinto campo polar y aprendas a desenvolverte a través de él, tu receptividad a lo femenino universal aumentará. Cuando abraces lo femenino universal y su energía, experimentarás más placer, amor, intimidad y alegría.

En el sexto campo polar, las interacciones energéticas son una función de la vibración, no del movimiento, y solamente son masculinas. A medida que te vuelvas más consciente del sexto campo polar y aprendas a manejarte conscientemente a través de él, tu receptividad hacia lo masculino universal se verá reforzada. Cuando abraces lo masculino universal, tu conciencia aumentará, junto con tu discernimiento. Esto te permitirá manifestar más poder personal y hará que tengas un mayor control sobre tu campo sutil.

En el séptimo campo polar, la polaridad ya no se define por el movimiento o la vibración. De hecho, la Conciencia Universal emerge primero en el universo fenoménico a través del séptimo campo polar. A partir de ahí, desciende por el campo sutil desde los campos de vibración más alta hasta los campos de vibración más baja. Aunque parezca que tiene lugar un movimiento direccional, no puede ser así, porque el tiempo y el espacio, tal como los experimentamos en el universo dual, no existen dentro de la Conciencia Universal.

A medida que te vuelvas consciente del séptimo campo polar y empieces a manejarte conscientemente a través de él, reconocerás que tu mente auténtica es tu verdadero vehículo de conciencia y autoexpresión. Cuando la Conciencia Universal se irradie a través de tu campo sutil sin interferencias, experimentarás *sat chit ananda*, que en sánscrito significa 'vida eterna, todo el conocimiento y dicha'.

EL UNIVERSO MULTIDIMENSIONAL

La física del siglo XXI ha reconocido algo que los sanadores saben desde hace siglos: que vivimos en un universo multidimensional que es más complejo y extraño de lo que cree la mayoría de la gente. Los físicos han tenido que expandir su visión del universo para incluir dimensiones no físicas que apoyan la idea de que el universo físico y los cuantos pueden estar en más de un lugar a la vez. También será necesario que tú amplíes tu visión de la polaridad y que pases de contemplar dos campos polares (yin/yang, asertivo/receptivo, etc.) a concebir siete campos polares a través de los cuales pueden emerger la conciencia y la energía, y tienen lugar las interacciones humanas.

De hecho, a medida que te vuelvas más consciente, verás que las relaciones polarizadas basadas en un universo bipolar solamente existen cuando te identificas como un ser individual, separado de la Conciencia Universal y del resto de la ecología de la vida en el universo de la dimensión física y las dimensiones sutiles.

Desafortunadamente, los órganos de percepción (los ojos, las orejas, la nariz, etc.) apoyan la visión bipolar del universo. Por eso es tan convincente. Sin embargo, una vez que hayas hecho la transición a la mente auténtica y hayas comenzado a centrarte en tu campo sutil, empezarás a experimentar los siete campos, porque tu mente ya no sufrirá las limitaciones impuestas por tus órganos de percepción o por la mente individual y el ego.

Al interactuar conscientemente a través de los siete campos en lugar de hacerlo a través de dos, podrás experimentar conscientemente siete tipos diferentes de interacciones polarizadas con otros campos sutiles y seres vivos. Y podrás volver a tener todo el control sobre tu campo sutil.

El campo polar que te domine en un momento dado determinará cómo interactúas energéticamente, así como la dirección en la que se desplazará la energía sutil en relación con *atman*, que es el punto por el que la dicha entra en el campo energético del ser humano.

En sánscrito, *atman* significa 'aquello que no se puede duplicar'. *Atman* surge del lado derecho del pecho, directamente a través del corazón humano y hacia la derecha del chakra del corazón. Puedes considerar que es la puerta a través de la cual la Conciencia Universal entra en tu campo sutil.

Ejercicio: Sanar un campo polar

Ahora que sabes cómo funcionan tus siete campos polares, estás listo para recuperar el control sobre un campo polar en cuanto a la energía y la conciencia. Con este fin, llevarás a cabo una meditación concebida específicamente para este propósito. En la meditación, empezarás por centrarte en un determinado campo polar. Después harás el *mudra* de la dicha orgásmica y llenarás el campo polar con dicha y prana. Practicarás el ejercicio en tu primer campo polar, que es masculino. Posteriormente, podrás usar la misma técnica para reafirmar el control sobre tus otros seis campos polares.

Para empezar, encuentra una postura cómoda, con la espalda recta. Luego cierra los ojos y efectúa la respiración yóguica durante dos o tres minutos. A continuación, cuenta hacia atrás del cinco al uno y después del diez al uno. Emplea el método estándar para relajar los músculos del cuerpo físico y centrarte en tu campo sutil de energía y conciencia. Dedica unos momentos a disfrutar el cambio. Después afirma: «Decido centrarme en mi campo sutil, en el primer campo polar». Y a continuación: «Decido dirigir mis órganos de percepción hacia dentro, a mi campo sutil, en el nivel de mi primer campo polar». Inmediatamente, tu orientación cambiará, y desde tu nuevo punto de observación experimentarás la conciencia, las emociones y los sentimientos asociados con el primer campo polar. Declara: «Decido llenar de prana mi campo sutil, en el nivel de mi primer campo polar». Luego, haz el *mudra* de la dicha orgásmica.

El mudra de la dicha orgásmica

Mantén el *mudra* mientras afirmas: «Decido llenar de conciencia pura mi campo sutil, en el nivel de mi primer campo polar». Mantén el *mudra* durante cinco minutos más. Después deshazlo y disfruta los cambios que experimentes. Al cabo de diez minutos, cuenta del uno al cinco y finaliza la meditación.

Para volver a tener el control sobre todos tus campos polares, practica la misma meditación en relación con tu segundo campo polar al día siguiente, y así sucesivamente hasta que, al cabo de siete días, hayas efectuado la meditación del campo polar en relación con los siete campos polares.

Al practicar las siete meditaciones como un ciclo de una semana, te resultará más fácil mantenerte centrado en tu campo sutil en los siete campos polares. El hecho de retomar el control de tu campo sutil en el ámbito del alma te permitirá compartir libremente tus funciones del alma con las personas que amas.

TRISHIRA Y EL ALMA EMPODERADA

Ahora que ya sabes cómo tomar el control de tu campo sutil en los siete campos polares, estás preparado para dar el siguiente paso: empoderarte en el ámbito del alma. Con esta finalidad, mejorarás el flujo del prana a través de *ida*, *pingala* y *sushumna* (vaso gobernador). Estos tres meridianos son conocidos como *trishira*. En sánscrito, *tri* significa 'tres' y *shira*, 'lo que lleva'.

En el capítulo seis aprendiste que los meridianos son corrientes de energía que conectan los chakras entre sí y transmiten prana a través del sistema energético humano. Hay miles de ellos, grandes y pequeños, pero solo diez meridianos principales. Entre estos diez, los tres más importantes son *ida*, *pingala* y *sushumna*.

Los meridianos principales

El meridiano *sushumna* se origina en una parte de tu cuerpo que corresponde al primer chakra. Luego pasa por el polo masculino de los siete chakras tradicionales (que está ubicado en la parte posterior de estos) en su camino hacia la coronilla. *Ida* y *pingala* tienen su origen a ambos lados del primer chakra. *Ida* se abre camino por el lado izquierdo de *sushumna* y pasa por la fosa nasal izquierda; *pingala* se abre camino por el lado derecho de *sushumna* y pasa por la fosa nasal derecha. Tanto *ida* como *pingala* se vuelven a unir a *sushumna* en la zona del sexto chakra.

La energía que se irradia a través de *trishira* tiene su origen en la base de la columna vertebral en la energía de la serpiente

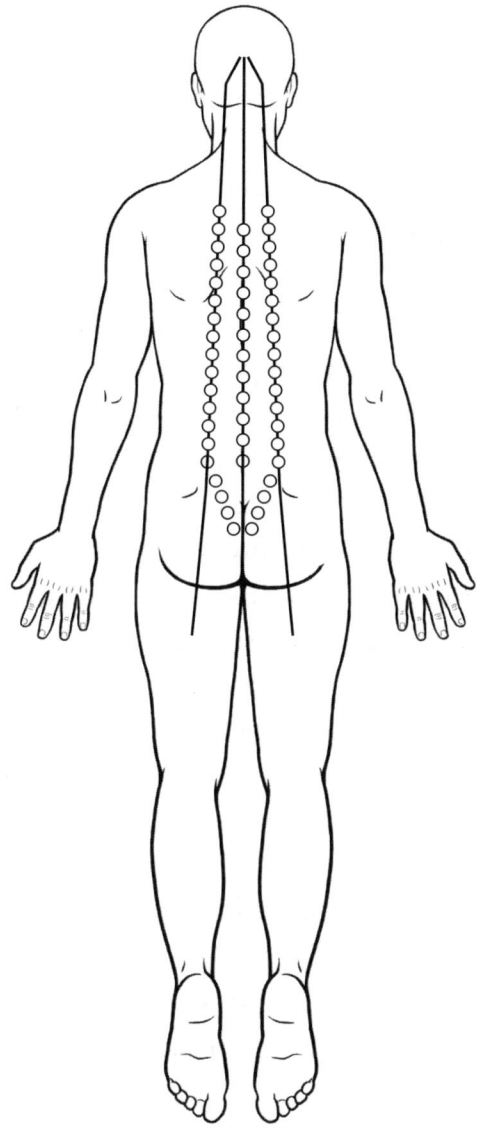

Los meridianos de *trishira*

enroscada. La energía de la serpiente enroscada, también conocida como *kundalini shakti*, es la manifestación más potente de energía sanadora presente en nuestro campo sutil. Muchas de las prácticas del yoga y el tantra están dirigidas a fortalecer y equilibrar estas tres corrientes de energía. De hecho, ambas tradiciones enseñan que, una vez que *kundalini shakti* ha subido hasta el chakra de la corona, *sushumna*, *ida* y *pingala* se fusionan en un inmenso canal de prana. Cuando ocurre esto, todo el campo se convierte en una celebración del poder sanador y restaurador del universo.

Elevar la *kundalini shakti* hasta el chakra de la corona y más allá es un proceso que lleva tiempo, pero al fortalecer y equilibrar el flujo de prana a través de los tres meridianos que conforman *trishira*, puedes empoderar tu alma y manifestar más sus funciones innatas a través de tu vida y tus relaciones.

Empoderar el alma es un proceso que consta de tres fases. Primero debes aumentar la presión en tu sistema energético sutil activando tus chakras primero y séptimo. Después debes hacer el *mudra* de *trishira* (descrito en la página 225) mientras te mantienes centrado en tu campo energético sutil. Y, por último, debes estimular los centros energéticos menores a lo largo de los tres meridianos que componen *trishira*.

Los centros energéticos de *trishira*

Hay doce centros energéticos menores a lo largo de *sushumna* y veinte a lo largo de *ida*. Veinte centros energéticos más están ubicados a lo largo de *pingala* en posiciones que corresponden a los centros energéticos de *ida*. Tendrás que activar todos estos centros de energía para poder empoderar tu alma.

Aunque pueda parecer una tarea ardua, no será tan difícil como tal vez imaginas, porque usarás la intención para activar los centros energéticos menores de la misma manera que activaste tus chakras.

Los centros energéticos de *sushumna* se sitúan entre las vértebras principales. Los de *ida* y *pingala* están ubicados en posiciones correspondientes a la longitud de los dos meridianos.

Primero activarás los centros energéticos que hay a lo largo de *sushumna*. Después activarás los que se encuentran a lo largo de *ida*. Finalmente, activarás los que se hallan a lo largo de *pingala*.

En el siguiente ejercicio, llamado *meditación de trishira*, activarás tus chakras primero y séptimo. A continuación harás el *mudra* de *trishira* y, mientras lo mantienes, utilizarás la intención para activar los centros energéticos menores de *trishira*.

Ejercicio: La meditación de *trishira*

Para comenzar la meditación de *trishira*, encuentra una postura cómoda, con la espalda recta. Practica la respiración yóguica durante dos o tres minutos. Luego cuenta del cinco al uno, y después del diez al uno. Emplea el método estándar para relajar los músculos y centrarte en tu campo sutil de energía y conciencia. Seguidamente afirma: «Decido activar mi primer chakra». Y a continuación: «Decido activar mi séptimo chakra». Dedica dos o tres minutos a disfrutar los efectos. Transcurrido este tiempo, estarás preparado para realizar el *mudra* de *trishira*.

Ejercicio: El *mudra* de *trishira*

Para hacer el *mudra* de *trishira*, abre los ojos y mantenlos un poco desenfocados. Después desliza la lengua más allá de los dientes inferiores, hasta que la punta descanse en la parte más baja. Junta las puntas de los dedos de ambas manos para que formen un triángulo. A continuación, une las plantas de los pies para que formen otro triángulo. Mantén el *mudra* mientras activas los centros energéticos menores que se encuentran a lo largo de *sushumna*, *ida* y *pingala*.

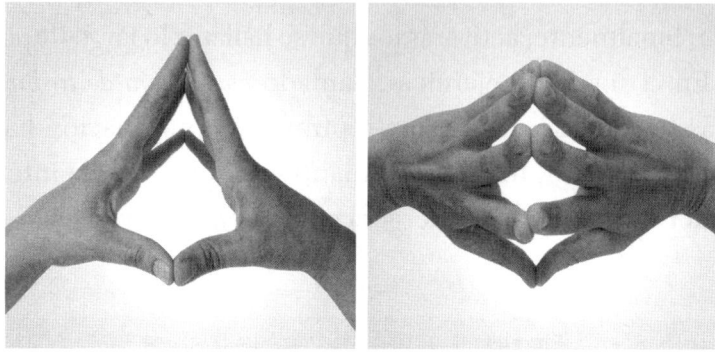

El *mudra* de *trishira*

Para activar los centros energéticos que hay a lo largo de *sushumna*, vuelve a cerrar los ojos. Después afirma: «Decido activar los centros energéticos ubicados a lo largo de *sushumna* que pertenecen a *trishira*». Dedica un momento a disfrutar el cambio. Luego declara: «Decido activar los centros energéticos ubicados a lo largo de *ida* que pertenecen a *trishira*». Finalmente, afirma: «Decido activar los centros energéticos ubicados a lo largo de *pingala* que pertenecen a *trishira*». Sigue realizando el *mudra* de *trishira* durante diez minutos más mientras gozas el incremento del flujo energético a través de *sushumna*, *ida* y *pingala*. Al cabo de cinco minutos deshaz el *mudra*, cuenta del uno al cinco y abre los ojos. Cuando abras los ojos, te sentirás totalmente despierto, perfectamente relajado y mejor que antes. Practica este ejercicio todos los días durante dos semanas y experimentarás los profundos beneficios derivados de restaurar el alma.

RESUMEN

En este capítulo has aprendido a recuperar el control de tus siete campos polares. Esto te protegerá, en el futuro, contra las intromisiones que podrían afectar a tu salud en el ámbito del alma. También has aprendido a restablecer tu alma por medio de la meditación de *trishira*.

En el siguiente capítulo, aprenderás a hacer tres cosas que mejorarán drásticamente la salud de tu espíritu: incrementar las cualidades universales asociadas con el buen carácter; mejorar tu experiencia de la paz interior realizando el *mudra* de la paz interior; y centrarte en *atman*, la puerta a través de la cual la Conciencia Universal entra en el campo de tu espíritu.

CAPÍTULO 14
Sanar el espíritu

No es posible que alguien sane completamente si no sana su espíritu y lo libera de apegos y bloqueos. Cuando le preguntaron a Meher Baba, uno de los maestros espirituales más reconocidos de la India, acerca de la importancia de que el espíritu estuviese liberado, esta fue su respuesta:

> Toda la vida es un esfuerzo por alcanzar la libertad respecto del enredo creado por uno mismo; es una lucha desesperada para deshacer lo que se ha hecho bajo el influjo de la ignorancia, para librarse de la carga acumulada del pasado, para autorrescatarse de los escombros dejados por una serie de logros y fracasos temporales.[1]

Tal vez te sorprenda saber que este tipo de libertad no está reservada exclusivamente para los adeptos y los maestros orientales. La verdad es que la libertad espiritual está disponible

---

1. Meher Baba (1945). *Gems from the Discourses by Meher Baba*, Nueva York, EUA: Circle Productions.

para todos los que la anhelan y la buscan con integridad. Esto se debe a que todos los seres humanos son seres interdimensionales que tienen acceso a toda la conciencia y la energía sanadora que necesitan para sanar su espíritu y experimentar la libertad espiritual.

Para sanar tu espíritu y experimentar la libertad espiritual debes tomar el control de tu espíritu y, después, empoderarlo. Como primer paso en este proceso, incrementarás las cualidades universales del buen carácter.

Las cualidades del buen carácter son la disciplina, el valor, la perseverancia, la paciencia, la longanimidad (la capacidad de aguantar en los tiempos difíciles) y, lo más importante de todo, el no hacer daño.

Todos tenemos estas cualidades en abundancia, pero no todos podemos manifestarlas libremente. Esto se debe a que las funciones del propio espíritu pueden verse alteradas por los apegos y bloqueos presentes en nuestros campos de energía y conciencia. Para restablecer tu espíritu y experimentar los beneficios del buen carácter, primero aprenderás más sobre estas cualidades y cómo se pueden bloquear. Después descubrirás cómo usar las habilidades que ya tienes para mejorar cada calidad universal asociada con el buen carácter.

LOS ASPECTOS ESENCIALES DEL BUEN CARÁCTER

Veremos las cualidades del buen carácter en este orden: disciplina, valor, perseverancia, paciencia, longanimidad y no hacer daño.

La **disciplina** es la capacidad de permanecer centrado en la mente auténtica, que es el verdadero vehículo de nuestra conciencia, y la capacidad de ser uno mismo, por más estresante que haya pasado a ser el entorno interno o externo.

El **valor** es la voluntad de defender el propio espacio personal en todos los niveles del cuerpo, el alma y el espíritu, incluso cuando exista una oposición interna por parte del equipaje kármico o una oposición externa por parte de la familia, los amigos o las instituciones.

La **perseverancia** surgirá sin ningún tipo de impedimentos una vez que te hayas comprometido a compartir placer, amor, intimidad y alegría por más estresante que se haya vuelto el entorno interno o externo.

La **paciencia** es la capacidad de permanecer centrado en tu mente auténtica y en tu campo sutil incluso cuando las proyecciones de energía distorsionada interfieran en tu capacidad de expresarte e interactuar con otras personas.

La **longanimidad** es la capacidad de avanzar o perseverar en actividades que son apropiadas incluso cuando se debe pagar un precio en bienestar personal o éxito mundano. Para desarrollar la longanimidad, debes ser capaz de permanecer desapegado de la fuente de tu sufrimiento el tiempo suficiente para superar cualquier obstáculo que debas afrontar. Este grado de desapego solo podrá surgir cuando hayas aprendido a distinguir entre los campos sutiles con cualidades individuales y los campos sutiles con cualidades universales.

No hacer daño es la capacidad de soltar la culpabilización y la voluntad, el deseo o la intención de dañar a otra persona, en los ámbitos del pensamiento y de la acción, en cualquier dimensión del universo físico y no físico. No hacer daño significa no solo «no hacer a los demás lo que no quieres que te hagan a ti». Significa rechazar el impulso de ajustar cuentas con los individuos que te han hecho daño a ti o a las personas a las que amas.

Es importante tener en cuenta que aunque los elementos del buen carácter (la disciplina, el valor, etc.) parecen estar separados, la verdad es que todos están relacionados, porque todos surgen de la misma fuente espiritual, la Conciencia Universal. Esto significa que ya tienes un buen carácter; todo lo que tienes que hacer es mejorar las condiciones necesarias para que este emerja y se exprese libremente en los momentos adecuados.

> **Ejercicios:** Sanar el carácter
>
> He incluido ejercicios para mejorar cada una de las cualidades asociadas con el buen carácter. En lugar de explorar con detenimiento los defectos de tu carácter, practica estos ejercicios y en poco tiempo obtendrás los beneficios, que incluyen una relación más saludable con tu Ser y con la Conciencia Universal, que es la fuente de la buena salud y la curación.

Disciplina

Los problemas con la disciplina están directamente relacionados con problemas de polaridad en el propio campo sutil. Para superarlos, usarás el poder de tu tercer campo polar, que es el campo neutro. Al centrarte en él, te liberarás de los tirones y las presiones ejercidos por los campos sutiles distorsionados y podrás permanecer enfocado y disciplinado en un mundo caótico y que está cambiando sin cesar.

Para mejorar la disciplina, cierra los ojos y practica la respiración yóguica durante dos o tres minutos. Luego cuenta hacia atrás del cinco al uno y del diez al uno. Emplea el método estándar para relajar los músculos y centrarte en tu campo sutil de energía y conciencia. Después afirma: «Decido centrarme en mi tercer campo polar». Y a continuación: «Decido dirigir mis órganos de percepción hacia dentro, a mi tercer campo polar». Permanece centrado ahí durante quince minutos. Después, cuenta del uno al cinco y finaliza la meditación. Repite esta práctica según sea necesario.

Valor

El valor es un sentimiento asociado con los riñones. El tercer chakra regula el prana en la parte del cuerpo que incluye los riñones. Si tu tercer chakra está bloqueado y el prana no se puede irradiar a través de estos órganos, experimentarás miedo. Cuando ya no estés condicionado por la contracción causada por el miedo, el valor físico y moral surgirá en ti de forma espontánea.

Con el fin de aumentar tu valor, realizarás la *meditación del incremento del valor*. Para empezar, encuentra una postura cómoda, con la espalda recta. Practica la respiración yóguica durante dos o tres minutos. Luego cuenta hacia atrás del cinco al uno y del diez al uno. Emplea el método estándar para relajar los músculos y centrarte en tu campo sutil de energía y conciencia. Después afirma: «Decido activar mi tercer chakra». A continuación: «Decido centrarme en el campo de mi tercer chakra». Y a continuación: «Decido llenar de prana el campo de mi tercer chakra». Dedica unos momentos a disfrutar el cambio. Después declara: «Decido activar los centros energéticos menores de mis manos».

Tan pronto como tus centros energéticos menores estén activos, coloca la mano derecha sobre el riñón derecho y la izquierda sobre el riñón izquierdo. El hecho de poner las manos sobre los riñones aumentará el flujo de prana a través de ambos. Esto, a su vez, incrementará los sentimientos asociados con el valor.

Prosigue durante quince minutos. Después retira las manos, cuenta del uno al cinco y finaliza la meditación. Repite esta práctica según sea necesario.

Perseverancia

No es posible perseverar cuando no se tiene suficiente prana. Para mejorar tu perseverancia, aumentarás la presión en tu campo energético. Esto, por su parte, aumentará la cantidad de prana que fluye a través de él. La forma más sencilla de incrementar la presión en el campo energético es activar los chakras primero y séptimo, centrarse en el campo de esos chakras y usar la intención para mejorar el flujo de prana a través de *sushumna*.

Para empezar, cierra los ojos y practica la respiración yóguica durante dos o tres minutos. Luego cuenta hacia atrás del cinco al uno y del diez al uno. Emplea el método estándar para relajar los músculos y centrarte en tu campo sutil de energía y conciencia. Después afirma: «Decido activar mi primer chakra». Y a continuación: «Decido centrarme en el campo de mi primer chakra». A continuación, declara: «Decido activar mi séptimo chakra». Y a continuación: «Decido centrarme en el campo de mi séptimo chakra». Para completar el ejercicio, afirma: «Decido aumentar el flujo de prana a través de *sushumna*». Dedica diez minutos a disfrutar los efectos. Luego cuenta del uno al cinco y abre los ojos. Si haces este ejercicio durante una semana, tu perseverancia aumentará de forma apreciable. Repite esta práctica según sea necesario.

Paciencia

Para mejorar tu paciencia, harás el *mudra* de la paciencia. Para empezar, siéntate en una postura cómoda, con la espalda recta. Emplea el método estándar para relajarte y centrarte en tu campo sutil de energía y conciencia. Luego, lleva la punta de la lengua hasta el punto donde los dientes superiores se juntan con la encía. A continuación, une las plantas de los pies. Después junta las manos con fuerza y haz que el pulgar izquierdo presione contra el exterior del meñique derecho y que el pulgar derecho presione contra el exterior del índice derecho.

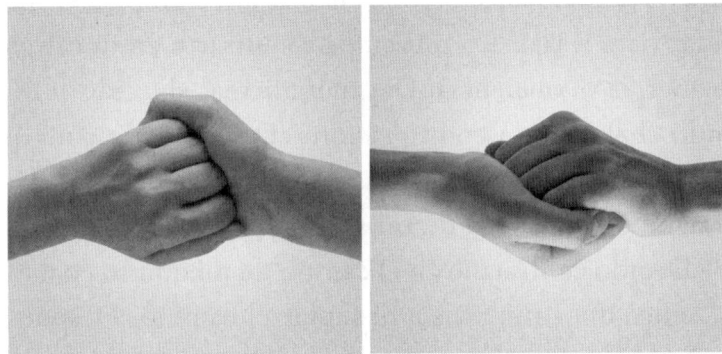

El *mudra* de la paciencia

Mantén el *mudra* durante diez minutos con los ojos cerrados. Haz este ejercicio a diario durante diez días y tu paciencia aumentará significativamente.

Longanimidad

La longanimidad es la capacidad de permanecer firme en medio de tiempos turbulentos o difíciles. Para lograrlo, debes mejorar tu habilidad para experimentar dicha y manifestarla en el mundo. El segundo chakra regula la dicha sexual y el quinto regula la dicha incondicional. Para mejorar la calidad de tu longanimidad, activarás tus chakras segundo y quinto y te centrarás en sus respectivos campos. Después activarás los centros energéticos menores de tus manos y tus pies.

Además de los dos centros energéticos menores de las manos, tienes dos centros energéticos menores en los pies, uno en cada planta. Si funcionan de manera saludable, mejorarán el flujo de prana a través de la parte inferior de tu cuerpo y te ayudarán a progresar en el mundo.

Para empezar el ejercicio, cierra los ojos y practica la respiración yóguica durante dos o tres minutos. Luego cuenta hacia atrás del cinco al uno y del diez al uno. Emplea el método estándar para relajar los músculos y centrarte en tu campo sutil de energía y conciencia. Después afirma: «Decido activar mi segundo chakra». Y a continuación: «Decido activar mi quinto chakra». Cuando los dos chakras estén activos, declara: «Decido centrarme en el campo de mi segundo chakra». Y a continuación: «Decido centrarme en el campo de mi quinto chakra».

Dedica unos minutos a disfrutar el cambio. Después afirma: «Decido activar los centros energéticos menores de mis manos». Y a continuación: «Decido activar los centros energéticos menores de mis pies». Permanece centrado durante quince minutos. Luego cuenta del uno al cinco y finaliza la meditación.

Si practicas este ejercicio con regularidad, permanecerás firme y seguro de ti mismo incluso cuando las circunstancias sean difíciles. Repite esta práctica según sea necesario.

No hacer daño

Para superar los campos distorsionados de energía y conciencia que sostienen los pensamientos, sentimientos y acciones dañinos, debes ser capaz de sentir empatía hacia otras personas. Tienes tres campos de empatía dentro de tu campo sutil; son campos de recursos que suministran energía a tus chakras. Para superar la tendencia a dañar a otras personas, llenarás de prana estos campos e irradiarás el exceso de energía a través de tus chakras etéricos.

Para empezar, cierra los ojos y practica la respiración yóguica durante dos o tres minutos. Luego cuenta hacia atrás del cinco al uno y del diez al uno. Emplea el método estándar para relajar los músculos y centrarte en tu campo sutil de energía y conciencia. Después afirma: «Decido activar mi chakra etérico superior». Y a continuación: «Decido activar mi chakra etérico inferior». Seguidamente, declara: «Decido centrarme en mis tres campos de empatía».

Cuando estés centrado en estos tres campos, afirma: «Decido llenar de prana mis tres campos de empatía». Y a continuación: «Decido irradiar prana desde mis tres campos de empatía a través de mis chakras etéricos». Disfruta los efectos durante quince minutos. Luego cuenta del uno al cinco y finaliza la meditación. Repite esta práctica según sea necesario.

Ejercicio: El *mudra* de la paz interior

Ahora que has aprendido a realizar ejercicios para mejorar tu carácter, estás listo para hacer un ejercicio que mejorará tu paz interior. La paz interior es un estado de quietud que emerge desde lo profundo de tu ser. Surge cuando el movimiento se detiene y

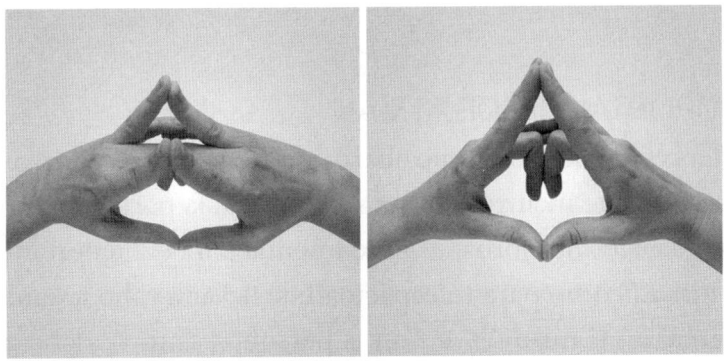

El *mudra* de la paz interior

puedes enfocar tu mente en la dicha que se irradia espontáneamente a través de tu campo sutil en el ámbito espiritual. El *mudra* de la paz interior está concebido para ayudarnos a experimentar la paz interior independientemente de cuáles sean nuestras circunstancias personales.

Para hacer este *mudra*, siéntate en una postura cómoda, con la espalda recta. Emplea el método estándar para relajar los músculos y centrarte en tu campo sutil de energía y conciencia. Luego coloca el pulgar izquierdo en el punto de acupuntura que se encuentra en el borde interior del pulgar derecho, justo debajo de la uña. Junta las puntas internas de los índices. Los dedos corazón están curvados hacia dentro y se tocan desde la primera hasta la segunda articulación. Las puntas interiores de los dedos anulares se están tocando hasta la primera articulación y el meñique izquierdo está situado sobre la uña del meñique derecho, desde la punta hasta la primera articulación.

Mantén el *mudra* durante diez minutos con los ojos cerrados. A continuación, cuenta del uno al cinco y abre los ojos. Haz este *mudra* con regularidad, hasta que la paz interior quede incorporada a tu experiencia diaria.

LA IMPORTANCIA DE ATMAN

La región corporal que abarca desde el plexo solar hasta la garganta, y que incluye por tanto el pecho, la parte superior de la espalda y los hombros, es fundamental para el bienestar de tu espíritu, así como para tu capacidad de llevar a cabo la sanación espiritual en ti mismo y en otras personas. Esto se debe a que constituye la ubicación de tus tres corazones.

Te debes de estar preguntando cómo tú o cualquier otra persona podríais tener tres corazones. Pero no es algo tan extraño, ya que somos seres interdimensionales. En el lado izquierdo del pecho está el primer corazón, el corazón humano. Si te desplazas horizontalmente ocho centímetros hacia la derecha, llegas al esternón. Justo en medio del esternón se encuentra el segundo corazón, el chakra del corazón. Si te desplazas horizontalmente hacia la derecha otros ocho centímetros, llegas al tercer corazón, *atman*.

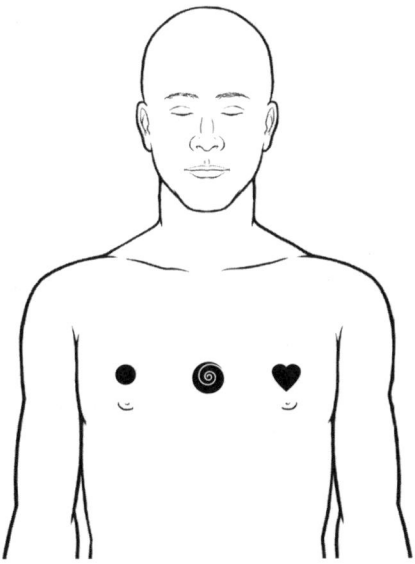

Los tres corazones

Los *Upanishads* (unos textos sagrados del yoga) declaran que es a través de *atman* como experimentamos la liberación de nuestro espíritu, porque por este punto vital la Conciencia Universal entra en nuestra mente auténtica y en nuestro campo sutil. Esto no quiere decir que no nos beneficie mantenernos centrados en los dos primeros corazones; es bien sabido que el corazón humano puede reflejar energía. Por lo tanto, puedes experimentar un intenso amor humano permaneciendo centrado en tu primer corazón, pero solo si no está bloqueado por el equipaje kármico, las intromisiones y los apegos.

Mantenerte centrado en tu segundo corazón, el chakra del corazón, te aportará mayores beneficios. Esto se debe a que te permitirá transcender las limitaciones que te impone el amor humano y los apegos que pueden hacer que este tipo de amor sea tan poco fiable y difícil de sostener.

Pero será solamente cuando lleves a cabo la transición al tercer corazón, *atman*, cuando la intimidad y la dicha se volverán permanentes y experimentarás todos los beneficios asociados con la trascendencia y la liberación espiritual. La *meditación del espíritu radiante* está concebida para efectuar este cambio.

> **Ejercicio:** La meditación del espíritu radiante
>
> Con esta meditación activarás tus chakras segundo, cuarto y sexto y te centrarás en sus respectivos campos. Después haz el *mudra* de la dicha orgásmica. Mientras mantienes el *mudra*, el siguiente paso será que te enfoques en el campo de recursos en el que las cualidades universales del espíritu emergen primero, el campo del tercer corazón. Al aumentar el flujo de prana con estos pasos, no tardarás en desvincularte de los bloqueos que te mantienen atrapado en la esfera mundana y limitan tu acceso a las cualidades del espíritu favorecedoras de la vida.
>
> Para empezar la meditación del espíritu radiante, encuentra una postura cómoda, con la espalda recta. Luego cierra los ojos y efectúa la respiración yóguica durante dos o tres minutos. A continuación, cuenta del cinco al uno y después del diez al uno. Emplea el método estándar para relajar los músculos y centrarte en tu

campo sutil de energía y conciencia. Dedica unos momentos a disfrutar el cambio. Después afirma: «Decido activar mi segundo chakra». Y a continuación: «Decido centrarme en el campo de mi segundo chakra». Seguidamente, declara: «Decido activar mi cuarto chakra». Y a continuación: «Decido centrarme en el campo de mi cuarto chakra». Después, afirma: «Decido activar mi sexto chakra». Y luego: «Decido centrarme en el campo de mi sexto chakra». Dedica unos momentos a experimentar el mayor flujo de prana a través de tu campo sutil mientras haces el *mudra* de la dicha orgásmica.

Cuando tengas la lengua, los dedos y los pies en la posición adecuada, vuelve a cerrar los ojos. Después afirma: «Decido centrarme en el campo de mi tercer corazón». Y a continuación: «Decido dirigir mis órganos de percepción hacia dentro, al campo de mi tercer corazón». Mantén el *mudra* durante diez minutos mientras permaneces centrado en dicho campo. Transcurrido este tiempo, deshaz el *mudra*. Luego cuenta del uno al cinco y finaliza la meditación.

El mudra de la dicha orgásmica

Los efectos de la meditación del espíritu radiante serán acumulativos, lo que significa que, si la practicas con regularidad, no pasará mucho tiempo antes de que experimentes la libertad que proviene de un espíritu saludable que no está restringido por ningún tipo de limitación.

Ejercicio: El *mudra* de la libertad espiritual

Ahora que sabes cómo realizar la meditación del espíritu radiante, estás preparado para hacer el *mudra* de la libertad espiritual. Este *mudra* está concebido para empoderar tu espíritu. Si lo haces todos los días durante dos semanas, podrás acceder mejor al mundo del espíritu y compartir en mayor medida sus cualidades universales con tus clientes y las personas que conoces.

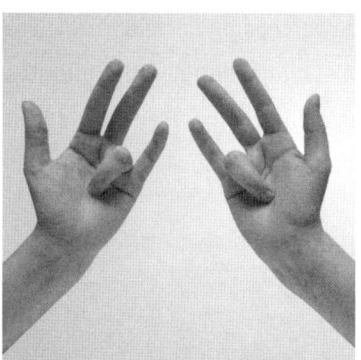

El *mudra* de la libertad espiritual

Para realizar el *mudra* de la libertad espiritual, siéntate en una postura cómoda, con la espalda recta. Con el dedo índice de la mano derecha, realiza tres movimientos circulares en el sentido de las agujas del reloj alrededor del centro de energía menor ubicado en el centro de la palma de la mano izquierda. Seguidamente, utiliza el dedo índice izquierdo para hacer tres círculos en el sentido de las agujas del reloj alrededor de la palma derecha. El hecho de trazar círculos sobre los centros energéticos de las palmas los activará. Cuando estén activos, empezarán a vibrar y a brillar con energía sutil.

Tras dibujar los círculos sobre ambos centros energéticos, coloca la punta de la lengua detrás de los dientes superiores, en el punto donde se encuentran con la encía. A continuación, junta las plantas de los pies. Luego, sitúa las puntas de los dedos anulares directamente en el centro de los centros energéticos de las palmas.

Mantén el *mudra* durante diez minutos con los ojos cerrados y disfruta el cambio que experimentes. Después cuenta del uno al cinco. Cuando llegues al número cinco, deshaz el *mudra* y abre los ojos. Te sentirás totalmente despierto, perfectamente relajado y mejor que antes.

RESUMEN

En este capítulo has descubierto cómo liberar tu espíritu sanándolo de tres formas esenciales: has aprendido a mejorar los aspectos universales del carácter, has encontrado un espacio de quietud en lo profundo de ti gracias al *mudra* de la paz interior, y has aprendido a centrarte en *atman*.

En el siguiente capítulo, te revelaré cómo mejorar tu bienestar adoptando un estilo de vida saludable. Como parte de este estilo de vida, aprenderás cómo tomar decisiones favorables a la vida y cómo mejorar tu relación con tu entorno físico y con las personas que amas.

Cuarta parte

Restablecer el bienestar

CAPÍTULO 15
Requisitos para el bienestar

El bienestar es un estado de buena salud radiante que emerge desde lo profundo del campo sutil de los individuos. Cambia la forma en que nos sentimos acerca de nosotros mismos y la forma en que se sienten los demás en relación con nosotros.

Aunque la mayoría de la gente asocia el bienestar con la vitalidad física, es mucho más. Es un estado energético que sostiene al individuo, sus relaciones y el trabajo que realiza, y es un estilo de vida que favorece la vida y está en equilibrio con la naturaleza. Las personas que experimentan bienestar están contentas y seguras de sí mismas y encuentran placer en las cosas sencillas de la vida. Se ganan el respeto y la admiración de sus conocidos porque irradian el brillo asociado con la salud y la felicidad. Este brillo es el indicio más evidente del bienestar.

Y ¿qué es lo que mejora nuestro bienestar y nos da ese brillo interior? A partir de mi trabajo, he descubierto que el bienestar consta de dos partes. La primera incluye los requisitos que lo hacen posible. Hay tres que son esenciales. El primero es la habilidad y el conocimiento que permiten tomar decisiones apropiadas y favorables a la vida. Las decisiones apropiadas son importantes porque nos ayudan a cumplir nuestro *dharma*; por lo tanto, el universo las apoya.

Tu *dharma* es tu propósito, así como tu camino individual de autosanación y autorrealización. El propósito incluye el trabajo que realizas y el impacto que tienes en otras personas. Si sigues tu *dharma*, descubrirás quién eres y qué eres capaz de lograr en esta vida. El universo te apoyará cuando sigas tu *dharma* personal eliminando obstáculos y dándote lo que necesitas para superar los desafíos que se te presenten.

El segundo requisito es una relación saludable con las personas a las que amamos. Una relación saludable nos proporciona el espacio que necesitamos en el plano físico y en los planos sutiles para compartir libremente placer, amor, intimidad y alegría. El tercer requisito es una relación sana con el propio entorno físico. Esto incluye una buena nutrición y hacer ejercicio, así como un respeto saludable por el propio cuerpo y sus necesidades.

La segunda parte del bienestar incluye sus tres aspectos o manifestaciones esenciales: el disfrute del propio cuerpo y del propio entorno físico, la satisfacción y la autoaceptación, y por último la abundancia de prana en forma de vitalidad. En este capítulo descubrirás cómo satisfacer los requisitos del bienestar. En el siguiente capítulo, te proporcionaré ejercicios y consejos sencillos para mejorar los tres aspectos esenciales del bienestar.

PRIMER REQUISITO DEL BIENESTAR: LAS DECISIONES APROPIADAS

Las decisiones apropiadas constituyen una parte esencial de un estilo de vida saludable porque el universo las respalda y porque mejoran nuestra vida y nuestras relaciones. En contraste, el universo no apoya las decisiones inapropiadas, y esto es lo que hace que dichas decisiones nunca sean favorables a la vida. De hecho, las decisiones inapropiadas son una de las razones principales por las que a menudo, los seres humanos sufren y se encuentran atrapados en relaciones destructivas. Esto se ve muy claramente, sobre todo, en las decisiones más importantes.

Las decisiones importantes son aquellas que tienen un impacto a largo plazo en nuestra propia vida y en la de nuestros seres queridos. Incluyen con quién mantenemos relaciones sexuales, con quién nos casaremos, qué trabajo o carrera ejerceremos, dónde vamos a vivir y, por supuesto, si tendremos o no hijos.

El misterio de las buenas decisiones, desvelado

La toma de decisiones favorables a la vida no presenta ningún misterio. Solo deben tenerse en cuenta tres principios simples. El primero es que los valores fundamentales del individuo deben ser favorables a la vida y deben constituir la base de todas sus decisiones importantes. Esto significa que todas tus decisiones de gran calado deben respaldar la relación que mantienes contigo mismo, las cualidades universales del buen carácter y la energía sanadora que se irradia a través de tu campo sutil. Es esencial que conserves tus valores fundamentales en mente, y que no los pongas en entredicho durante el proceso de toma de decisiones, si esperas evitar el estrés, la confusión y la inseguridad, y los síntomas físicos que pueden acompañar a estas tres reacciones.

El segundo principio que debes tener en cuenta es que las decisiones no se toman de manera aislada. Esto significa que todas las decisiones que tomes ahora estarán condicionadas por otras que tomaste en el pasado. También significa que las decisiones que tomes ahora tendrán un impacto en las que tomes en el futuro. Por lo tanto, una decisión favorable a la vida no solo debe brindarte una ventaja tangible cuando la tomas, sino que también debe respaldar tus valores fundamentales y tu *dharma*. Si una decisión importante no está en consonancia con estos, tarde o temprano interferirá en tu salud física y la salud de tus relaciones.

El tercer principio es que cuando dos o más deseos están en conflicto, obtenemos lo que más deseamos. De entrada, es posible que no estés de acuerdo con lo que acabo de enunciar, pero dedica un momento a reflexionar sobre el *principio del deseo*. Dice así:

El deseo es una función de la mente. El deseo se manifiesta en todos los campos de actividad. Los deseos más fuertes y más activos dominarán los deseos más débiles y menos activos en todas las interacciones energéticas que tengan lugar tanto en el universo físico como en el no físico.

Dado que prácticamente todas las decisiones que tomas son la manifestación de un deseo y de la voluntad o intención que lo respaldan, tiendes a tomar tus decisiones basándote en lo que más deseas, seas o no consciente de las fuerzas ocultas que te motivaron a tomar la decisión en primer lugar.

Es posible que quieras tomar decisiones favorables a la vida, pero si tienes un deseo contrario a esta voluntad fundamentado en un patrón kármico restrictivo, puedes verte muy abrumado.

Tampoco importa a qué apunte el deseo conflictivo. Si no es favorable a la vida y decides satisfacerlo a expensas de tus valores fundamentales y tu *dharma*, la energía distorsionada que sostiene el deseo perturbará las funciones de tu campo sutil y alterará tu salud y tu bienestar.

¿Qué puedes hacer cuando te sientas impulsado a tomar una decisión que está en conflicto con tu deseo de estar sano y de llevar un estilo de vida saludable? ¡He descubierto que el problema de los deseos en conflicto se reduce a un simple sí y no! Debes ser capaz de decir sí a los deseos que mejoran el bienestar y no a los deseos que no lo hacen. Para ayudarte a decir sí y no en los momentos apropiados, he incluido dos *mudras*. El primero es el *mudra del sí*. Te ayudará a decir sí a los deseos coherentes con las decisiones apropiadas, favorables a la vida. El segundo es el *mudra del no*. Te ayudará a rechazar los deseos conflictivos que surjan del equipaje kármico, de las intromisiones o de los apegos a otras personas.

Cuando hayas aprendido a decir sí y no en los momentos apropiados, aprenderás un ejercicio sencillo que te ayudará a determinar qué decisiones que debas tomar son favorables a la vida y cuáles no.

Ejercicio: El *mudra* del sí

Para hacer el *mudra* del sí, siéntate en una postura cómoda, con la espalda recta. Luego cierra los ojos y efectúa la respiración yóguica durante dos o tres minutos. Emplea el método estándar para relajar los músculos y centrarte en tu campo sutil de energía y conciencia. Luego, elige un deseo apropiado que respalde tu *dharma* y la relación que tienes contigo mismo, pero que siempre suscite resistencias por parte de tu equipaje kármico y las intromisiones que te afectan, y de los patrones creados por ambos lastres.

Cuando hayas elegido un deseo apropiado, consérvalo en la mente. Luego, junta las plantas de los pies. Lleva la punta de la lengua hasta el punto donde los dientes superiores se encuentran con la encía. Mantén la lengua en esta posición. Después, abre los ojos y lleva la punta de los pulgares a la parte interior de los dedos corazón, a la altura de la primera articulación.

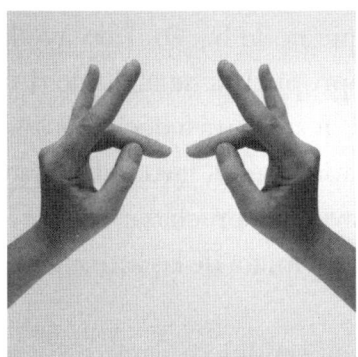

El *mudra* del sí

Vuelve a cerrar los ojos y mantén el *mudra* durante diez minutos mientras disfrutas los cambios que experimentes en los ámbitos físico, emocional y mental.

Transcurridos los diez minutos, deshaz el *mudra*. Luego, cuenta del uno al cinco. Cuando llegues al número cinco, abre los ojos. Al practicar el *mudra* del sí, fortalecerás los deseos que sean apropiados. Esto hará que los deseos inapropiados tengan más difícil interferir en tu capacidad de tomar decisiones favorables a la vida. Usa el *mudra* del sí siempre que debas tomar una decisión importante y haya deseos inapropiados que interfieran en el proceso.

Ejercicio: El *mudra* del no

Ahora que has hecho el *mudra* del sí y has afirmado tu compromiso de tomar las decisiones apropiadas, estás listo para realizar el *mudra* del no. Este *mudra* está concebido para negar los deseos surgidos de los patrones kármicos y de los receptores de intromisiones presentes en nuestro campo sutil. Al negar los deseos que salen de los receptores de patrones restrictivos, el *mudra* del no te ayudará a resistirte a los deseos inapropiados que interfieran en tu proceso de toma de decisiones y, en última instancia, te ayudará a superarlos.

Para hacer el *mudra* del no, siéntate en una postura cómoda, con la espalda recta. Luego cierra los ojos y efectúa la respiración yóguica durante dos o tres minutos. Emplea el método estándar para relajar los músculos y centrarte en tu campo sutil de energía y conciencia. Después elige un deseo kármico que aparezca con regularidad e interfiera en tu capacidad de tomar decisiones apropiadas.

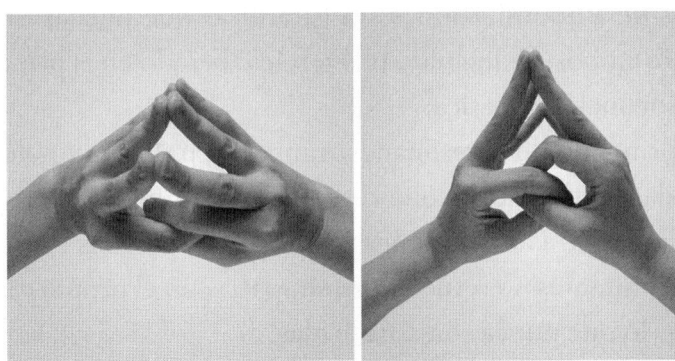

El *mudra* del no

Conserva el deseo kármico en la mente hasta que sientas que hacen acto de presencia sus convincentes cualidades. Luego, usa los pulgares y los dedos índices de ambas manos para formar dos bucles conectados entre sí, como dos eslabones de una cadena. A continuación, junta las puntas de los dedos corazón, los anulares y los meñiques para que formen algo parecido a los lados de un triángulo.

Relájate en esta posición con los ojos cerrados durante diez minutos mientras experimentas que el deseo inadecuado se debilita y deja de tener el poder de manipularte. Transcurridos los diez minutos, deshaz el *mudra* y cuenta del uno al cinco. Cuando llegues al número cinco, abre los ojos. Te sentirás totalmente despierto, perfectamente relajado y mejor que antes. Repite esta práctica según sea necesario.

La resonancia simpática

Mantener los deseos inapropiados al margen del proceso de toma de decisiones es esencial si quieres ser un sanador efectivo y obtener los beneficios de un estilo de vida saludable. Pero no todo el mundo sabe qué deseos son auténticos y cuáles surgen de patrones de autolimitación. Para garantizar que puedas distinguir entre ambos, he incluido un ejercicio basado en el principio de la resonancia simpática.

El principio de la resonancia simpática indica que solo son apropiadas las decisiones que resuenen en simpatía con el propio campo sutil. Las decisiones inapropiadas basadas en patrones autolimitantes no resuenan en simpatía con el propio campo sutil, por lo que nunca son apropiadas.

Si aplicas el principio de la resonancia simpática a tu proceso de toma de decisiones, podrás determinar si una decisión importante que planees tomar apoyará tu *dharma* y un estilo de vida saludable.

> **Ejercicio:** Determinar lo que resuena

Cuando una decisión que planees tomar cree una resonancia simpática, hará que aumente la cantidad de prana que se irradie a través de tu campo sutil y que te resulte más fácil mantenerte centrado en este. Por otro lado, si la decisión que planeas tomar tiene su fundamento en un patrón autolimitante y no resuena, el flujo de prana disminuirá y te resultará difícil mantenerte centrado en tu campo sutil. Son estos dos factores los que te indicarán de manera concluyente si la decisión que estás a punto de tomar es o no apropiada.

Si utilizas regularmente la resonancia como una herramienta de toma de decisiones, aclarará la confusión y la ambivalencia que estés experimentando y hará que te sea más fácil confiar en tus propias ideas e intuiciones. Y lo que es aún más importante, ayudará a garantizar que las decisiones que tomes te mantengan saludable y mejoren tu capacidad de sanar a otras personas.

Para determinar si una decisión que planeas tomar resuena, encuentra una postura cómoda, con la espalda recta. Luego elige un tema importante que requiera una decisión. Mantenlo en tu mente. A continuación, cierra los ojos y efectúa la respiración yóguica durante dos o tres minutos. Cuenta hacia atrás del cinco al uno y, después, del diez al uno. Luego emplea el método estándar para relajar los músculos y centrarte en tu campo sutil de energía y conciencia.

Cuando estés listo para proseguir, afirma: «Decido activar mi chakra del corazón». Después, declara: «Decido centrarme en el campo de mi chakra del corazón». A continuación, formula con voz normal la decisión que tienes en mente, en sentido afirmativo. Por ejemplo, si debieses tomar una decisión sobre tu profesión, afirmarías: «Es apropiado para mí aceptar el nuevo trabajo que me han ofrecido». Repite tres veces la afirmación. Luego observa el estado de tu campo sutil. ¿Irradia más prana cuando efectúas la afirmación? ¿Te resulta más fácil mantenerte centrado en el campo de tu chakra del corazón? Si tu campo sutil irradia más prana y puedes permanecer centrado en el campo del chakra del corazón sin esforzarte, la declaración está resonando, y puedes estar seguro de que es apropiado aceptar el trabajo.

Puedes verificar tu hallazgo manifestando tres veces la declaración opuesta. En este caso, la afirmación contraria sería: «No es apropiado para mí aceptar el nuevo trabajo que me han ofrecido». Después, compara los resultados. ¿Te mantuviste centrado en el campo de tu chakra del corazón y fluyó más prana cuando formulaste la primera declaración o la segunda? Una vez que tengas claro cuál es la decisión que ha resonado, finaliza el ejercicio contando del uno al cinco.

Si no estás seguro de si ha sido tu declaración positiva o negativa lo que ha resonado, verifica la resonancia en otro momento, cuando estés más relajado y puedas ser más objetivo. La mayoría de los problemas que se tengan con la resonancia se pueden corregir con práctica y paciencia.

SEGUNDO REQUISITO DEL BIENESTAR: LA TRANSFORMACIÓN DE LAS RELACIONES

La conciencia y el prana no solo pueden curar a los enfermos, sino que también rompen las barreras que hacen que los individuos se sientan separados. Lo hacen conduciendo a las personas a tener relaciones trascendentes entre sí.

Al igual que un antiguo adepto tántrico, puedes usar la conciencia y el prana que se irradian a través de tu campo sutil para transformar tus relaciones de tal manera que pasen a constituir la base de un estilo de vida saludable que sea a la vez alegre y profundamente satisfactorio. Para llevar a cabo esta transformación, debes centrarte en el campo de tu tercer corazón. Después debes crear el campo del prana mutuo. Es a través del campo del tercer corazón y el campo del prana mutuo como experimentarás relaciones trascendentes con las personas a las que amas. Antes de empezar, sin embargo, será útil analizar qué diferencias hay entre una relación tradicional y una relación trascendente.

Relaciones tradicionales y trascendentes

Vistas desde el exterior, una relación tradicional y una relación trascendente parecen prácticamente iguales. Los compañeros pueden vivir juntos, tener hijos y participar en la vida social y económica de la comunidad. De hecho, en las relaciones tradicionales, los miembros de la familia pueden compartir placer, amor y una intimidad intermitente. Sin embargo, el objetivo final que es la intimidad y la alegría permanentes, que sí comparten los miembros de la familia que mantienen una relación trascendente, no será más que un sueño lejano.

Por eso es importante reconocer que en una relación tradicional se trata de vivir dentro de unas limitaciones. En contraste, en el caso de la relación trascendente se trata de trascender las limitaciones, por lo que los miembros de una familia que mantengan una relación trascendente experimentarán una satisfacción que no está al alcance de quienes mantienen relaciones tradicionales.

Para experimentar una relación trascendente con otra persona, especialmente con tu pareja, debes ser capaz de amar lo masculino universal si eres mujer y lo femenino universal si eres hombre. Eso puede ser difícil porque, incluso en el siglo XXI, muchos aman a su pareja, pero les molesta o incluso rechazan el poder masculino o femenino. Afortunadamente, puedes superar cualquier aversión que puedas tener al respecto disolviendo los patrones kármicos que la sostienen (consulta el capítulo doce) y creando el *campo del prana mutuo* con tu pareja.

Ejercicio: Crear el campo del prana mutuo

No es muy sabido, incluso entre los sanadores, que los miembros de la pareja pueden crear un campo energético con cualidades universales que los rodee a ambos. Este campo, al que llamo campo del prana mutuo, será lo bastante fuerte como para evitar que el equipaje kármico y los patrones restrictivos interfieran en la experiencia de intimidad y en el gozo y el placer que la acompañan. Lo mejor de todo es que el campo del prana mutuo seguirá conectando a las personas para que puedan compartir placer, amor, intimidad y alegría incluso cuando estén separadas entre sí por grandes distancias o durante largos períodos de tiempo.

Para crear el campo del prana mutuo con tu pareja, sentaos uno frente al otro a una distancia de dos metros y medio. Estando ya en esta posición, cerrad los ojos y practicad la respiración yóguica durante dos o tres minutos. Cuando ambos estéis listos para proseguir, contad hacia atrás del cinco al uno y del diez al uno. Luego usad el método estándar para relajar los músculos y centraros en vuestro campo sutil de energía y conciencia. A continuación, afirmad: «Decido activar mis trece chakras del espacio corporal». Cuando vuestros chakras estén activos, declarad: «Decido centrarme en el campo de mis trece chakras del espacio corporal». Y a continuación: «Decido llenar de prana el campo de mis trece chakras del espacio corporal». Tomaos un momento para disfrutar el cambio. Después afirmad: «Decido crear un campo de prana mutuo irradiando prana a mi compañero/a desde mis trece chakras del espacio corporal». No hagáis nada después de esto; limitaos a dejar que el prana fluya libremente durante diez minutos. Transcurrido este tiempo, finalizad el ejercicio contando del uno al cinco. Haced más veces esta práctica, hasta que podáis compartir prana entre vosotros sin que se interpongan patrones autolimitantes.

Ejercicio: Efectuar la transición hacia una relación trascendente con tu pareja

Cuando tú y tu pareja hayáis aprendido a crear el campo del prana mutuo, estaréis preparados para hacer la transición a una relación trascendente. Con este fin, activaréis los trece chakras del espacio corporal y os centraréis en ellos. Después llenaréis de prana el campo de cada uno de estos chakras. Hecho esto, pasaréis a centraros en el campo del tercer corazón. Seguidamente, haréis el *mudra* de la dicha orgásmica y lo mantendréis durante diez minutos, mientras dejáis que el prana y la dicha transformen vuestra relación.

Para empezar el ejercicio, sentaos uno frente al otro, con la espalda recta, a unos dos metros y medio de distancia. Después cerrad los ojos y practicad la respiración yóguica durante dos o tres minutos. Contad hacia atrás del cinco al uno y del diez al uno. Luego usad el método estándar para relajar los músculos y centraros en vuestros campos sutiles de energía y conciencia. Seguidamente, afirmad cada uno: «Decido activar mis trece chakras del espacio corporal». Cuando estos chakras estén activos, declarad: «Decido centrarme en el campo de mis trece chakras del espacio corporal». Y a continuación: «Decido llenar de prana el campo de mis trece chakras del espacio corporal». Tomaos un momento para disfrutar el proceso. Después afirmad: «Decido centrarme en el campo de mi tercer corazón». Para incrementar el efecto, declarad: «Decido dirigir mis órganos de percepción hacia dentro, al campo de mi tercer corazón». Dedicad dos o tres minutos a disfrutar el cambio. A continuación, haced el *mudra* de la dicha orgásmica.

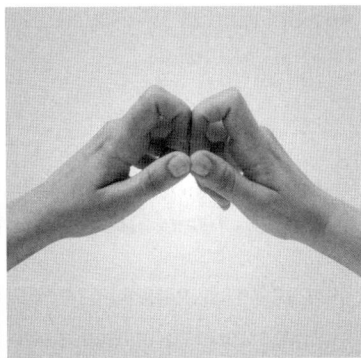

El mudra de la dicha orgásmica

Mantened el *mudra* mientras ambos afirmáis: «Decido que la dicha y el prana se transmitan a mi compañero/a y que mi pareja y yo podamos compartirlos libremente». Mantened el *mudra* durante diez minutos más, mientras dejáis que la dicha y el prana transformen vuestra relación. Transcurrido este tiempo, deshaced el *mudra* y finalizad la meditación contando del uno al cinco.

Si tú y tu pareja practicáis este ejercicio juntos durante un mínimo de una semana, empezaréis a experimentar los beneficios que se derivan de una relación trascendente y habréis dominado el segundo requisito del estilo de vida saludable.

La relación trascendente no se limita únicamente a los miembros de la pareja. Los familiares y amigos cercanos pueden compartir placer, amor, intimidad y alegría. Para los iniciados y sanadores, mantener relaciones trascendentes con las personas a las que aman constituye una parte esencial de su estilo de vida.

TERCER REQUISITO DEL BIENESTAR: LA RELACIÓN CON EL ENTORNO FÍSICO

El bienestar siempre se ha asociado con las decisiones y actividades imprescindibles para la salud física y con la evitación de actividades que la perjudican. Entre las actividades físicas que alteran la buena salud cabe mencionar el fumar, la ingesta de alcohol y el consumo excesivo de drogas. La inactividad, así como las actividades mentales estresantes, como preocuparse, también interfieren en la buena salud. Todas estas actividades perturban la buena salud al alterar el equilibrio energético entre el cuerpo físico y el campo sutil.

Para asegurarse la buena salud y el bienestar, por lo tanto, hay que tratar de evitar el tabaco, el alcohol y las drogas, y procurar llevar un estilo de vida menos sedentario. También significa que hay que estar más en contacto con lo natural. Tienes un cuerpo físico que está concebido para interactuar con el entorno natural; y a pesar de que la vida del siglo XXI puede obligarte a pasar largos períodos de tiempo en entornos artificiales, es lo natural lo que tiene el efecto más positivo en tu salud y tu bienestar.

Una buena salud también implica mantener comportamientos saludables y nutrirse correctamente. La buena nutrición no tiene que ver solamente con lo que comes; también tiene que ver con la cantidad de comida que ingieres y cuándo lo haces. Es posible que tengas que trabajar en un edificio de oficinas y conducir un automóvil por la autopista para ir y volver del trabajo, pero nadie te obliga a comer alimentos procesados que proporcionan calorías vacías, pero poco más.

Los sanadores espirituales saben, por experiencia, que los alimentos tienen un efecto inmenso sobre la salud y el bienestar. Los alimentos frescos y naturales tienen las cualidades más favorables a la vida: nos protegen contra los radicales libres y otras sustancias tóxicas y contienen vitaminas y nutrientes que mantienen nuestro metabolismo saludable. Los alimentos frescos también tienen nutrientes que pueden reducir el estrés y mantener los músculos firmes y la piel suave y flexible.

Comer alimentos frescos es uno de los factores de la buena nutrición. También lo es ingerir una amplia variedad de alimentos. Ningún comestible debe representar más del 25 % de la ingesta calórica de un día. Si consumes cualquier alimento en mayores cantidades, es probable que estés privando a tu cuerpo de algunos nutrientes necesarios. Por otra parte, debes evitar sistemáticamente los aditivos químicos, y también la sal. Además, reduce el consumo de azúcares procesados. Limita la ingesta de alimentos altos en grasas, especialmente los que son ricos en grasas animales. Come frutas y verduras cuando su valor nutricional sea máximo. Con este fin, cíñete a las frutas y verduras cultivadas localmente y cómelas durante su temporada natural.

El cuerpo humano está compuesto sobre todo de proteínas, consideradas el nutriente más importante. Pero los norteamericanos[1] necesitan mucha menos proteína de la que consumen normalmente. El problema que presenta el consumo excesivo de proteína es que la mayoría de los alimentos ricos en proteínas que ingerimos contienen mucha grasa y calorías, muchas más de las que necesitan la mayoría de las personas y muchas más de las que deberían comer para mantenerse saludables. Sería prudente sustituir la proteína animal, que está contenida en alimentos repletos de grasas que obstruyen las arterias, por carbohidratos complejos, como los cereales enteros: el arroz integral, el bulgur y la quinoa suelen ser fuentes de proteínas excelentes. Hay estudios que han revelado que quienes renuncian a la proteína

---

1. Y por extensión, cabe suponer, los habitantes del mundo occidental en general. (N. del T.)

animal y consumen solamente proteína de origen vegetal pasan a tener una presión arterial más baja y mucha menos grasa y colesterol en el organismo que quienes no dejan de consumir carne.

Finalmente, compra los alimentos a menudo, para que tu elección en cuanto a qué comprar y comer esté regida por las necesidades de tu organismo. Si escuchas a tu cuerpo, seleccionarás los alimentos que contengan los nutrientes adecuados que necesitas para mantenerte saludable.

Presento a continuación una lista de varios alimentos que puedes añadir a tu dieta. Cada uno de ellos tiene propiedades beneficiosas que favorecen la buena salud y el bienestar.

Mango. El mango contiene caroteno, que te protegerá de los daños causados por los rayos ultravioleta. Contiene zinc, que mejorará la fuerza y el brillo de tu cabello. El mango mejora la salud de las encías y refuerza el tejido conectivo. Es rico en vitamina A, que estimula la vitalidad, y mejora el estado de ánimo. De hecho, comer mangos puede hacerte sentir eufórico.

Papaya. La papaya contiene grandes cantidades de vitamina A, la cual mejorará tu visión y hará que tus ojos tengan un brillo saludable. Esta fruta mejora la funcionalidad de enzimas cruciales para la vitalidad y otros procesos esenciales para la vida; también mejora el funcionamiento del corazón y la circulación. Y estimula el buen funcionamiento del colon, lo que repercute favorablemente en la salud de la piel y en el tono muscular.

Cereza. Las cerezas contienen ácido fólico, el cual mejora el metabolismo celular. El ácido fólico es una de las vitaminas más importantes que puede tomar la mujer durante el embarazo, porque desempeña un papel importante en la producción de células nerviosas. Las cerezas también contienen grandes cantidades de hierro, con propiedades rejuvenecedoras que favorecen la salud de las encías y la piel.

Azafrán. El azafrán tiene propiedades afrodisíacas y regeneradoras. En la medicina ayurvédica, se ha utilizado para combatir la depresión y para armonizar y equilibrar el ciclo menstrual de la mujer.

Ajo. En la medicina ayurvédica, el ajo es conocido por sus propiedades rejuvenecedoras y regeneradoras. Puede reducir tu nivel de colesterol y ayudar a tu cuerpo a desprenderse de los desechos metabólicos. Es bueno para el corazón y puede usarse para combatir infecciones, enfermedades de la piel y problemas de ciática.

Evita comer por la noche

Aunque los alimentos frescos y saludables mejoran el bienestar, comer demasiado o comer tarde por la noche puede tener una influencia negativa en la salud y el bienestar. Comer por la noche te hará engordar, porque el metabolismo nocturno es incompleto. Además, tu cuerpo está reconstruyendo células mientras duermes; si comes tarde por la noche, debe realizar esta tarea esencial junto con el difícil trabajo de la digestión, lo cual estresa tu organismo: la presión arterial sube, la producción de colesterol LDL (considerado el «colesterol malo») aumenta y el azúcar en sangre se incrementa, tres factores de riesgo para la aparición de la diabetes y otras enfermedades. Un viejo proverbio europeo recomienda lo siguiente: *desayuna como un rey, almuerza como un príncipe y cena como un mendigo*.

La regularidad

Otro indicio del bienestar es la regularidad. Hace más de dos mil años, Hipócrates advirtió a quienes tenía alrededor de que la regularidad era un indicador de buena salud, mientras que la irregularidad, tanto en lo relativo a las funciones corporales como a los hábitos personales, contribuía al desarrollo de la enfermedad. Gay Luce nos dice: «Una persona sana vive en armonía con su entorno». Y a continuación, manifiesta lo siguiente: «Está bastante claro que los seres humanos sanos no solo mantienen un ritmo interno; además, están sincronizados con su entorno».[2]

Una ingente cantidad de datos parecen apuntar a que mantener un ritmo es importante para gozar de una buena salud, y cualquier programa diseñado para promover el bienestar debe fomentar la regularidad. Para hacerlo en tu caso, empieza por examinar tu estilo de vida: la forma en que vives, en que llevas tus asuntos y en que te relacionas con los demás. Comprueba si en la dinámica de tu existencia hay incorporada una irregularidad que podría ser el caldo de cultivo de enfermedades. Para efectuar esta comprobación basta con que, durante una semana, hagas un seguimiento de las distintas actividades que realices a lo largo del día. Toma nota de cuándo te vas a dormir y cuándo te despiertas, cuándo comes las comidas principales, cuándo tomas refrigerios, cuándo trabajas y cuándo descansas. Incluso deberías tomar nota de cuánto tiempo pasas solo y cuánto tiempo pasas con tus amigos o familiares. Junto a la columna en la que efectúes este registro, establece otra en la que apuntes comentarios al lado de cada actividad, relativos sobre todo a cómo te has sentido al final de cada una de ellas y al final de cada jornada.

Solo con que examines tus actividades durante tres o cuatro días, empezarás a ver determinados patrones, y observarás que tu bienestar está directamente relacionado con el tipo de

---

2. Gay Luce (1971). *Biological Rhythm in Human and Animal Psychology*, Nueva York, USA: Dover, p. 10.

actividades que realizas y la regularidad con que las llevas a cabo. Por ejemplo, puede ser que descubras que cuando alteras tus patrones normales de sueño quedándote despierto hasta tarde, te sientes ansioso al día siguiente y que cuando tu rutina es regular y predecible, duermes mejor y te despiertas más descansado a la mañana siguiente.

Tu experiencia personal confirmará, sin duda, lo que indican las investigaciones actuales: que cuando seguimos una rutina regular funcionamos mejor, nos sentimos mejor y nos mantenemos más sanos.

El ayuno

Puedes llevar la nutrición y la regularidad un paso más allá y, con ello, mejorar aún más tu salud física y tu bienestar.

En la década de 1940, el profesor A. H. Carlson y su colega F. Holzel realizaron experimentos con ratas para estudiar los efectos del ayuno intermitente en la duración de su vida. Proporcionaron a las ratas una dieta muy nutritiva de alta calidad, y podían comer cuanto quisieran. La única particularidad fue que cada grupo de ratas que participó en el experimento ayunó en distintas secuencias. El primer grupo fue sometido a un ayuno completo cada dos días, el segundo grupo cada tres días y el tercer grupo cada cuatro días. El grupo de control siguió la misma dieta que los otros tres grupos, pero no se le impuso ningún ayuno periódico. Pues bien, en el grupo de control, el tiempo de vida máximo registrado fue de ochocientos días, mientras que las ratas pertenecientes a los grupos que habían ayunado vivieron, en promedio, entre mil y mil cien días, es decir, entre un 20 y un 30 % más.[3]

---

3. Roy L. Walford (1983). *Maximum Life Span*, Nueva York, EUA: W. W. Norton, p. 10.

Otros estudios centrados en la restricción alimentaria han arrojado también resultados muy significativos. Por ejemplo, varios estudios han indicado que la restricción calórica (no la malnutrición) hizo que las ratas participantes fuesen más jóvenes, desde el punto de vista químico, de lo que correspondería según su edad cronológica. Experimentos realizados en la Universidad de California en Los Ángeles por los doctores Richard Weindruch y Roy Walford han mostrado que la restricción alimentaria también tiene un efecto rejuvenecedor en el sistema inmunitario humano. Cuando la persona tiene una edad avanzada, su sistema inmunitario es menos capaz de distinguir entre lo que es propio del organismo y los cuerpos extraños, y el proceso de envejecimiento se caracteriza por reacciones inmunitarias contra el propio organismo (las denominadas *reacciones autoinmunes*), así como por una menor capacidad de combatir sustancias extrañas y tóxicas. La eficacia del sistema inmunitario puede reducirse, en la vejez, entre un 20 y un 30 % en relación con el mejor momento de la juventud. La restricción alimentaria contrarresta ambas tendencias. En experimentos efectuados con ratas maduras, la restricción alimentaria impuesta desde la edad adulta condujo a un rejuvenecimiento drástico y sustancial del sistema inmunitario, así como a una reducción sustancial de la tendencia a manifestar reacciones autoinmunes.

La restricción calórica parece estar asociada con otros efectos beneficiosos. Trabajos preliminares efectuados con animales de laboratorio indican que afecciones y trastornos como el cáncer, las cataratas, la sequedad de la piel, las enfermedades renales y las enfermedades cardíacas se encuentran con menor frecuencia en las ratas criadas en condiciones de restricción calórica que en las criadas normalmente. Además, los animales no solo padecían menos enfermedades, sino que, cuando estas aparecían, lo hacían en un período de la vida más avanzado.[4]

Ayunar una vez a la semana, o incluso una vez cada dos semanas, puede tener un efecto rejuvenecedor en ti y mejorar considerablemente tu bienestar. Cuando ayunes, aunque sea durante poco tiempo, es importante que bebas al menos 2,8 litros de agua natural al día. Y beber sal amarga ayudará a tu colon a excretar toxinas. También puedes beber infusiones de hierbas. Debes evitar el té negro.

El ejercicio físico

El ejercicio físico regular es otra opción de estilo de vida imprescindible para la salud física y el bienestar. Mejora el tono muscular y aumenta el estado de alerta mental. Al mejorar la circulación sanguínea, ayuda al organismo a desprenderse de toxinas que son responsables del envejecimiento. Favorece el sueño, el cual presenta sus propios beneficios para la salud. Y aumenta la producción de serotonina, que incrementa el placer y ayuda a superar los efectos del estrés, la ansiedad y la depresión.

El ejercicio intenso y regular también hará que superes tus limitaciones, lo que a su vez te ayudará a vencer el miedo y la ansiedad. Las hormonas del estrés y la tensión física se reducirán cuando hagas ejercicio con regularidad.

Si estás buscando un régimen de ejercicio físico regular, te recomiendo el *hatha yoga* y el taichí. Estas modalidades de ejercicio no solo proporcionan beneficios para la salud, sino que también ayudan a integrar las actividades de nuestro cuerpo físico con las actividades de nuestro campo sutil de energía y conciencia.

---

4. *Ibid.*, p. 103.

RESUMEN

En este capítulo, has aprendido a mejorar tu bienestar introduciendo ajustes sencillos en tu estilo de vida. Has aprendido a usar la resonancia simpática para tomar decisiones favorables a la vida, y a crear el campo del prana mutuo para poder mantener una relación trascendente con tus seres queridos. Y has descubierto cómo mejorar tu relación con el entorno físico a través de una buena nutrición, la regularidad y el ejercicio físico.

En el siguiente capítulo, encontrarás ejercicios sencillos que están concebidos para que disfrutes más de tu cuerpo y de tu entorno. Esto te ayudará a lograr un estado de satisfacción permanente, y ello mejorará tu vitalidad física y tu conexión con el entorno natural.

CAPÍTULO 16
Los tres aspectos del bienestar

En este capítulo descubrirás técnicas que te permitirán mejorar los tres aspectos del bienestar: el disfrute de tu cuerpo físico y el entorno natural, la autoaceptación y la satisfacción, y una gran cantidad de prana en forma de vitalidad. El primer ejercicio, la *meditación del sol de la mañana*, está concebido para que pases a disfrutar en mayor medida de tu cuerpo físico y el mundo natural.

Nada es más natural y más del agrado de la gente que el sol. Y nada te permitirá disfrutar en mayor medida del entorno físico que el uso de la energía solar para establecer un contacto de mayor calado con tu propio cuerpo y con la ecología de la vida de este planeta.

> **Ejercicio:** La meditación del sol de la mañana

Esta meditación se debe realizar al aire libre con el sol de la mañana. Si hace demasiado frío al aire libre, puedes hacerla en el interior, junto a una ventana por la que entre el sol. Puedes efectuar esta meditación de pie, sentado o tumbado bocarriba. Para empezar, cierra los ojos y practica la respiración yóguica durante dos o tres minutos. Al mismo tiempo, deja que el sol brille directamente sobre tu cara y el resto de tu cuerpo. Siente cómo los rayos del sol te llenan desde la parte superior de la cabeza hasta la parte inferior de los pies.

Después de bañar tu cuerpo en el sol durante cinco minutos, afirma: «Decido llenar las células de mi cuerpo con la energía del sol». Disfruta el proceso durante cinco minutos más. Luego, usa la atención mental para explorar tu cuerpo, fijándote especialmente en las partes que más necesiten la energía solar. Estas partes estarán faltas de prana y anhelarán los rayos sanadores del sol.

Identifica todas las partes del cuerpo que anhelen los rayos del sol y elige una para trabajar en ella. Después afirma: «Decido que la parte del cuerpo que tengo en mente absorba lo que necesita del sol». Deja que esa zona absorba los rayos sanadores durante cinco minutos. A continuación, haz lo mismo con otra parte del cuerpo que anhele los rayos del sol. Trabaja con cuatro partes del cuerpo a lo sumo. Cuando hayas terminado, dedica cinco minutos más a disfrutar los cambios que experimentes. Transcurrido este tiempo, cuenta del uno al cinco y finaliza la meditación.

Si practicas este ejercicio a diario durante diez días, tu disfrute de tu cuerpo y del entorno natural aumentará considerablemente.

BAÑOS DE SAL

Un baño de sal es otra forma en la que puedes disfrutar de tu cuerpo físico y, al mismo tiempo, beneficiarte de las propiedades curativas de un elemento que es esencial para la vida y el bienestar físico. La sal está compuesta de cristales que pueden absorber la energía distorsionada en los ámbitos etérico, físico y físico-material cuando se disuelve en agua. Esto significa que tomar un baño de sal puede reducir la cantidad de energía distorsionada que transportas en tu campo sutil.

En el próximo ejercicio, pondrás los pies en remojo en agua con sal. Este baño de pies no solo disolverá energía distorsionada presente en tu campo sutil, sino que también será una forma agradable en la que podrás incrementar tu contacto con un mineral que hace siglos que se utiliza para mejorar el bienestar.

Ejercicio: Baño de pies en agua con sal marina

Para preparar un baño de pies con sal, llena un recipiente con agua tibia y sal del mar Muerto. La sal del mar Muerto es bien conocida por su alto contenido en minerales esenciales; se puede comprar en cualquier tienda de alimentos saludables y en muchos supermercados. A continuación, sumerge los pies en el agua y cierra los ojos. Practica la respiración yóguica durante dos o tres minutos. Luego cuenta hacia atrás del cinco al uno y del diez al uno.

Seguidamente, afirma: «Decido activar los centros energéticos menores de mis pies». Y a continuación: «Decido que la sal de mi baño absorba la energía distorsionada que haya alrededor de mis piernas y mis pies en los ámbitos físico-material, físico y etérico». Disfruta el proceso durante diez minutos más. Después cuenta del uno al cinco y finaliza la meditación. Prosigue con el baño durante unos minutos más. Luego, retira con cuidado los pies, sécalos y desecha el agua salada tirándola por el inodoro. Repite esta práctica según sea necesario.

Ejercicio: Masaje de reflexología podal de diez minutos

Hay muchos tipos de masaje que pueden hacer que disfrutes más de tu cuerpo. El masaje de reflexología podal de diez minutos es uno de ellos. También tiene un beneficio curativo adicional: incrementará el flujo de prana a través de la parte inferior de tu cuerpo, especialmente tus pies. Esto mantendrá activos los centros energéticos menores de tus plantas para que puedas avanzar y progresar en el mundo.

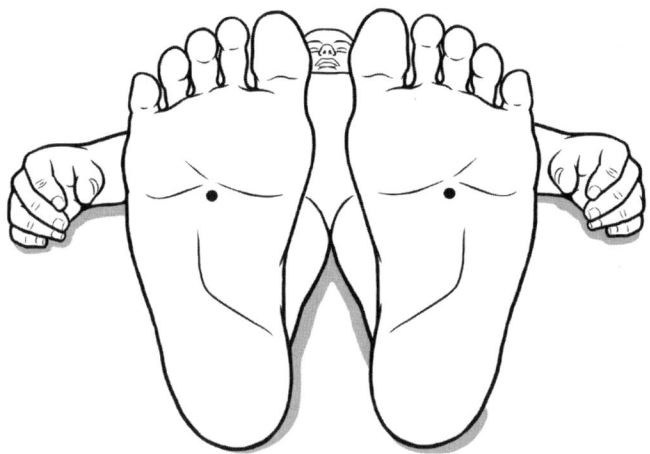

Puntos de acupuntura del plexo solar en los pies

Para darte un masaje de reflexología podal de diez minutos, siéntate en una postura cómoda. Practica la respiración yóguica durante dos o tres minutos. Luego levanta el pie izquierdo y colócalo sobre la rodilla derecha. Frótate las manos para polarizarlas. A continuación, localiza el punto de acupuntura del plexo solar, que se encuentra en el centro de la planta, justo debajo de la almohadilla del metatarso.

Con el pulgar de la mano derecha, presiona el punto de acupuntura durante diez segundos. Después, suelta. Repítelo tres veces. No te desanimes si el punto duele; es bastante habitual que este punto de acupuntura esté sensible, sobre todo si la persona está estresada. A continuación, usa el pulgar y el índice de la mano derecha para masajear el dedo gordo del pie. Presiona los lados de este dedo desde la base hasta la punta. Posteriormente haz lo mismo con el siguiente dedo del pie, y con los otros tres, hasta que hayas masajeado los cinco.

Después de trabajar en los dedos de los pies, prosigue con la planta del pie y masajea la zona ósea que hay detrás de los dedos, desde el dedo gordo hasta el dedo pequeño. Luego masajea el exterior del dedo gordo. Sigue masajeando el exterior del pie, a lo largo del hueso, hasta llegar a un punto situado a unos dos centímetros y medio del talón. Presiona con el pulgar mientras trazas círculos en la parte inferior del pie y perfilas el arco. A continuación, dibuja mentalmente una línea entre el extremo del talón y el hueso del tobillo que sobresale tanto en la parte interna como externa del pie. Con el pulgar en el interior y el índice en el exterior, presiona con firmeza mientras trazas cinco círculos en el sentido de las agujas del reloj. Para finalizar, frótate las manos y, con aceite de rosas (o el aceite de masaje de tu elección), masajéate el pie con ambas manos de un extremo al otro.

Lleva a cabo el mismo proceso con el otro pie usando la mano izquierda. Dedica unos cinco minutos a cada pie. Cuando hayas terminado el masaje, enjuágate las manos con agua fría durante un minuto aproximadamente. Repite esta práctica según sea necesario.

AUTOACEPTACIÓN Y SATISFACCIÓN

La autoaceptación y la satisfacción van de la mano. El *mudra de la autoaceptación*, que aprenderás a realizar a continuación, te ayudará a aceptarte a ti mismo y a permanecer contento con tu situación, incluso cuando los patrones kármicos y los apegos intenten obligarte a abandonar tus valores para satisfacer sus demandas. Este *mudra* puede tener este efecto porque puede evitar que el equipaje kármico y los apegos permanezcan unidos constantemente a los receptores de tu cuerpo, tu alma y tu espíritu.

> **Ejercicio:** El *mudra* de la autoaceptación
>
> Para hacer el *mudra*, encuentra una postura cómoda, con la espalda recta. Luego efectúa la respiración yóguica durante dos o tres minutos. Emplea el método estándar para relajar los músculos y centrarte en tu campo sutil de energía y conciencia. Después lleva la lengua al paladar superior y deslízala hacia atrás, hasta el límite con el paladar blando. Mantén la punta de la lengua en contacto con el paladar superior mientras unes las plantas de los pies.

El *mudra* de la autoaceptación

A continuación, junta los montes de Venus y los bordes de los pulgares. Después desliza el índice derecho sobre el índice izquierdo de tal manera que la punta del dedo derecho quede apoyada sobre la segunda articulación del dedo izquierdo. Coloca los dedos corazón de tal manera que sus puntas se toquen. Cuando se estén tocando, une los lados externos de los dedos anulares, desde la primera hasta la segunda articulación. Luego junta el interior de los meñiques, desde la punta hasta la primera articulación.

Practica el *mudra* durante diez minutos. Después suelta los dedos y lleva la lengua y los pies a su posición normal. Si practicas con regularidad el *mudra* de la autoaceptación, los campos individuales del equipaje kármico y los patrones autolimitantes tendrán menos poder para obligarte a hacer su voluntad e impedirte experimentar satisfacción con las cosas simples de la vida.

UNA GRAN VITALIDAD

El tercer aspecto del estilo de vida saludable es la vitalidad. Tengo dos consejos que te permitirán incrementar tu vitalidad absorbiéndola directamente del entorno físico. El primer consejo es que te des una ducha de iones negativos.

Los iones negativos se crean en la naturaleza cuando moléculas de aire se rompen por efecto de la luz solar, el aire en movimiento y el agua. Son moléculas inodoras, insípidas e invisibles que inhalamos en abundancia en ciertos entornos, como montañas, cascadas y playas. Una vez que llegan a nuestro torrente sanguíneo, se cree que producen unas reacciones bioquímicas que aumentan los niveles de serotonina, una sustancia química que mejora el estado de ánimo. Se cree que unos mayores niveles de serotonina ayudan a aliviar la depresión y el estrés y a aumentar la energía, todo lo cual mejora la salud y el bienestar. Si el entorno natural en el que te encuentras contiene muchos iones negativos, podrás disfrutar más tanto de tu entorno como de tu cuerpo físico.

Si no puedes visitar la playa, las montañas o una cascada con regularidad, aún tienes la posibilidad de disfrutar en mayor medida de tu cuerpo y el entorno. Esto es así porque todos los hogares tienen un ionizador natural incorporado: la ducha. Te aconsejo que te des un baño de iones negativos rociando tu cuerpo con agua fría de la ducha una vez al día como mínimo.

El segundo consejo que te doy es que visites entornos naturales que estén saturados de prana. Esto es fácil de llevar a cabo y hará que disfrutes más del entorno natural y de tu cuerpo físico. Los entornos naturales, los bosques sobre todo, producen enormes cantidades de prana que tienen un efecto rejuvenecedor en las personas. Pero no todos los bosques son iguales. Los bosques antiguos son famosos por su complejidad ecológica y la edad de sus árboles. Menos reconocido está el hecho de que los árboles viejos irradian enormes cantidades de prana al medioambiente. Cuando hay una serie de estos árboles que crecen juntos, la atmósfera que los rodea está saturada de prana. El efecto puede ser tan pronunciado que puede acabar con la depresión y reducir la ansiedad. La mayor irradiación de prana, y el placer que brinda, te beneficiarán física y energéticamente al mejorar tu capacidad de conectarte a la Tierra y a otras personas. Casi todos los bosques nacionales de Estados Unidos y Canadá contienen arboledas formadas por árboles antiguos, sobre todo en las zonas más altas.

Si no puedes acudir con regularidad a bosques antiguos o entornos naturales, puedes practicar la meditación del campo de *prakriti*.

Ejercicio: La meditación del campo de *prakriti*

El campo de *prakriti* es un campo de recursos que contiene algunas de las frecuencias de prana más puras y elevadas. Como todos los campos de recursos, el de *prakriti* llena el campo sutil y se extiende más allá de él en todas direcciones. Al centrarte en el campo de *prakriti*, experimentarás el prana primordial. Este prana es la energía que crea y sostiene la vida y nos proporciona la fuerza y la vitalidad que nos permiten realizar todas nuestras actividades con alegría.

Para empezar la meditación del campo de *prakriti*, encuentra una postura cómoda, con la espalda recta. Cierra los ojos y practica la respiración yóguica durante dos o tres minutos. Luego cuenta hacia atrás del cinco al uno y del diez al uno. Emplea el método estándar para relajar los músculos y centrarte en tu campo sutil de energía y conciencia. Después afirma: «Decido centrarme en mi campo de *prakriti*». Y a continuación: «Decido dirigir mis órganos de percepción hacia dentro, a mi campo de *prakriti*». Al cabo de unos instantes, tu orientación cambiará y tomarás conciencia de una gran cavidad que llena tu cuerpo físico y se extiende más allá de él. Esta cavidad es el campo de *prakriti*.

Desde tu nuevo punto de observación dentro del campo de *prakriti*, tomarás conciencia del prana primordial. Sentirás cómo se irradia libremente a través de ti.

Dedica quince minutos a disfrutar la experiencia. Después, cuenta del uno al cinco. Cuando llegues al número cinco, abre los ojos y finaliza la meditación. Repite esta práctica según sea necesario.

Cuanto más a menudo practiques la meditación del campo de *prakriti*, mayores serán los beneficios que obtendrás, y mayor será la vitalidad con la que contarás para disfrutar de tu cuerpo físico y tu entorno.

Conclusión
Gozar de bienestar todos los días

Cualquier conjunto de estrategias concebidas para promover el bienestar debe tener en cuenta la naturaleza compleja del ser humano. Debe fomentar el equilibrio y la armonía y también las actitudes y relaciones positivas. Esto significa que tu conjunto de estrategias debe incluir tanto lo que harás como lo que evitarás hacer.

Evita todo aquello que tenga un impacto negativo en tu salud y tu bienestar. Puede tratarse de cualquier cosa, desde la inseguridad y las relaciones negativas hasta sustancias químicas peligrosas. Te podría ser útil hacer una lista de los factores que crees que tienen una influencia negativa en tu vida y que contribuyen a la enfermedad. Después, deja de preocuparte por ellos; elige, en cambio, los que podrías cambiar sin tener que esforzarte mucho o en absoluto, y comprométete a hacerlo de inmediato.

A continuación, elige los factores que tienen una influencia negativa en tu vida pero que te costaría cambiar enseguida. Empieza a cambiarlos eliminando la energía distorsionada que los mantiene. Finalmente, en cuanto a lo que no puedes cambiar, encuentra una manera de cambiar tu relación con ello. Por ejemplo, si vas en coche al trabajo y siempre te encuentras atrapado en el tráfico, distráete aprendiendo un nuevo idioma.

Evita que coincidan en tu vida los sucesos y las personas estresantes. En lugar de ello, procura lidiar con ambos en momentos diferentes y organízate para volver a las actividades relajantes con la mayor rapidez posible. Presta atención a tu cuerpo y reduce el ritmo cuando te dé señales de advertencia, como dolor de espalda o de cabeza.

Por supuesto, es esencial que evites insistir en los comportamientos negativos. En lugar de ello, encuentra tiempo para realizar actividades que mitiguen tu estrés y te hagan sentir bien. Si solo dispones de unos minutos, puedes practicar la respiración yóguica o darte un baño de iones negativos.

La regularidad es importante, así que sé constante. Empieza cada día equilibrando los chakras y realizando una pequeña meditación; dedicar a ello entre veinte y treinta minutos es suficiente para comenzar bien el día. Toma un desayuno copioso y nutritivo; intenta que el desayuno sea la comida más abundante de la jornada. Si tienes tiempo libre entre el desayuno y el almuerzo, practica la proyección mental. Si vas andando de un compromiso a otro, prueba el siguiente ejercicio, la *respiración yóguica caminando*. Mientras caminas, inhala profundamente durante cuatro pasos (tomando una inspiración yóguica profunda) y exhala profundamente durante cuatro pasos. Sigue respirando con este ritmo, sin hacer pausas entre la inhalación y la exhalación. Si practicas la respiración yóguica caminando con regularidad, en poco tiempo te resultará más fácil mantenerte centrado en tu campo sutil y experimentarás cómo se irradia más vitalidad a través de tu cuerpo.

El almuerzo debería ser tu segunda comida más abundante, y debes intentar tomarlo a la misma hora todos los días. Recuerda que el hecho de comer siempre a las mismas horas proporciona indicaciones a los relojes corporales y hace que mantengan un ritmo. Trata de dedicar un tiempo a relajarte después de haber comido.

El ejercicio diario es una parte importante del conjunto de estrategias diarias para fomentar la buena salud. Por lo tanto, aprovecha todas las oportunidades que tengas de hacer ejercicio. Emprende un programa de entrenamiento semanal. Para mantenerte en un estado óptimo, debes hacer ejercicio vigoroso (sudar) al menos tres veces por semana. Sin embargo, si hace tiempo que no haces ejercicio intenso, o si tienes más de cuarenta años, empieza por ver a un médico y pídele que te someta a una prueba de esfuerzo, la cual revelará el estado de tu sistema cardiovascular. Comienza el programa de ejercicios lentamente en todos los casos y haz siempre estiramientos antes y después del ejercicio. Visita a un experto en acondicionamiento físico antes de embarcarte en un programa de ejercicios exhaustivo, o consulta libros sobre el tema; te darán pistas sobre qué hacer y qué no hacer.

La cena debería ser la comida menos abundante del día. E intenta ayunar un día a la semana, siempre el mismo. Si se te hace demasiado cuesta arriba al principio, empieza por no cenar un día a la semana.

El tiempo posterior a la cena son momentos perfectos para relajarse y hacer una larga meditación sanadora. También es el momento perfecto para que la familia se reúna, así que trata de organizar una meditación familiar una o dos veces por semana.

Una vez cada dos semanas, crea el campo del prana mutuo con tu pareja y tus hijos. Todos os beneficiaréis enormemente de meditar y compartir prana entre vosotros. Esto no solo os acercará más, sino que también hará que vuestras meditaciones sean más profundas, debido a la dinámica grupal.

Evita los estimulantes y descansa lo que necesites cada noche durmiendo lo suficiente. Y recuerda que, para lograr el bienestar, siempre debes procurar mantenerte en equilibrio y en armonía con tu entorno y con el mundo que te rodea.

NOTA FINAL

La sanación espiritual es un arte y una ciencia ancestral. Si aprendes sus técnicas y prácticas, alcanzarás los límites de tu creatividad. El sanador, al convertirse en un canal de energía curativa, trasciende lo finito y se convierte en un conducto para el amor y el poder infinitos. Si tienes un deseo sincero de ser sanado y de sanar a otros, debes seguir tu deseo de estar al servicio y de sanar. Tu deseo es tu llave. Úsalo para abrir tus puertas interiores a través de las cuales fluirán los enormes recursos de tu poder curativo.

Glosario

Ahora siempre presente: el presente eterno. Es el espacio en el que habitas cuando estás centrado en tu mente auténtica y en tu campo sutil.

Apegos: campos energéticos de energía distorsionada con cualidades individuales que pueden influir en nuestro campo sutil y, por lo tanto, en nuestra mente, de tres maneras: limitando nuestro acceso al prana, creando patrones restrictivos (problemas de personalidad) que no forman parte esencial de nuestra mente o provocando que permanezcamos apegados a personas y problemas relacionales que están sin resolver desde la infancia o desde vidas pasadas.

Atención mental: una función de la mente auténtica que opera simultáneamente en todos los mundos y dimensiones tanto del universo físico como del no físico. Con la intención como guía, puedes utilizar la atención mental para visualizar el estado del campo sutil y el cuerpo físico de un individuo.

A continuación, la puedes usar para crear nuevas realidades de buena salud radiante para reemplazar la realidad condicional de la enfermedad.

Atman: punto ubicado en el lado derecho del pecho donde el amor universal en forma de dicha emerge en la conciencia. Al seguir el *atman* hacia el interior, te darás cuenta de que ya estás unido a la Conciencia Universal.

Bloqueo: cualquier campo energético con cualidades individuales que altera el flujo de prana a través del campo sutil e impide que la persona permanezca centrada en su mente auténtica.

Campo de la empatía: campo de recursos que mejorará tu capacidad de llevar a cabo la sanación. Proporciona un medio a través del cual la energía puede intercambiarse desinteresadamente sin que el «yo» o el ego se interpongan en el camino. El campo de la empatía consta de tres partes: el campo de empatía público, el campo de empatía personal y el campo de empatía trascendente. Para sanarte a ti mismo, debes centrarte en el campo de empatía personal, y para sanar a otra persona, en el campo de empatía público. Para usar tu espacio de sanación para sanar tu relación con la fuente de la curación, la Conciencia Universal, debes centrarte en el campo de empatía trascendente.

Campo de *prakriti*: campo de recursos primordial de la energía femenina. Contiene algunas de las frecuencias energéticas más puras y elevadas. Como todos los campos de recursos, el campo de *prakriti* llena nuestro campo energético y se extiende más allá de él en todas direcciones.

Campo de recursos: campo de conciencia o energía con cualidades universales que nutre nuestro campo sutil y los vehículos energéticos que hay dentro de dicho campo. Los campos de recursos tienen un tamaño casi infinito.

Campo del tercer corazón: campo de recursos que permite al individuo experimentar una relación trascendente con el Yo y con las personas a las que ama.

Campo sutil: campo de energía y conciencia que interpenetra el cuerpo físico y lo rodea en todos los niveles del cuerpo, el alma y el espíritu. El campo sutil contiene vehículos de energía y conciencia que nos permiten expresarnos e interactuar con nuestro entorno tanto en el ámbito físico como en el no físico. También contiene campos de recursos y un sistema energético sutil que suministra energía favorable a la vida a nuestro campo sutil.

Campos áuricos: los campos áuricos son grandes campos de prana que interpenetran nuestro sistema energético sutil en todas las dimensiones. Desde la superficie del cuerpo en cada dimensión, los campos áuricos se extienden hacia fuera (en todas direcciones) desde unos cinco centímetros hasta más de ocho metros. Estructuralmente, cada campo áurico está compuesto por una cavidad interna y un límite superficial delgado que lo rodea y le otorga su característica forma de huevo.

Campos polares: siete campos áuricos ubicados dentro de la mente auténtica que no sufren las limitaciones impuestas por los órganos de percepción ni por la mente individual y el ego. Cuando interactúes conscientemente a través de los siete campos polares, podrás experimentar conscientemente siete tipos diferentes de interacciones polarizadas con otros campos sutiles y seres vivos, y recuperarás el control de tu campo sutil.

Carácter: incluye la disciplina, el valor, la paciencia, la perseverancia, la longanimidad, la lealtad y no hacer daño. Estas cualidades pueden mejorarse en cualquier persona que tenga la intención de llevar su campo energético sutil a un estado de buena salud radiante.

Centros energéticos menores: partes del sistema energético sutil que se distribuyen por todo el cuerpo. Cuatro centros principales están ubicados en las extremidades, uno en cada mano y uno en cada pie, y otros están dispersos por el campo sutil del individuo. Su función principal es facilitar el movimiento del prana a través del campo sutil y el cuerpo físico.

Chakra: palabra sánscrita que significa 'rueda'. Los chakras constan de dos partes: el campo del chakra, que es un inmenso campo de prana, y una puerta que tiene el aspecto de un disco de colores brillantes que gira rápidamente al final de lo que parece un eje o un tallo largo. Los chakras transmiten y transmutan el prana en distintas frecuencias para que los vehículos energéticos y el cuerpo físico puedan utilizarlo. Hay ciento cuarenta y seis chakras dentro del sistema energético del ser humano.

Chakra (limpieza de los): técnica que utiliza el prana que se irradia a través del campo de los chakras del sanador para limpiar el sistema energético sutil de la persona.

Chakras (equilibrio de los): técnica que mejora las funciones de los chakras y los equilibra.

Chakras (sanación por medio de los): modalidad de sanación espiritual por la que el prana que se irradia a través de los chakras del sanador se transfiere a la parte del cuerpo del cliente que más lo necesita. Al efectuar la sanación por medio de los chakras, es posible sanar afecciones presentes en el cuerpo, la mente y el alma, así como en las relaciones, en su raíz, en el campo sutil.

Conciencia Universal: singularidad que combina todos los aspectos de lo femenino y lo masculino, el yin y el yang. Es la base de tu mente auténtica, así como de todo lo demás que hay en el universo físico y no físico, incluido el tiempo, el espacio, la energía y la conciencia.

Creencia restrictiva: cualquier creencia aceptada como verdadera por una institución de la sociedad que impide que las personas se expresen libremente. Las creencias restrictivas limitan el flujo del prana y dificultan que se permanezca centrado en el campo sutil.

Cualidades que afirman la vida: la base del poder, la creatividad y el esplendor. Estas cualidades son el placer, el amor, la intimidad y la alegría, así como las cualidades del buen carácter.

Cualidades universales: las cualidades universales son el placer, el amor, la intimidad y la alegría, así como la verdad y la libertad. Las cualidades universales no generan apegos; apoyan el *dharma*, las relaciones trascendentes y la autorrealización.

Decisiones apropiadas: decisiones que constituyen una parte esencial del estilo de vida saludable porque el universo las respalda y porque mejoran nuestra vida y nuestras relaciones.

Dharma: palabra formada a partir de la raíz sánscrita *dhri*, que significa 'mantener' o 'sostener'. Tanto el yoga como el tantra enseñan que todos los seres humanos comparten un *dharma* colectivo, que es lograr la autorrealización. Cada ser humano tiene también un *dharma* personal, que es la única forma en que puede sanarse y obtener la liberación. Si sigues tu *dharma*, descubrirás quién eres y qué eres capaz de lograr en esta vida.

Dicha: es la fuerza más potente del universo. Todo ser humano está en la dicha, aunque la mayoría de las personas no lo saben.

Dicha orgásmica: estado perdurable que se vive en lo profundo del campo sutil y que se origina a través de la unión de la conciencia (Shiva) y la energía con cualidades universales

(Shakti). La fusión de la conciencia y la energía proporciona un refugio seguro en lo profundo del individuo, donde este ya experimenta la unidad y donde nada puede interferir en su experiencia de una relación trascendente.

Discernimiento: la capacidad de ver, sentir o detectar campos de energía no física. Con un mejor discernimiento, el sanador puede ver y sentir energía enferma en el campo sutil de su cliente.

Energía con cualidades individuales: energía que nos afecta y que evoluciona a través del tiempo y el espacio. Se puede acumular en el campo sutil y dar lugar a patrones de autosabotaje y antisociales.

Energía con cualidades universales: energía que nunca cambia en el nivel fundamental. Recibe muchos nombres, como *shakti*, prana, *chi*, etc. La energía con cualidades universales nutre el campo sutil y el cuerpo físico. Tiene el poder de sanar, y cuando emerge en la conciencia del individuo, suscita placer, amor, intimidad y alegría.

Envolturas: vehículos energéticos compuestos de energía con cualidades universales. Posibilitan al individuo crearse una verdadera identidad que le permite interactuar directamente con su entorno externo y otros seres sensibles.

Evaluación áurica: los campos áuricos desempeñan un papel importante en la evaluación, especialmente en el ámbito energético, por dos razones: en primer lugar, la energía sutil que causa la enfermedad es más pesada y densa y se mueve más erráticamente que la energía asociada con la buena salud; y en segundo lugar, al igual que la luz solar, la energía sutil se puede descomponer en colores específicos según su frecuencia. Los colores primarios que son brillantes y claros indican buena salud. Los colores fangosos, sucios o asociados con tonos tierra (marrones, grises y negros) indican enfermedad.

Fragmentación: violenta intromisión de energía distorsionada en nuestro campo sutil. La violencia de la intromisión energética hace que uno o más vehículos energéticos sean expulsados. La causa más habitual de la fragmentación es la intromisión de energía con cualidades individuales en nuestro campo energético.

Funciones de la mente: hay dieciséis funciones importantes de la mente a través de las cuales emergen el poder, la creatividad y el brillo. Son la intención, la voluntad, el deseo, la resistencia, la entrega, la aceptación, el conocimiento, la elección, el compromiso, el rechazo, la fe, el disfrute, la destrucción, la creatividad, la empatía y el amor.

Hara: centro fuerte del cuerpo físico. El *hara* se encuentra unos cuatro dedos por debajo del ombligo y a unos dos centímetros y medio de la columna vertebral. En japonés, *hara* significa 'abdomen'. Los taoístas creen que el *hara* es el lugar del cuerpo físico en el que se puede encontrar el elixir de la vida.

Hara (respiración): antigua técnica de respiración desarrollada por los taoístas. Si la practicas con regularidad, volverás a conectarte con el centro fuerte de tu cuerpo físico.

Identidad afirmadora de la vida: identidad que tiene como fundamento la confianza en uno mismo, la autoestima y la empatía hacia los demás.

Iluminación: un estado de felicidad permanente. En el estado de iluminación, desaparecen los problemas existenciales y se experimenta la paz interior.

Imposición de manos: técnica que ha sido el método preferido por la mayoría de los sanadores espirituales durante siglos.

En la imposición de manos, el contacto se establece con el aura etérica o con el cuerpo físico del cliente.

Intención: una función de la mente auténtica que está activa en todos los mundos y dimensiones del universo físico y no físico. Puedes usar la intención para programar tu atención mental con el fin de localizar una concentración de equipaje kármico o un apego que sea responsable de una afección física o de un patrón autolimitante.

Intromisión: la principal causa de los traumas energéticos. Las intromisiones son creadas por la proyección violenta de energía distorsionada en nuestro campo sutil. Si eres el objetivo de una intromisión, puedes sentir como si un alfiler o un dardo hubiese perforado tu piel cuando entra en contacto con tu campo sutil. Una intromisión también puede hacerte sentir como si te estuvieran asfixiando o como si una ola de energía discordante se estuviera vertiendo sobre ti.

Iones negativos: son partículas inodoras, insípidas e invisibles creadas en la naturaleza a medida que las moléculas de aire se separan por efecto de la luz solar, el aire en movimiento y el agua. Los inhalamos en abundancia en ciertos entornos, como las montañas, las cascadas y las playas. Se cree que cuando los iones negativos llegan al torrente sanguíneo, dan lugar a reacciones bioquímicas que aumentan los niveles de serotonina, una sustancia química que mejora el estado de ánimo, y que unos niveles de serotonina más elevados contribuyen a aliviar la depresión y el estrés y a aumentar la energía, todo lo cual mejora nuestra salud.

Jainismo: antigua tradición espiritual india que hace hincapié en el esteticismo, la no violencia y el respeto por la vida.

Karma: palabra sánscrita procedente de la raíz *kri*, 'actuar'. Significa 'una actividad o acción'. En Occidente, el karma se ha definido como «el efecto acumulativo de la acción», que se expresa habitualmente como el dicho *se cosecha lo que se siembra*.

Kármica (herida): herida energética causada por un trauma energético.

Kármico (equipaje): energía densa con cualidades individuales. En el campo energético del individuo, el equipaje kármico genera presión y dolores musculares cuando está estresado, y da lugar a patrones de autolimitación y autosabotaje que producen ansiedad, duda y confusión. Es el principal obstáculo para gozar de una buena salud radiante y de relaciones trascendentes.

Kármicos (patrones): patrones energéticos creados por apegos y por la acumulación de equipaje kármico en el campo sutil. Estos patrones crean un comportamiento autolimitante y perjudicial para el poder, la creatividad y la salud.

Kilner, Dr.: pionero de la investigación científica sobre el aura humana. En 1908, a Kilner se le ocurrió la idea de que el aura podía hacerse visible si se la veía a través de una pantalla cubierta con un tinte adecuado.

Kundalini shakti: el depósito más grande de prana en nuestro campo energético. Surgió de Shakti a través de los *tattvas*, junto con todo lo demás que hay en el universo fenoménico. Se presenta bajo dos formas: la *kundalini* estructural y la energía serpentina, que se encuentra en la base de la columna vertebral.

Límites: superficie de las auras, de los campos de recursos y del campo de los chakras. Los límites están compuestos de prana en forma de fibras elásticas que se entrecruzan entre sí en todas las direcciones imaginables.

Mente auténtica: es el vehículo a través del cual manifestamos y enfocamos nuestra verdadera identidad y las funciones de la mente que la apoyan (la intención, la voluntad, el deseo, la resistencia, etc.) en el mundo que nos rodea. Se compone de tres elementos esenciales. En el ámbito físico, incluye el cerebro y el sistema nervioso, así como las sustancias químicas del cuerpo, entre ellas las hormonas que influyen en su estructura y sus actividades. En el ámbito no físico, incluye el campo sutil, los órganos y vehículos de este y el prana que los nutre. La combinación de elementos físicos y no físicos constituye la tercera parte de la mente humana, denominada *la red*. La red incluye las conexiones que tiene la mente con sus partes individuales y con cosas que están más allá de sí misma.

Meridianos: parte del sistema energético sutil en el que corrientes de energía transfieren prana de los chakras a los vehículos energéticos y los campos áuricos. El flujo de energía con cualidades universales que circula por los meridianos nos permite permanecer centrados en nuestra mente auténtica, construirnos una verdadera identidad y mantener relaciones trascendentes.

Meridianos principales: flujos de energía que conectan nuestros chakras con nuestro campo sutil y nuestro cuerpo físico. Según los textos antiguos, hay diez meridianos principales; los tres más importantes son *ida*, *pingala* y *sushumna*.

Meridianos *yin yu* y *yang yu*: los dos meridianos *yin yu* son canales femeninos que unen los centros energéticos de las palmas con el pecho; viajan por el interior de cada brazo. Los dos meridianos *yang yu* son canales masculinos ubicados en ambos brazos; unen los hombros con los centros energéticos de las palmas, tras pasar por los dedos corazón. Los meridianos *yin yu* y *yang yu* conforman los centros energéticos menores de las palmas.

Método estándar: técnica que ubica al individuo en el centro fuerte de su campo sutil de energía y conciencia. Tarda unos veinte minutos en realizarse. En la primera parte, la persona relaja los principales grupos musculares del cuerpo físico contrayéndolos y soltándolos. En la segunda parte, usa la intención para dirigir sus órganos de percepción hacia el interior con el fin de ubicarse en el campo sutil y permanecer centrada en este.

Mudra: gesto simbólico que se puede hacer con las manos y los dedos en combinación con la lengua y los pies. Cada *mudra* tiene un efecto específico en el campo sutil y la energía que fluye a través de él.

Om: el sonido cósmico. Surgió cuando se creó el universo. Su efecto terapéutico es bien conocido, especialmente cuando se usa con las meditaciones y los *mudras* apropiados.

Órganos de percepción: los órganos que captan información de tipo físico, es decir, los sentidos, y los medios de conocimiento no físicos, como la intuición.

Paz interior: estado de quietud que surge desde lo más profundo del individuo. Aparece cuando el movimiento se detiene y la persona puede enfocar la mente en la dicha que se irradia espontáneamente a través de su campo sutil.

Polaridad: el grado en que nuestro campo energético está polarizado como masculino o femenino. El principio de polaridad establece lo siguiente: «Todo es dual; todo tiene polos; todo tiene su par de opuestos; los semejantes y los antagónicos son lo mismo; los opuestos son idénticos en naturaleza, pero diferentes en grado; los extremos se tocan; todas las verdades son solo verdades a medias; todas las paradojas pueden ser reconciliadas».

Prana: esta energía extraordinaria tiene cualidades universales, lo que significa que puede usarse para sanar afecciones físicas, traumas energéticos y patrones kármicos que han limitado nuestro acceso al poder, la creatividad y la buena salud radiante.

Prana (caja de): una de las herramientas más potentes disponibles para el sanador. Combina el poder curativo del prana con el inmenso poder curativo de la conciencia en forma de dicha. El sanador rodea el campo enfermo con una caja hecha de prana y después llena de dicha esa caja. Puesto que la dicha y los campos distorsionados no pueden ocupar el mismo espacio al mismo tiempo, los campos distorsionados son eliminados de forma permanente.

Prana (cepillo de): herramienta extremadamente eficaz que irradia prana cuando se cepilla con ella un órgano enfermo durante la sanación mental.

Prana (vendaje de): herramienta utilizada para sanar una afección creada por una acumulación de energía distorsionada. El vendaje de prana se puede usar tanto para la autosanación como para la sanación en ausencia. Puede tener un impacto profundo en la salud psicológica de la persona y en la salud de su campo energético porque tiene la virtud de sellar la herida energética creada por una intromisión de energía distorsionada.

Prana mutuo (campo del): campo energético con cualidades universales que llena a los compañeros y los rodea a ambos. Este campo será lo bastante fuerte como para evitar que el equipaje kármico y las intromisiones interfieran en su experiencia de intimidad.

Pránica (vibración central): Vibración que hace posible que el sanador canalice grandes cantidades de energía sanadora directamente a través de sus manos durante la imposición de manos. La vibración pránica central empieza a producirse en la cavidad central del cuerpo. Cuando se vuelve lo bastante fuerte, se extiende a las manos. Cuando ocurre esto, el sanador puede usar la vibración para curar enfermedades en el cuerpo y el campo sutil de su cliente.

Pranayama: la ciencia del control de la respiración. El prana era tan importante para los antiguos maestros del yoga y el tantra que desarrollaron el *pranayama*. Cuando un individuo se convierte en un maestro del *pranayama*, puede usar el prana para renovar, crear y, lo más importante, sanar.

Proyección de la mirada: el uso de una mirada fuerte y firme alimentada por el prana para incrementar el poder curativo y sanar a los enfermos. Cuando proyectas la mirada sobre alguien, te conectas con la energía sanadora almacenada en tu aura etérica y emites energía sanadora a través de los ojos hacia la parte del cuerpo del cliente que más la necesita.

Proyección energética: cualquier proyección de energía distorsionada con cualidades individuales. Cuando una proyección energética queda atrapada en nuestro campo energético, puede provocar patrones de autolimitación y autoboicot.

Proyecciones externas: proyecciones energéticas con cualidades individuales que una persona puede lanzar a otra. Una vez que el individuo se haya unido a una proyección externa, esta se integrará en su mente individual y en su ego y pasará a formar parte del equipaje kármico que lleva en su campo sutil.

Punto de acupuntura: punto de energía sutil ubicado dentro de un meridiano.

Regularidad: el estado en el que la persona mantiene un ritmo interno y en el que está sincronizada con el entorno, lo cual es indicativo de buena salud. Por otro lado, la irregularidad, tanto en las funciones corporales como en los hábitos personales, favorece la enfermedad.

Relación trascendente: relación en la que las personas implicadas pueden compartir placer, amor, intimidad y alegría sin padecer bloqueos, sin sufrir el peso del equipaje kármico y sin que se interponga ningún otro factor. En una relación tradicional se vive dentro de unas limitaciones. En cambio, en una relación trascendente se trata de trascender las limitaciones, por lo que las personas que participen en este tipo de relación experimentarán una satisfacción que no está al alcance de quienes mantienen relaciones tradicionales.

Resonancia: la vibración o frecuencia media que es la firma de un campo energético o de un ser vivo. Todo ser viviente o campo energético con cualidades individuales o universales tiene su propia resonancia.

Resonancia simpática: la cualidad de incrementar la cantidad de prana que se irradia a través del campo sutil y de hacer que sea más fácil mantenerse centrado en él. El principio de la resonancia simpática indica que solo las decisiones que resuenen en simpatía con el campo sutil de la persona son apropiadas para esta. Las decisiones inapropiadas basadas en patrones autolimitantes no resuenan en simpatía con el campo sutil del individuo, por lo que nunca son apropiadas. Al aplicar el principio de la resonancia simpática a tu proceso de toma de decisiones, podrás determinar si una decisión importante que planees tomar será favorable para tu *dharma* y para un estilo de vida saludable.

Restricción calórica: tiene un efecto rejuvenecedor en el sistema inmunitario humano y mejora la salud general y la longevidad. No hay que confundirla con la malnutrición.

Sanación áurica: para llevar a cabo la sanación áurica, el sanador espiritual debe ver, percibir y sentir el aura con el fin de diagnosticar los problemas que causan una determinada enfermedad. A continuación, debe proyectar la energía sanadora almacenada en sus campos áuricos al cliente a través de los ojos y los centros energéticos menores de las manos.

Sanación mental: técnica que incluye la visión remota y visualizaciones de sanación dentro del cuerpo del cliente. Como parte de las visualizaciones curativas, el sanador crea herramientas que puede usar para sanar órganos enfermos y campos de energía distorsionados.

Sanación por empatía: la modalidad más potente de sanación espiritual, en la que el sanador trasciende su sentido de la individualidad y se une con la fuente última de la curación, la Conciencia Universal (*ver* Campo de empatía).

Sanación por medio del color: modalidad avanzada de la sanación por medio de los chakras, en la que el sanador proyecta rayos de colores a su cliente. Estos rayos le dan al tejido enfermo la dosis exacta de energía o la vibración energética que necesita para sanarse.

Shiva/Shakti: Shiva y Shakti son venerados como la pareja divina y como los arquetipos de la conciencia (Shiva) y la energía (Shakti).

Sistema energético: sistema de órganos energéticos sutiles compuesto de chakras, auras, meridianos y centros energéticos menores. El sistema energético de una persona mantiene su campo energético. Puede considerarse como una central eléctrica y una red de subestaciones y líneas eléctricas que transmutan la conciencia en prana y el prana de una frecuencia a otra.

Sistema energético sutil: La puerta de cada chakra, el campo de cada chakra, los meridianos, las auras y los centros energéticos menores dispersos a través de nuestro campo energético sutil. De la misma manera que una red eléctrica proporciona energía a hogares y negocios, nuestros órganos del sistema energético sutil transmiten y transmutan todo el prana que necesitan nuestro cuerpo físico y nuestros vehículos energéticos para funcionar de manera saludable.

***Sushumna*:** el meridiano masculino más importante del sistema energético humano. Tiene su origen en el perineo, situado en la base de la columna vertebral, y se extiende hacia arriba a lo largo de esta, hasta el séptimo chakra (el de la corona) y más allá. Las partes masculinas de la puerta de los siete chakras tradicionales están conectadas a él.

Tantra: antigua escuela de pensamiento indio que ve la energía con cualidades universales y la conciencia como esencialmente lo mismo. Shiva, que representa la conciencia, y Shakti, que representa la energía, fueron representados en la iconografía tántrica unidos en un abrazo eterno.

***Tattvas*:** pasos en el proceso evolutivo. Esta palabra combina la raíz sánscrita *tat*, que significa 'eso', y *tvam*, que significa 'tú'. Por lo tanto, *tattva* denota la verdad ancestral de que la persona siempre está unida a la Conciencia Universal y de que puede experimentar los beneficios de esta unión (que incluye el placer, el amor, la intimidad y la alegría) permaneciendo centrada en su mente auténtica y su campo sutil. Según el yoga y el tantra, la evolución ya ha pasado por treinta y seis etapas en el universo físico y el no físico.

Trascendencia: el estado de unión o intimidad con la Conciencia Universal, el propio Yo y la pareja. En el estado trascendente, uno puede compartir la dicha y las cualidades universales del placer, el amor, la intimidad y la alegría sin sufrir perturbaciones.

Trauma: todo suceso traumático incluye dos traumas. Por una parte, un trauma físico y psicológico, y por otra parte un trauma energético sutil, que no es físico pero no por ello es menos real. Los síntomas más agudos y duraderos que ha de soportar el superviviente se deben a la violencia ejercida sobre el campo sutil.

Tres corazones: todos tenemos tres corazones: el corazón físico en el lado izquierdo del pecho, el chakra del corazón en el centro y el tercer corazón en el lado derecho, llamado *atman*. La dicha surge en la conciencia desde *atman*.

Trishira: en sánscrito, *tri* significa 'tres', y *shira*, 'lo que lleva'. *Trishira* está compuesto por los tres meridianos principales más importantes: *ida*, *pingala* y *sushumna*. *Sushumna* tiene su origen en un lugar del cuerpo que corresponde al primer chakra y pasa a través del polo masculino de la puerta de cada uno de los siete chakras tradicionales en su camino hacia la coronilla (el polo masculino se encuentra en la parte posterior de dichas puertas). *Ida* y *pingala* tienen su origen a ambos lados del primer chakra. *Ida* sube por el lado izquierdo de *sushumna* y pasa por la fosa nasal izquierda; *pingala* sube por el lado derecho de *sushumna* y pasa por la fosa nasal derecha. Tanto *ida* como *pingala* se unen de nuevo a *sushumna* en la región del sexto chakra.

Vehículos: en nuestro campo sutil hay vehículos de conciencia y dos tipos de vehículos energéticos: los cuerpos energéticos y las envolturas. Tal y como su nombre indica, los vehículos de conciencia transmiten conciencia, los cuerpos energéticos nos permiten estar presentes y las envolturas nos permiten interactuar con otros seres sensibles.

Vehículos energéticos: hay dos tipos de vehículos energéticos en el campo energético humano: los cuerpos energéticos y las envolturas. Ambos están compuestos de prana. Constituyen vehículos de la verdadera identidad, así como vehículos de la conciencia, la cognición, la asimilación, las sensaciones y la expresión en todas las dimensiones del universo físico y no físico.

Visión remota: técnica utilizada por los sanadores para distinguir la energía saludable de los planos sutiles de la energía causante de enfermedad.

Yin y yang: el yin representa la feminidad, el cuerpo, el alma, la tierra, la luna, el agua, la noche, el frío, la oscuridad y la contracción. El yang representa la masculinidad, la mente, el espíritu, el cielo, el sol, el día, el fuego, el calor, la luz solar y la expansión.

Yoga: significa 'unión'. También hace referencia a un antiguo método científico desarrollado en la India para alcanzar la iluminación.

Yóguica (respiración): una técnica de respiración. Al practicarla, harás que tu respiración vuelva a su estado natural y aumentará la cantidad de prana que irradia a través de tu campo sutil.

Bibliografía

Devi, Chitrita (1973). *Upanishads for All*. Nagar, Nueva Delhi, India: S. Chand & Co. Ltd.

Hipócrates (1557). *Breaths. Book One [Liber de flatibus]*. Parisiis: Apud Aegidium Gorbinum.

Kilner, Walter J. (1965). *Human Aura*. Nueva Jersey, EUA: Citadel Press.

Luce, Gay (1971). *Biological Rhythm in Human and Animal Psychology*. Nueva York, EUA: Dover Publications.

Meher Baba (1945). *Gems from the Discourses by Meher Baba*. Nueva York, EUA: Circle Productions.

Scofield, C. I., ed. *Holy Bible, King James Version*. Nueva York, EUA: Oxford University Press.

Swami, Shri P., trad. (1935). *The Geeta, The Gospel of the Lord Shri Krishna*. Londres, Reino Unido: Faber & Faber.

Three Initiates (1912). *The Kybalion: Hermetic Philosophy*. Chicago, EUA: Yoga Pub. Soc. [*El Kybalión* está publicado por varias editoriales en español, Editorial Sirio entre ellas].

Walford, Roy L. (1983). *Maximum Life Span*. Nueva York, EUA: W. W. Norton.

Índice temático

A

Activar los chakras 12, 234
Acupuntura 10, 143, 238, 274, 275, 297
Agotamiento por desgaste 9, 144, 146
Ahora siempre presente 29, 30, 285
Alcanzar el estado vibratorio 161, 162
Apegos 42, 95, 146, 182, 192, 229, 230, 240, 251, 276, 289
Artritis 36, 59
Atención mental 39, 43, 44, 48, 52, 69, 70, 71, 86, 96, 98, 104, 105, 120, 121, 136, 162, 198, 200, 210, 272, 285, 292
Atman 10, 130, 216, 217, 220, 227, 238, 239, 240, 243, 286, 301
Auras 27, 78, 79, 110, 293, 299, 300
Autoaceptación 9, 10, 248, 271, 276, 277
Autoconciencia 50, 114, 194
Autoexpresión 218
Autolimitación 191, 194, 254, 297
Autosabotaje 200, 206, 290
Autosanación 7, 61, 71, 77, 248

B

Baño de sal 273
Bhagavad Gita 13, 64
Bienestar 7, 8, 12, 13, 26, 35, 50, 52, 63, 81, 95, 114, 118, 120, 128, 142, 192, 213, 231, 238, 243, 245, 247, 248, 249, 251, 256, 261, 263, 264, 265, 266, 268, 269, 271, 273, 278, 281, 284
Bloqueo 205
Buen carácter 194, 227, 230, 232, 249, 289

C

Caja de prana 9, 133, 135, 137, 138, 140, 141, 142, 143, 145, 147, 148, 150, 151, 152, 153, 154, 155, 200, 201, 207, 209, 210
Calambres abdominales 143
Cálculos renales 9, 152, 153
Campo(s)
    áurico 12, 29, 78, 81, 95, 103, 107, 150, 158, 161, 200, 287
    de energía sutil 49, 50, 59, 74, 203, 206
    de la empatía 165, 167, 286

del prana mutuo 9, 257, 258, 259, 269, 283
de prakriti 10, 278, 279, 286
de recursos 42, 165, 240, 279, 286, 287
polares 10, 213, 216, 219, 220, 221, 222, 227, 287
sutil 10, 12, 14, 16, 20, 26, 27, 28, 29, 30, 31, 32, 33, 34, 35, 36, 37, 38, 39, 40, 41, 42, 43, 44, 45, 46, 47, 49, 51, 52, 53, 56, 57, 59, 64, 66, 68, 69, 72, 73, 74, 75, 76, 77, 79, 80, 86, 87, 88, 91, 92, 93, 94, 95, 97, 98, 99, 102, 103, 104, 106, 107, 108, 109, 110, 111, 118, 119, 120, 121, 122, 123, 124, 125, 126, 127, 129, 131, 132, 135, 138, 140, 142, 145, 146, 147, 148, 150, 151, 152, 153, 154, 161, 165, 166, 167, 168, 170, 173, 174, 180, 184, 185, 186, 191, 192, 193, 194, 195, 198, 199, 200, 201, 202, 203, 204, 205, 206, 207, 208, 209, 210, 211, 212, 215, 217, 218, 219, 220, 221, 222, 225, 231, 232, 233, 234, 235, 236, 237, 238, 239, 241, 247, 249, 251, 253, 254, 255, 256, 258, 261, 273, 276, 279, 282, 285, 286, 287, 288, 289, 290, 292, 294, 295, 297, 298, 300, 301
Cáncer 147, 149, 155, 267
Carlson, A. H. 266
Centro fuerte 12, 29, 30, 31, 33, 35, 36, 37, 49, 160, 184, 215, 295
Centros energéticos 10, 97, 100, 101, 102, 103, 104, 105, 106, 107, 108, 110, 153, 160, 175, 224, 225, 226, 233, 235, 236, 242, 243, 273, 274, 294, 295, 299, 300
Cepillo de prana 9, 133, 135, 137, 138, 139, 143, 147, 148, 153, 154, 155
Chakras 7, 8, 9, 10, 12, 27, 28, 29, 41, 50, 65, 66, 95, 100, 102, 108, 109, 110, 111, 112, 113, 115, 116, 117, 118, 119, 120, 121, 122, 123, 124, 125, 126, 127, 128, 130, 131, 132, 133, 143, 150, 151, 152, 153, 154, 161, 163, 175, 176, 186, 195, 211,

212, 222, 224, 225, 234, 235, 236, 237, 240, 258, 259, 282, 288, 293, 294, 299, 300, 301
equilibrar los 122
limpiar los 122, 126, 128, 133, 161
Chi 25, 36, 290
China 25, 36
Clientes resistentes 181, 187
Conciencia
sanadora 14, 193, 195, 196
Universal 13, 16, 17, 19, 27, 40, 112, 163, 164, 166, 194, 216, 218, 219, 220, 227, 232, 239, 286, 288, 299, 300, 301
Creencia restrictiva 71, 145, 289
Cualidades
que afirman la vida 289
universales 25, 26, 45, 46, 49, 50, 110, 137, 164, 186, 194, 227, 230, 231, 240, 242, 249, 258, 286, 289, 290, 294, 296, 300, 301

D

Danza de Shiva 194
Decisiones
apropiadas 248, 249, 251, 253
favorables a la vida 243, 248, 249, 250, 251, 252, 261, 269
inapropiadas 249, 254, 298
Depresión 9, 31, 50, 68, 85, 150, 151, 155, 197, 264, 268, 277, 278, 292
Deseos en conflicto 251
Dharma 248, 250, 251, 254, 289, 298
Dicianina 90
Discernimiento 38, 49, 51, 52, 185, 186, 218, 290
Disciplina 230, 232, 287

E

Efecto rejuvenecedor 267, 268, 278, 299
Egipto 18, 158, 159
Ejercicio físico 268, 269
Energía
cualidades individuales 50, 74, 137, 138, 186, 192, 193, 199, 217, 231, 285, 286, 290, 291, 297, 298
cualidades universales 25, 26, 45, 46, 49, 50, 110, 137, 164, 186, 194,

227, 230, 231, 240, 242, 249, 258, 286, 289, 290, 294, 296, 300, 301
Envolturas 40, 41, 110, 301, 302
Equipaje kármico 9, 13, 191, 193, 194, 195, 196, 197, 198, 199, 200, 201, 202, 207, 208, 212, 215, 231, 240, 251, 252, 258, 276, 277, 292, 297, 298
Evaluación
   áurica 12, 78, 80, 88, 89, 94, 95, 290
   remota 8, 56

F

Flujo de prana 31, 36, 45, 69, 77, 100, 104, 105, 122, 124, 143, 146, 147, 203, 210, 211, 212, 213, 224, 233, 234, 236, 240, 241, 255, 274, 286
Fragmentación 9, 203, 207, 208, 210, 212, 291
Funciones de la mente 39, 41, 42, 100, 144, 294

G

Griegos 18, 159

H

Habilidades sanadoras 7, 38, 39, 49
Hara 8, 30, 31, 32, 33, 36, 37, 38, 160, 185, 291
Hatha yoga 268
Heridas kármicas 12, 311
Hindúes 18, 115
Hiperactividad 9, 151, 155
Hipócrates 21, 159, 264, 303
Holzel, F. 266

I

Ida 222, 224, 225, 226, 294, 301
Identidad 26, 39, 114, 144, 146, 163, 203, 205, 208, 217, 290, 294, 302
   afirmadora de la vida 205, 291
   verdadera 26, 39, 146, 203, 208, 290, 294, 302
Iluminación 36, 85, 194, 291, 302
Imposición de manos 7, 12, 61, 74, 98, 125, 155, 157, 158, 159, 160, 161, 163, 170, 173, 175, 177, 182, 184, 291, 292

India 25, 36, 64, 229, 302, 303
Integrar y equilibrar 35, 36, 37
Intrusiones energéticas 9
Iones negativos 277, 278, 282, 292

J

Jainismo 192, 292

K

Karma 21, 191, 192, 198, 292
Kathopanisad 64
Kilner, Walter J. 90, 91, 293, 303
Kundalini shakti 143, 223, 224

L

Límites superficiales 146, 186
Longanimidad 230, 231, 235, 287
Luce, Gay 265, 303

M

Malnutrición 267, 299
Masaje de reflexología podal 274
Medicina ayurvédica 264
Meditación del fortalecimiento de la intención 42
Meher Baba 229, 303
Mente auténtica 33, 39, 40, 42, 144, 218, 219, 230, 231, 239, 285, 286, 287, 289, 292, 294, 300
Meridianos principales 27, 100, 103, 213, 222, 294, 301
Miopía 90, 91
Mudra
   del alivio abdominal 9, 10, 143
   de la paz interior 9, 10, 227, 237, 238, 243
   del empoderamiento 9, 10, 147, 148, 149

N

No hacer daño 230, 287

O

Om 18, 121, 166, 167, 295
Órganos de percepción 33, 35, 41, 43, 94, 98, 118, 119, 124, 166, 168, 169, 170, 174, 175, 211, 219, 220, 233, 241, 260, 279, 287, 295

P

Paciencia 10, 187, 230, 231, 234, 235, 256, 287
Pantalla visual 8, 43, 44, 52, 53, 55, 57, 73, 74, 89, 90, 99, 105, 106, 107, 128, 129, 132, 136, 139, 140, 145, 148, 151, 153, 154, 199, 201
Pase de mano sobre el aura etérica 8, 10, 86, 87
Patrones kármicos 7, 12, 25, 186, 187, 191, 200, 201, 202, 250, 253, 258, 276, 296
Paz interior 9, 10, 36, 227, 237, 238, 243, 291
Perseverancia 115, 230, 231, 234, 287
Pingala 222, 224, 225, 226, 294, 301
Pirineos 158
Plexo solar 10, 47, 66, 114, 141, 238, 274
Polaridad 20, 112, 127, 192, 200, 218, 219, 232, 295
Prana 7, 8, 9, 10, 12, 25, 26, 27, 30, 31, 32, 35, 36, 37, 38, 39, 40, 42, 45, 46, 48, 50, 51, 54, 59, 63, 64, 65, 66, 68, 69, 70, 71, 72, 73, 74, 75, 76, 77, 78, 79, 80, 94, 95, 97, 98, 99, 100, 102, 103, 104, 105, 106, 107, 108, 110, 111, 112, 114, 119, 121, 122, 123, 124, 125, 128, 130, 132, 133, 135, 137, 138, 139, 140, 141, 142, 143, 145, 146, 147, 148, 150, 151, 152, 153, 154, 155, 161, 166, 167, 168, 169, 174, 175, 176, 180, 191, 192, 193, 194, 195, 196, 197, 198, 200, 201, 203, 207, 208, 209, 210, 211, 212, 213, 215, 220, 221, 222, 224, 233, 234, 236, 237, 240, 241, 248, 255, 256, 257, 258, 259, 260, 269, 271, 272, 274, 278, 279, 283, 284, 285, 286, 287, 288, 289, 290, 293, 294, 297, 298, 300, 302
Pranayama 64, 297
Proyectar la mirada 97, 98, 99
Puerta del chakra 10, 110, 111, 115, 117, 120, 121

R

Rayos sanadores 10, 128, 129, 130, 132, 133, 272
Relaciones
  tradicionales 257, 298
  trascendentes 256, 257, 260, 289, 294, 311
Resonancia simpática 254, 255, 269, 298
Respiración yóguica 10, 59, 65, 67, 68, 69, 72, 73, 75, 76, 77, 86, 88, 92, 94, 98, 99, 104, 106, 107, 118, 119, 120, 124, 125, 126, 128, 129, 132, 138, 140, 145, 148, 151, 153, 154, 160, 166, 167, 168, 169, 173, 199, 200, 208, 220, 225, 232, 233, 234, 236, 237, 240, 251, 253, 255, 258, 259, 272, 273, 274, 276, 279, 282
Restaurar el alma 226
Restricción
  alimentaria 267
  calórica 267

S

Sanación
  áurica 7, 78, 79, 80, 93, 94, 96, 97, 98, 99, 100, 105, 106, 108, 122, 125, 148, 160, 161, 163, 175, 299
  con un vendaje de prana 8, 72, 74, 75
  en ausencia 7, 59, 61, 71, 74, 76, 98, 106, 128, 132, 140, 155, 179, 181, 184
  espiritual 7, 11, 13, 14, 15, 17, 23, 26, 29, 38, 40, 41, 48, 53, 157, 165, 177, 179, 181, 185, 186, 187, 238, 284, 299
  mental 7, 133, 135, 136, 137, 139, 140, 147, 150, 153, 155, 161, 175
  por empatía 12, 159, 161, 163, 164, 166, 167, 168, 170, 173, 174, 175, 176
  por medio de la vibración 12, 159, 161, 162, 163, 170, 173, 174, 175, 176
  por medio del color 80, 131, 132, 175, 183
  por medio de los chakras 7, 108, 109, 119, 122, 124, 125, 128, 133, 152, 153, 161, 163, 175, 299
  por medio del prana 7, 12, 59, 63, 175

Sanar
  el carácter 9, 232
  la depresión 9, 150
  la fragmentación 208, 210
Sánscrito 18, 110, 218, 220, 222, 301
Seres interdimensionales 26, 230, 239
Shakti 46, 290, 293, 299, 300
Shiva 46, 194, 289, 299, 300
Sistema
  energético 26, 27, 29, 36, 38, 41, 63, 100, 102, 103, 109, 110, 111, 112, 118, 121, 122, 125, 160, 161, 192, 203, 215, 222, 224, 287, 288, 294, 299, 300
  energético sutil 26, 27, 29, 36, 38, 41, 63, 100, 102, 109, 110, 111, 112, 118, 121, 122, 125, 160, 161, 203, 215, 224, 287, 288, 294, 300
  inmunitario 147, 267, 299
Sushumna 222, 224, 225, 226, 234, 294, 300, 301
Sustancias tóxicas 262

T

Taichí 268
Tanden 30
Tantra 63, 64, 224, 289, 297, 300
Taoístas 25, 29, 30, 35, 291
Tattvas 40, 293
Trauma 202, 207, 301
Tres campos de empatía 166, 167, 176, 236, 237
Tres corazones 10, 238, 239, 301

Trishira 9, 10, 213, 222, 223, 224, 225, 226, 227, 301

U

Upanishad 64

V

Valor 37, 230, 231, 232, 233, 262, 287
Vehículos energéticos 40, 103, 110, 203, 208, 210, 212, 286, 288, 291, 294, 300, 301, 302
Vendaje de prana 8, 59, 71, 72, 73, 74, 75, 76, 77
Ver el aura 78, 88, 92, 93
Vibración pránica central 161, 162, 163, 173, 175, 176
Visión
  áurica 85, 88, 90
  remota 12, 48, 51, 52, 54, 55, 56, 57, 58, 59, 74, 89, 90, 93, 94, 135, 136, 140, 143, 150, 151, 153, 154, 198, 199, 299
Visualización 43, 183
Vitalidad 13, 25, 30, 68, 79, 81, 82, 83, 85, 94, 95, 114, 179, 180, 181, 247, 248, 263, 269, 271, 277, 279, 282

Y

Yoga 63, 64, 65, 224, 239, 268, 289, 297, 300
Yoga sutras 193

Sobre el autor

Keith Sherwood nació en Nueva York en 1949. Es un maestro de la energía, profesor y sanador que goza de reconocimiento internacional. Da conferencias e imparte clases en todo el mundo y ha aparecido en muchos programas de radio y televisión en los Estados Unidos, Europa y Sudáfrica.

Es autor de varios libros sobre el trabajo con la energía, la sanación y las relaciones trascendentes. Los ejercicios, *mudras* y meditaciones que ha desarrollado son utilizados en Europa y Norteamérica por sanadores y profesionales de la curación por medio de la energía para sanar enfermedades físicas, traumas profundos, heridas kármicas y bloqueos energéticos. Su capacidad de ver y analizar los campos de energía sutil ha sido fundamental para ayudar a muchas personas a alcanzar sus metas espirituales.

Visítalo en el sitio web www.onewholelove.com y en Facebook en Keith Sherwood - Onewholelove.